U0959874

权威·前沿·原创

皮书系列为

“十二五”“十三五”“十四五”时期国家重点出版物出版专项规划项目

BLUE BOOK

智库成果出版与传播平台

城市轨道交通蓝皮书

BLUE BOOK OF URBAN RAIL TRANSIT

中国城市轨道交通运营发展报告（2021~2022）

REPORT ON THE DEVELOPMENT OF URBAN RAIL TRANSIT OPERATION IN CHINA (2021-2022)

主　编／王先进　贾文峥
副主编／蔡昌俊　陈绍宽　曾建勇

社会科学文献出版社
SOCIAL SCIENCES ACADEMIC PRESS (CHINA)

图书在版编目(CIP)数据

中国城市轨道交通运营发展报告. 2021～2022 / 王先进，贾文峥主编；蔡昌俊，陈绍宽，曾建勇副主编. --北京：社会科学文献出版社，2022.10（2023.3 重印）
（城市轨道交通蓝皮书）
ISBN 978-7-5228-0821-5

Ⅰ.①中… Ⅱ.①王… ②贾… ③蔡… ④陈… ⑤曾… Ⅲ.①城市铁路-交通运输管理-研究报告-中国-2021-2022 Ⅳ.①U239.5

中国版本图书馆 CIP 数据核字（2022）第 176294 号

城市轨道交通蓝皮书
中国城市轨道交通运营发展报告（2021~2022）

主　　编 / 王先进　贾文峥
副 主 编 / 蔡昌俊　陈绍宽　曾建勇

出 版 人 / 王利民
组稿编辑 / 邓泳红
责任编辑 / 宋　静
责任印制 / 王京美

出　　版 / 社会科学文献出版社 · 皮书出版分社（010）59367127
地址：北京市北三环中路甲 29 号院华龙大厦　邮编：100029
网址：www.ssap.com.cn
发　　行 / 社会科学文献出版社（010）59367028
印　　装 / 天津千鹤文化传播有限公司

规　　格 / 开 本：787mm×1092mm　1/16
印 张：17.5　字 数：229 千字
版　　次 / 2022 年 10 月第 1 版　2023 年 3 月第 2 次印刷
书　　号 / ISBN 978-7-5228-0821-5
定　　价 / 158.00 元

读者服务电话：4008918866

《中国城市轨道交通运营发展报告（2021~2022）》编委会

《中国城市轨道交通运营发展报告（2021～2022）》编写组

主　　编	王先进	贾文峥			
副 主 编	蔡昌俊	陈绍宽	曾建勇		
编写人员	胡雪霏	冯旭杰	刘菊美	李　垚	冯明德
	汪卫东	万　英	彭　行	王江涛	奚　昕
	李　君	史丰收	姜彦璘	钟文华	刘书浩
	胡　湲	侯永朋	掌孝夫	陈悦勤	伍九霖
	高童欣	陈姝妍	洪诚禧	徐耀威	王艳辉
	宋晓敏	许富桐	肖晓燕	曹　晶	李松峰
	梁　芳	夏志成	张　岩	刘　悦	侯秀芳
	蔡　晨	卢治江	李　曼	李　昊	陈　婧
	李恩溶	梁　成	张珺婷	单丽梅	杨　帆
	李　逍	胡　昊	梁　芳	王禹兮	王　洋
	姚伟国	沙　茜	刘从岗	吴　可	王文浩
	高一凡				

主要编撰者简介

王先进　经济学博士、研究员，交通运输部科学研究院副院长兼总工程师、院学术委员会主任委员、院学报《交通运输研究》主编，全国政协委员、中国城市轨道交通协会副会长兼运营管理专业委员会主任。主要从事交通运输发展战略规划、政策法规和交通文化研究。享受国务院特殊津贴。

贾文峥　理学博士，交通运输部科学研究院研究员，中国城市轨道交通协会运营管理专业委员会副主任委员兼秘书长。主持或参与完成国家重点研发计划项目课题、交通运输部科技示范工程项目及标准化研究项目等。主持或参与编写“城市轨道交通试运营基本条件”“城市轨道交通运营管理规范”“有轨电车试运营基本条件”“城市轨道交通行车调度员技能和素质要求”等国家和行业标准。主持或参与编写《国内外城市轨道交通事故案例评析》《城市轨道交通网络运营组织理论与方法》《城市轨道交通运营组织与风险管控研究及实践》等著作。

蔡昌俊　工学博士，教授级高级工程师，广州地铁集团有限公司副总经理。全国城市轨道交通标准化技术委员会委员、中国电工技术学会轨道交通电气设备技术专业委员会副主任委员、中国城市轨道交通协会运营管理专业委员会副秘书长等。主持编写直线电机轨道交通系列丛书及《城市轨道交通直线电机牵引系统设计规范》。主持“城市轨道交通能馈式牵引供电系统及牵引传动系统研制”“城轨交通基于通信的列车控制系统（CBTC）研发”等项目。设计发明“DC1500V三轨平面布置结构”“直线电机径向转向架”“无线式站台屏蔽门车地联动控制系统”“轨道交通设备质量评估方法”等专利。曾多次获得国家、省、市级科学技术奖项，获评广东省五一劳动奖章、广东省十项工程劳动竞赛模范科技工作者称号等。

陈绍宽　工学博士，北京交通大学教授，交通运输学院城市轨道交通系主任、博士生导师。北京市科技新星、中国系统工程学会理事、《交通运输系统工程与信息》常务编委。主要从事城市轨道交通运营组织关键理论与技术、综合交通系统相关理论与方法等领域的研究工作。主持国家自然科学基金项目2项，承担和参与国家自然基金重点项目、国家973计划和863计划课题任务、交通运输部科技发展项目、北京市自然科学基金和企业合作项目30余项，发表学术论文近130篇，其中80余篇为SCI/EI检索论文，获中国交通运输协会科学技术奖二等奖、中国公路学会科学技术奖一等奖、北京市科学技术奖三等奖、中国智能交通协会科学技术奖三等奖等科研奖励，发明专利授权5项，参与编写国家标准、地方标准各1项。

曾建勇　襄阳国铁机电股份有限公司董事长，教授级高级工程师，科技部“创新创业领军人才”、湖北省“科技创业领军人物”、湖北省高端装备制造产业创新联盟副主席、中南民族大学人才培养高级顾问、“襄十随神”城市群科普科创联盟执行理事、襄阳市首席技术专家、襄阳市优秀经营人才。主持完成了“面向城轨的网轨远程运维云服务平台技术研究与应用”“地坑式架车机”“ZAGRO公铁两用系列工程车应用与产业化开发”等省部级项目。带领团队获得100余项核心自主知识产权，个人获授权专利40余项，曾获湖北省科技进步奖、中国先进技术转化大赛优胜奖等。

序

强台风、强降雨等恶劣天气给城市轨道交通运营安全带来重大威胁，城市轨道交通运营安全风险增大，运营突发事件的社会关注度越来越高。2021 年，北京、广州、济南、郑州、太原等城市遭受暴雨和淹水倒灌灾害，不但影响了线路的正常运营，还造成了较大的财产损失，郑州地铁“7·20”暴雨灾害事件造成重大社会影响，给我国城市轨道交通运营安全和应急管理敲响了警钟。做好应对各类自然灾害的应急准备，全面提高灾害防御能力，是一项长期、复杂、艰巨的任务。同时，新冠肺炎疫情多点散发将继续影响城市轨道交通正常运营，绝大部分城市的客流仍未恢复到疫情前水平，城市轨道交通行业既要做好安全生产和疫情防控等任务，又要千方百计吸引客流、节约能耗和降本增效，行业管理和运营生产面临极大挑战。

城市轨道交通空间封闭，客流密集，遭受火灾、水淹时，应急处置难度极大，应急准备的重点在于防范，千方百计消除各类安全隐患，控制各类风险，最大限度避免此类事件发生。一旦发生此类事件，要第一时间进行人员疏散和应急处置，保障人员生命安全，这同样需要精细的应急准备，包括风险分析、应急预案、应急疏散等，涉及与应急、公安、消防、交通、医疗、气象等部门以及社区、街道和社会救援力量的协调联动。目前，新冠肺炎疫情的叠加风险，使得影响运营安全的不确定因素明显增多，城市轨道交通运营安全和应急管理的工作形势极其严峻复杂，将应急准备工作做全面、做正确、做熟练是城市轨道交通行业面临的一项紧迫任务，需要属地政府和城市轨道交通运营单位不断完善应急预案、强化应急准备、加强应急演练。

2021年是“十四五”开局之年，安全是发展的基础，也是城市轨道交通必须保障的最基本服务。本书重点对我国城市轨道交通运营应急管理体系进行系统梳理，对城市轨道交通运营单位的应急能力开展系统调研，总结在落实行业相关要求方面的经验和做法，分析存在的问题和差距，致力于反映我国城市轨道交通应急管理的现实情况，探讨在保障运营安全、提升应急能力和推进我国城市轨道交通应急能力现代化方面需要完善的相关工作。

本蓝皮书由中国城市轨道交通协会运营管理专业委员会联合城市轨道交通运营安全管理技术及装备行业研发中心共同编写，研发中心联合体单位包括交科院科技集团有限公司、北京交通大学、北京锦鸿希电信息技术股份有限公司和襄阳国铁机电股份有限公司，在编写过程中得到交通运输部科学研究院、北京交通大学等科研院校和广州、深圳、上海、南京、重庆、北京、苏州、西安等城市轨道交通企业大力支持，编委会在此表示衷心感谢。本蓝皮书的主要观点是根据城市轨道交通企业专题调研成果提炼形成的，不当之处，还请读者批评指正。

编委会

2022年10月

支持单位

（按拼音顺序排序）

本报告在编写过程中，得到了以下单位的大力支持，在此表示衷心的感谢！

北京京港地铁有限公司

北京市地铁运营有限公司

北京市轨道交通运营管理有限公司

长沙市轨道交通集团有限公司

成都轨道交通集团有限公司

重庆市轨道交通（集团）有限公司

广州地铁集团有限公司

合肥城市轨道交通有限公司

淮安市现代有轨电车经营有限公司

昆明地铁运营有限公司

洛阳市轨道交通集团有限责任公司运营分公司

南昌中铁穗城轨道交通建设运营有限公司

南京地铁运营有限责任公司

南宁轨道交通集团有限责任公司

南通城市轨道交通有限公司运营分公司

宁波市轨道交通集团有限公司

青岛地铁集团有限公司
上海申通地铁集团有限公司
沈阳地铁集团有限公司
深圳市地铁集团有限公司
苏州市轨道交通集团有限公司
天津轨道交通集团有限公司
无锡地铁集团有限公司
西安市轨道交通集团有限公司
徐州地铁运营有限公司
郑州地铁集团有限公司

摘　要

《中国城市轨道交通运营发展报告（2021~2022）》共分为五个部分，包括总报告、应急管理篇、监测预警与应急处置篇、借鉴篇和专家观点篇。

2021年，全国城市轨道新增运营里程1237.1公里，线网总规模超过9000公里；全国城市轨道交通运量逐步恢复，客运量和进站量分别为236.9亿人次和146.3亿人次，同比增长34.7%和33.7%，与2019年基本持平。平均客运强度为0.48万人次/公里日，比2020年略有增长，但仍未恢复到新冠肺炎疫情发生前的水平。各地针对城市轨道交通运营突发事件应急处置完善了相关管理制度，围绕客运服务、能源消耗、设施设备维护等出台地方标准20余项。在智慧乘客服务平台等方面进行了创新性探索，同时还提出了运营绿色低碳发展、极端天气的安全防范与应急准备以及轨道交通多网融合方面的热点。

本书对城市轨道交通运营应急管理相关政策规范落实情况进行分析，包括各城市落实行业管理制度的情况、存在的主要问题及其原因等；讨论了应急预案体系、应急演练、应急处置和应急能力评估的相关要求落实情况。针对城市轨道交通应急管理体系，调研发现，应急预案编制缺乏充分的风险分析，预案针对性和可操作性有待提升；专职救援队和区域救援中心建设存在资金、场地等方面的困难；跨部门的应急协调联动机制得到普遍重视，在组织动员、资源调用和信息共享方面增强了应急能力。

针对自然灾害情形下城市轨道交通运营监测及预警，本书主要分析了2021年全国气象灾害情况，暴雨、降雪、台风、风暴潮灾害监测手段，调研发现，存在监测手段先进性不足、监测预警信息精准性不足、气象监测类专业服务及专业设备不足等问题。针对水淹、台风灾害的应急机制，本书对城市轨道交通车站、线路的关闭与停运规范等进行了讨论，尤其是2021年郑州地铁“7·20”暴雨灾害事件后相关城市轨道交通企业规章的调整情况，围绕规划设计、应急联动和现场应急决策等提出了应对极端气象灾害的思考。

同时分析水淹、飓风和暴雪灾害在日本、英国、美国和法国造成的城市轨道交通事件案例，系统梳理了基本情况、处置措施以及预防措施方面的主要做法。研究提出在水淹灾害方面应重点加强防水设备设施建设，在气象灾害事故方面应提高气象预警信息的准确性、预警指南发布以及防御体制的牢固性。

最后主要围绕提升城市轨道交通综合应急能力、运营安全风险管理、运营成本分析及精益管理、基于MaaS平台的低碳出行碳普惠生态等方面进行了专题讨论。

关键词： 城市轨道交通　应急管理　监测预警

目　录

Ⅰ　总报告

B.1　2021年中国城市轨道交通运营发展回顾与展望 …………… 001

一　城市轨道交通运营发展情况回顾 …………………… 002

二　城市轨道交通基本运行情况 ………………………… 007

三　城市轨道交通运营服务情况分析 …………………… 019

四　城市轨道交通运营标准体系建设 …………………… 023

五　城市轨道交通运营创新 ……………………………… 028

六　城市轨道交通发展热点预测 ………………………… 037

Ⅱ　应急管理篇

B.2　城市轨道交通运营应急管理相关政策规范实施情况调查分析报告 ……………………………………… 041

B.3　中国城市轨道交通运营应急管理相关问题分析 ……… 072

Ⅲ 监测预警与应急处置篇

B.4 极端天气情形下城市轨道交通运营监测及预警 …………… 114
B.5 极端天气情形下城市轨道交通运营应急决策与处置 ……… 137

Ⅳ 借鉴篇

B.6 国外城市轨道交通自然灾害事件分析 …………………… 153

Ⅴ 专家观点篇

B.7 南京地铁着力提升综合应急水平能力 …………………… 181
B.8 京港地铁运营安全风险管理实践 ………………………… 195
B.9 城市轨道交通运营成本分析及精益管理研究 …………… 209
B.10 国家“双碳”战略下重庆轨道交通“碳惠通”分析报告
…………………………………………………………… 233

Abstract ………………………………………………………… 246
Contents ………………………………………………………… 249

皮书数据库阅读使用指南

总报告

General Report

B.1
2021年中国城市轨道交通运营发展回顾与展望

王先进　贾文峥　胡雪霏

摘　要：2021年我国城市轨道交通规模持续增长，新增运营里程1237.1公里，线网总规模超过9000公里，较2020年增长15.5%，车站5343座，全年累计完成客运量236.9亿人次、进站量146.3亿人次，同比分别增长34.7%和33.7%，与2019年基本持平。行业管理体系不断完善，企业管理和技术创新成效显著。本报告回顾了2021年城市轨道交通运营发展情况，分析了客运量、进站量、客运强度、换乘系数和列车延误等指标，系统梳理了2021年发布的行业管理政策和相关标准规范，分析了企业在管理和技术方面的创新举措，提出了城市轨道交通运营发展热点。

关键词：城市轨道交通　运营服务　管理创新　技术创新

一　城市轨道交通运营发展情况回顾

据中国城市轨道交通协会统计，截至2021年底，共有50个城市开通轨道交通运营线路9206.8公里，地下线路、地面线路和高架线路分别为6396.7公里、1071.6公里和1738.5公里，占比分别为69.5%、11.6%和18.9%，运营车站共5343座。洛阳、嘉兴、绍兴、文山州、芜湖5个城市首次开通城市轨道交通运营。2021年全年共完成建设投资5859.8亿元，同比下降6.8%，比上年略有回落。

1. 运营规模超过9000公里

据中国城市轨道交通协会统计，截至2021年底，我国城市轨道交通①开通运营线路里程达9206.8公里，线路283条；新增运营里程1237.1公里，与2020年新增里程基本相当；开通城市轨道交通运营城市50个②，较2020年底新增洛阳、嘉兴、绍兴、文山州、芜湖5个城市，其中洛阳、绍兴开通了地铁，嘉兴开通了市域快轨和有轨电车，文山州开通了有轨电车，芜湖开通了跨坐式单轨。全国开通运营车站总数5343座③，较2020年底新增662座，同比增长14.1%（见图1）。

从运营线网规模看，共计24个城市的线网规模达到100公里以上，上海、北京、成都、广州、武汉、南京、深圳、重庆、杭州9个城市超过300公里。其中，上海936.2公里，北京856.2公里，成都

---

① 除特殊说明外，总报告中涉及的城市轨道交通线路数据包括地铁、轻轨、单轨、市域快轨、现代有轨电车、磁浮交通和APM。报告中的统计数据仅包含中国大陆地区城市轨道交通运营情况，不含中国香港、澳门和台湾地区。

② 依据团体标准《城市轨道交通分类》（T/CAMET 00001-2020）相关规定，将株洲A1线和宜宾T1线新纳入统计，城轨交通运营城市累计达50个，除运营里程和城市数外，其他统计均不含上述线路。

③ 线网车站每个车站只计一次，换乘站不重复计算。

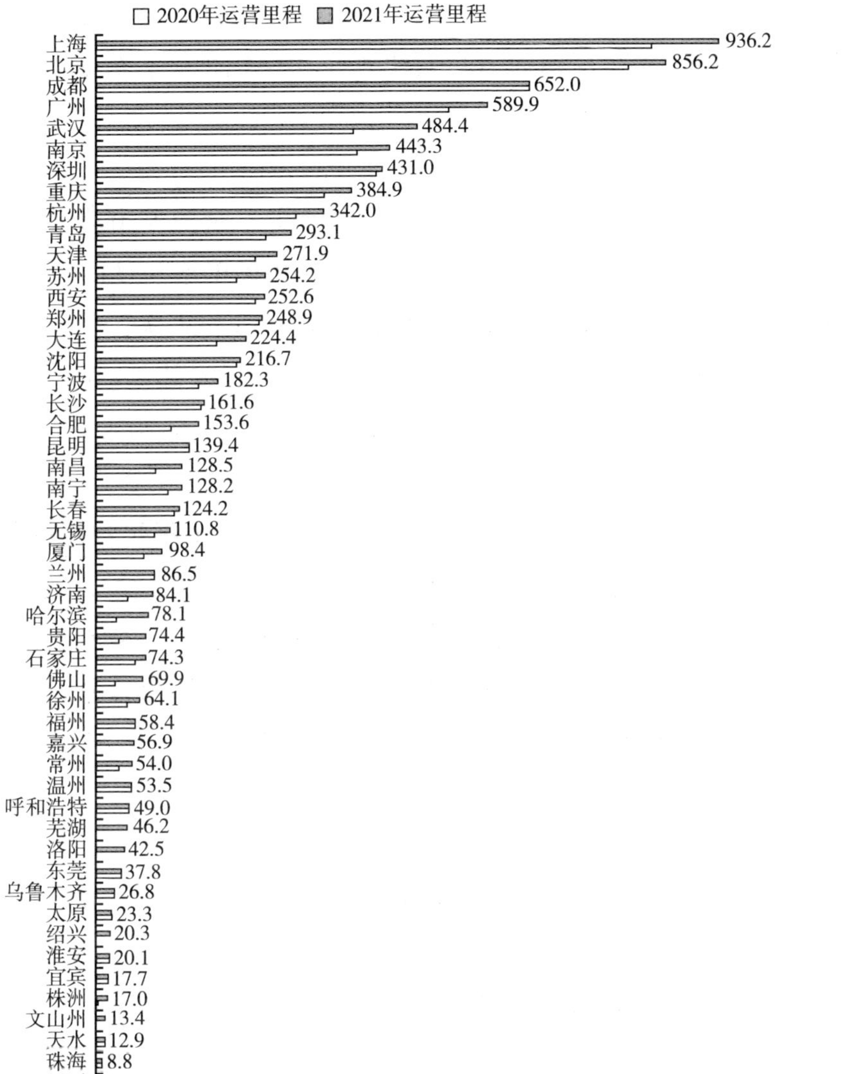

图 1　2021 年和 2020 年城市轨道交通运营里程

注：①按地理区域划分，广佛线在佛山境内 21.5 公里，车站 15 座计入佛山市；②有轨电车运营长度含上海松江、沈阳浑南、武汉光谷和长春有轨电车 4 市共计 50.1 公里；③杭海城际线按市域快轨制式统计全线计入嘉兴市；④南京轨道交通宁句线计入南京市。

资料来源：根据中国城市轨道交通协会《城市轨道交通年度统计和分析报告》整理。

652.0 公里，广州 589.9 公里，均已形成超大线网规模，领跑全国。2021 年上海、武汉、广州新增运营里程位居全国前三，分别为 102 公里、96.9 公里、58.3 公里。

2. 客运量恢复至236.9亿人次

2021 年，随着新冠肺炎疫情防控形势向好，全国城市轨道交通客运量逐步恢复，达到 236.9 亿人次，较 2020 年增长 34.7%，与 2019 年持平。2021 年，上海累计完成客运量 35.8 亿人次，北京 30.7 亿人次，广州 28.4 亿人次，深圳 21.9 亿人次，成都 18.0 亿人次（见图 2），5 市客运量共计 134.7 亿人次，占全国总客运量的 56.9%。

与 2020 年相比，除珠海市有轨电车线路自 2021 年初暂停运营、客运量减少外，其他城市客运量均有所增加，其中客运量增长最多的城市为北京、上海、成都，分别增加 77384.0 万人次、74456.1 万人次和 58219.3 万人次；涨幅最大的为佛山、济南和徐州，分别增长 624.7%、545.8% 和 216.8%。全国有 15 个城市客运量涨幅超过 50%，客流恢复较为明显。

3. 进站量增至146.3亿人次

2021 年，全国城市轨道交通完成客运进站量 146.3 亿人次，比上年增加 37 亿人次，同比增长 33.7%。上海进站量达 20.1 亿人次，居全国首位，北京、广州、深圳、成都完成进站量均超过 10 亿人次，分别为 16.5 亿人次、15.8 亿人次、13.5 亿人次、10.3 亿人次（见图 3）。

与 2020 年相比，除珠海有轨电车自 2021 年初暂停运营、进站量有所下降外，其他城市进站量均有所回升。其中，济南、徐州、呼和浩特进站量增长较为明显，涨幅位居全国前 3，分别同比增长 391.4%、154.7% 和 130.1%。

4. 运营车公里持续增长

2021 年全年完成运营车公里 57.1 亿车公里，比上年增长 25.6%。

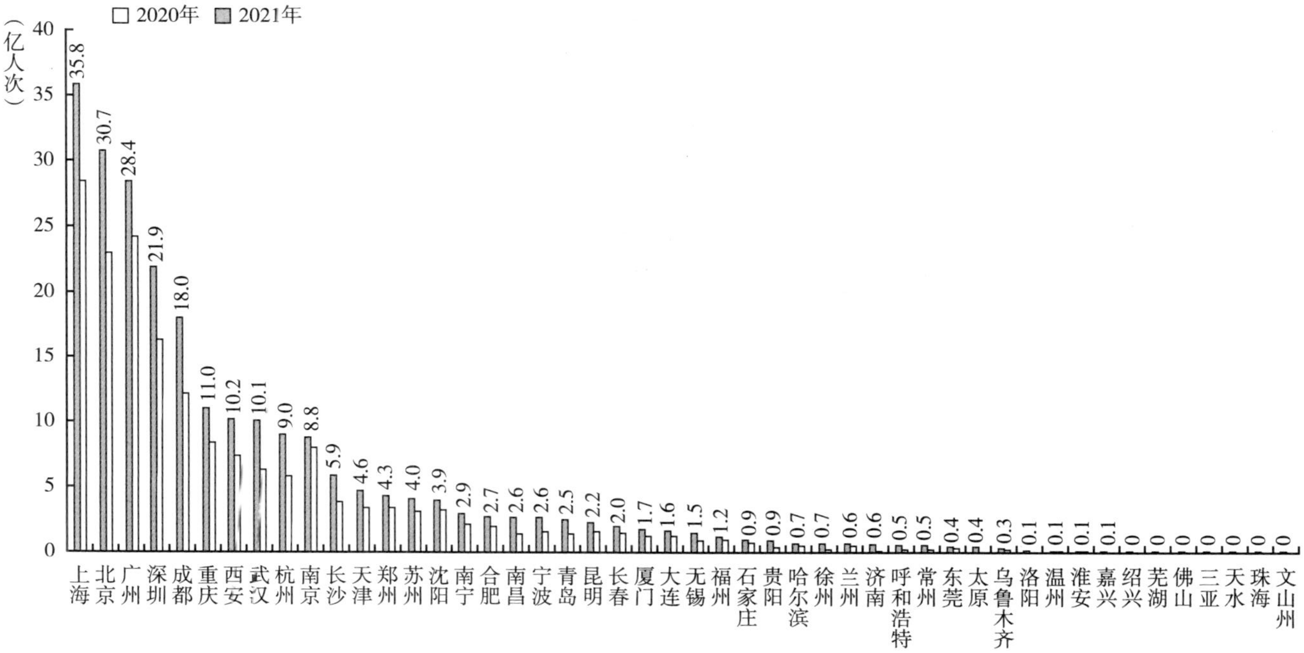

图2　2021年和2020年城市轨道交通客运量

注：绍兴、芜湖、佛山、三亚、天水、珠海、文山州客运量分别为416.2万人次、294.4万人次、199.3万人次、107万人次、84.5万人次、5.9万人次、4.8万人次；广佛线全线客流数据计入广州。

资料来源：根据中国城市轨道交通协会《城市轨道交通年度统计和分析报告》整理。

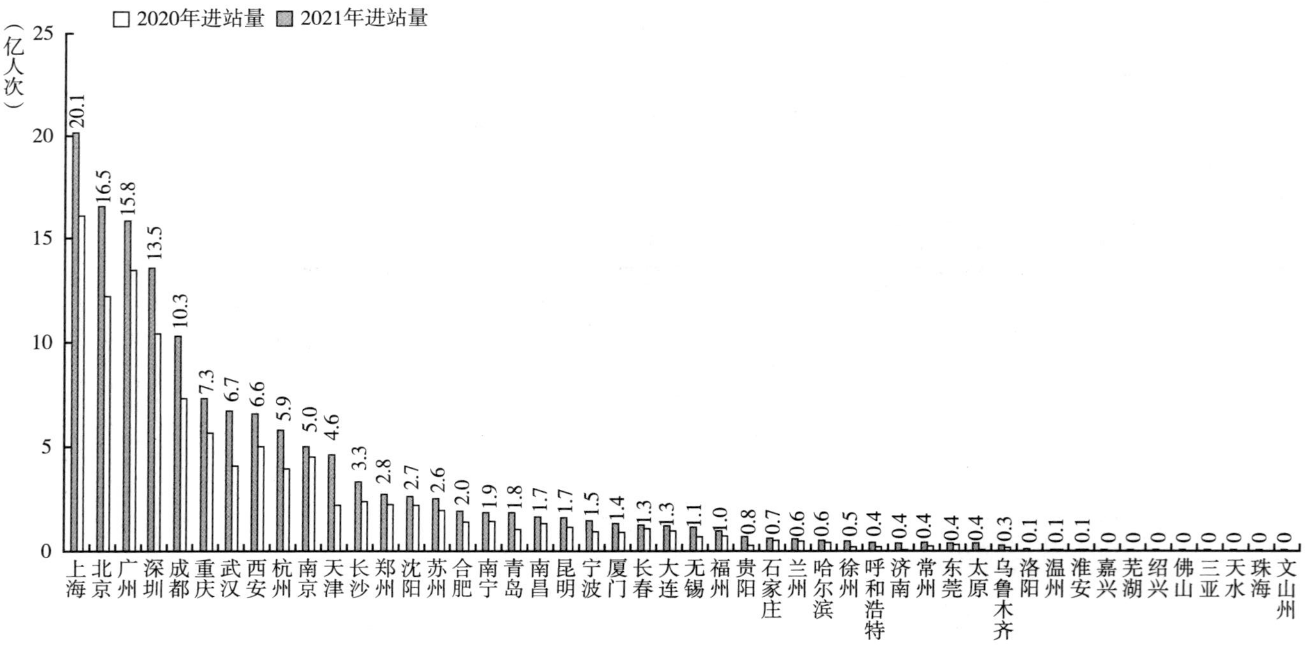

图 3　2021 年和 2020 年城市轨道交通进站量

注：嘉兴、芜湖、绍兴、佛山、三亚、天水、珠海、文山州进站量分别为 497 万人次、287. 2 万人次、267. 3 万人次、191. 7 万人次、107 万人次、84. 5 万人次、5. 9 万人次、4. 8 万人次。

资料来源：根据中国城市轨道交通协会《城市轨道交通年度统计和分析报告》整理。

其中，上海市超过7亿车公里，位居全国第一。2021年北京市完成运营车公里6.6亿车公里，同比略有下降，降幅为1.5%。成都、广州、深圳3市均超过4亿车公里，武汉、重庆、杭州、西安、南京5市均超过2亿车公里（见图4）。上海、北京、成都、广州、深圳、武汉6市合计完成30.2亿车公里，占全国运营车公里的52.9%。

与2020年相比，运营车公里增量最大的三个城市分别为成都、杭州和武汉，新增运营车公里分别为180.3百万车公里、98.8百万车公里和94.5百万车公里，总计373.6百万车公里，占全年新增运营车公里的32.2%。

5. 配属列车数突破9000列

2021年，城市轨道交通共计配属列车9858列，比上年增加1316列，增长15.4%。配属列车数超过1000列的城市有2个，分别为上海（1205列）和北京（1165列），成都、广州配属列车数均超过600列，深圳、武汉配属列车数均超过500列（见图5），上述6个城市配属列车数占全国的48.9%。

与2020年相比，配属列车数增长最多的三个城市分别为上海、武汉和郑州，新增配属列车数分别为167列、78列和66列，占全年新增配属列车数的23.4%。

二　城市轨道交通基本运行情况

1. 客运强度仍未恢复至疫情前水平

2021年，全国城市轨道交通平均客运强度为0.48万人次/公里日，客运强度比上年增加0.03万人次/公里日，增幅6.7%。然而，与2019年的0.78万人次/公里日相比，仍有较大差距，恢复情况不甚理想。主要有两方面原因，一是受新冠肺炎疫情的持续影响，北京、

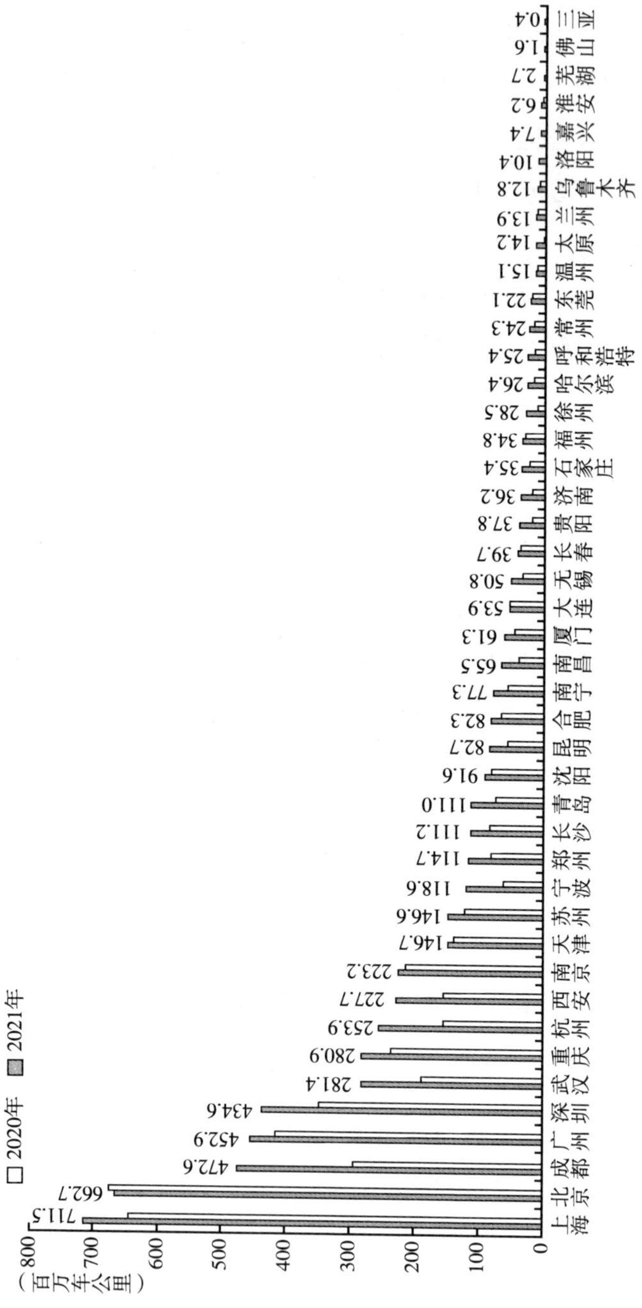

图4 2021年和2020年城市轨道交通运营车公里

注：广佛线全线数据计入广州；珠海、天水、绍兴、文山州4市未纳入统计。

资料来源：根据中国城市轨道交通协会《城市轨道交通年度统计和分析报告》整理。

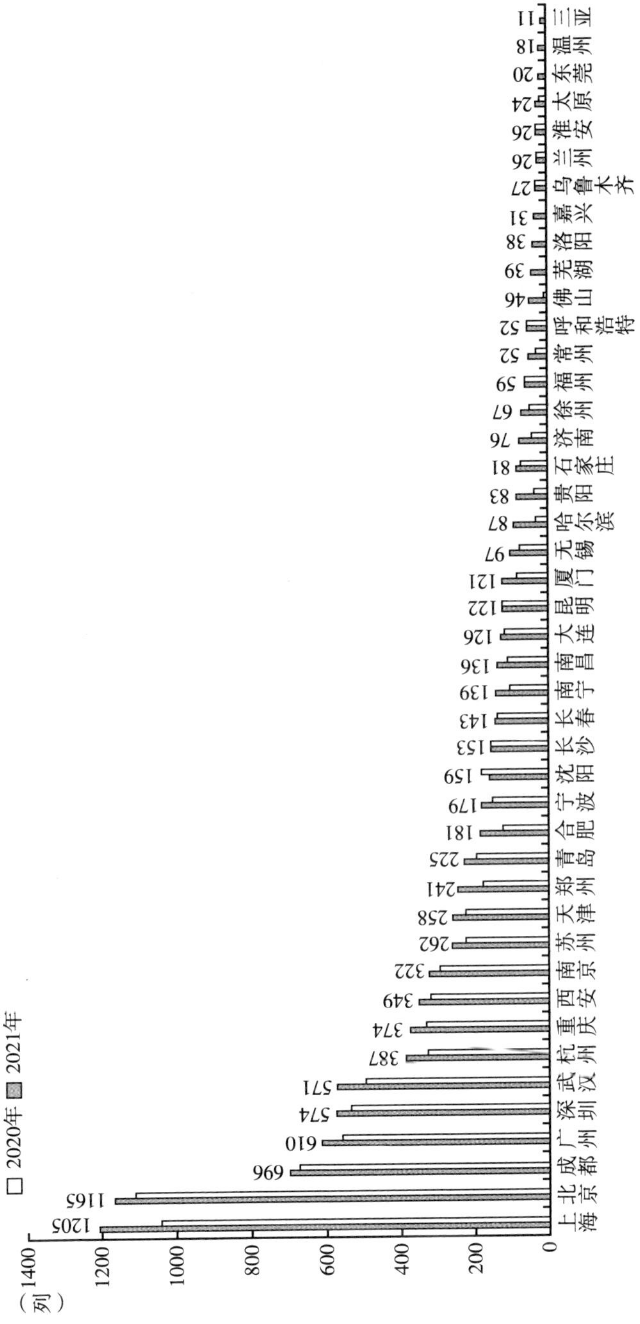

图5　2021年和2020年城市轨道交通配属列车数

资料来源：根据中国城市轨道交通协会《城市轨道交通年度统计和分析报告》整理。

上海、广州等城市的客流尚未完全恢复到2019年的水平；二是新开通线路多，且新线路投运初期客流较少，尤其是2020~2021年首次开通城市轨道交通运营线路的天水、三亚、太原、株洲、宜宾、洛阳、嘉兴、绍兴、文山州和芜湖等10个城市线路少、单线多，没有成网，客流相对较小。客运强度增幅最大的5个城市为济南、常州、乌鲁木齐、北京和贵阳，增幅分别为320.0%、61.1%、40.9%、39.7%和34.5%。此外，哈尔滨、太原、石家庄、淮安4个城市客运强度有所下降，分别下降30.4%、25.8%、12.8%和10.0%，疫情对客流的冲击仍未消退。

从线网情况来看，2021年，线网平均客运强度超过或等于1万人次/公里日的有6个城市，依次为深圳1.39万人次/公里日、广州1.31万人次/公里日、上海1.16万人次/公里日、西安1.11万人次/公里日、北京1.09万人次/公里日和长沙1.00万人次/公里日。此外，成都、重庆、杭州、兰州、南昌、南宁、郑州、武汉、南京、福州、合肥、厦门、天津、沈阳、长春15个城市客运强度也高于全国平均水平（见图6）。

2021年线路客运强度最高的是广州地铁1号线4.10万人次/公里日，随后依次是广州地铁2号线3.20万人次/公里日、广州地铁5号线3.01万人次/公里日、西安地铁2号线2.94万人次/公里日、上海地铁1号线2.76万人次/公里日、广州地铁3号线2.59万人次/公里日、北京地铁5号线2.57万人次/公里日、北京地铁2号线2.47万人次/公里日、上海地铁8号线2.4万人次/公里日和北京地铁10号线2.25万人次/公里日。2021年客运强度超过0.7万人次/公里日的线路105条，占总线路条数的37%。据不完全统计，全国228条城市轨道交通线路中（不含有轨电车），客运强度超过3万人次/公里日的有3条，大于等于1万人次/公里日小于3万人次/公里日的有61条，小于1万人次/公里日的有164条（见图7）。

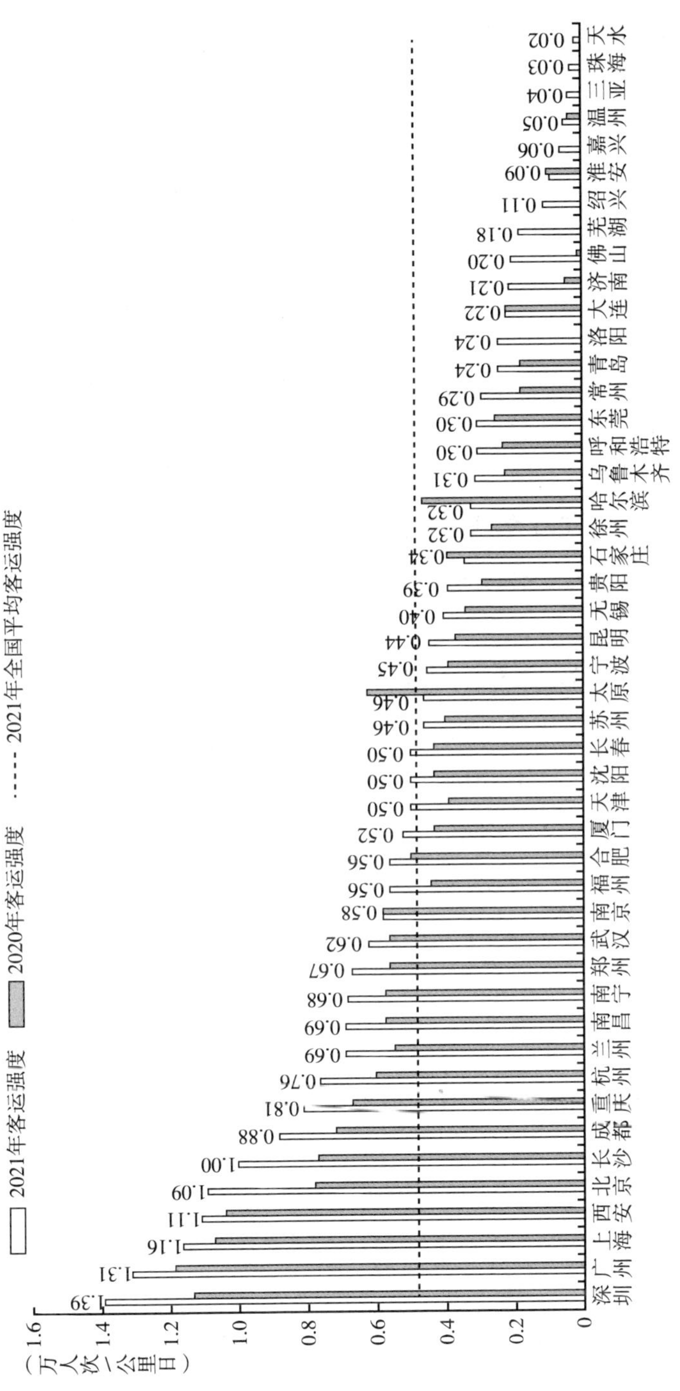

图6　2021年和2020年城市轨道交通客运强度

资料来源：根据中国城市轨道交通协会《城市轨道交通年度统计和分析报告》整理。

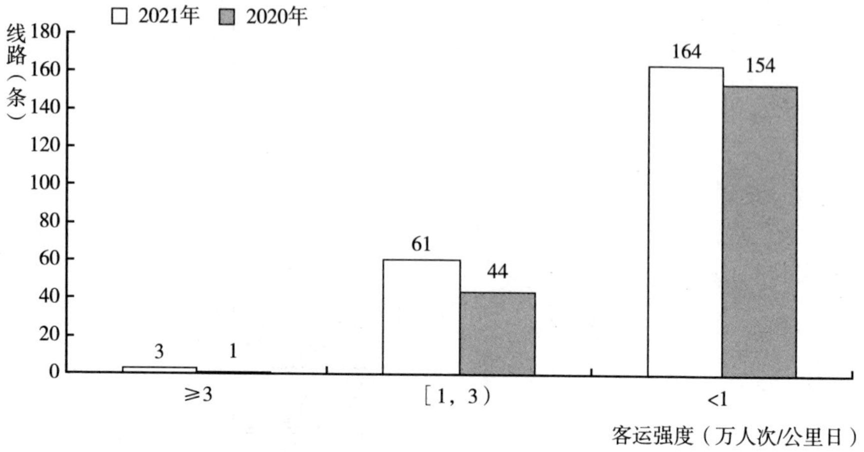

图 7　2021 年城市轨道交通线路客运强度分布

资料来源：根据中国城市轨道交通协会《城市轨道交通年度统计和分析报告》整理。

2. 最大日乘降量发生车站基本维持不变

2021 年，我国城市轨道交通最大日乘降量发生车站与 2020 年最大日客运量发生车站基本相同，以换乘站居多（见图 8）。其中，广州、上海、长沙、武汉、南京、深圳、南宁、成都 8 个城市的车站最大日乘降量超过 50 万人次，其中广州-体育西路站达到 79.81 万人次，位居全国第一（见图 8）。车站最高日乘降量发生日期多表现为节假日期间，例如清明、五一、十一、元旦等。

3. 换乘系数基本持平

2021 年，我国城市轨道交通换乘系数为 1.33，与 2020 年的 1.30 基本持平。北京、广州 2 个城市的换乘系数最高，分别为 1.86 和 1.80，上海、长沙、成都、南京 4 个城市换乘系数超过 1.70，分别为 1.78、1.76、1.75 和 1.74，共有 23 个城市的换乘系数超过全国平均水平（见图 9）。

与 2020 年相比，天津、北京、武汉 3 个城市换乘系数有所下降，分别降低了 0.52、0.03 和 0.01。

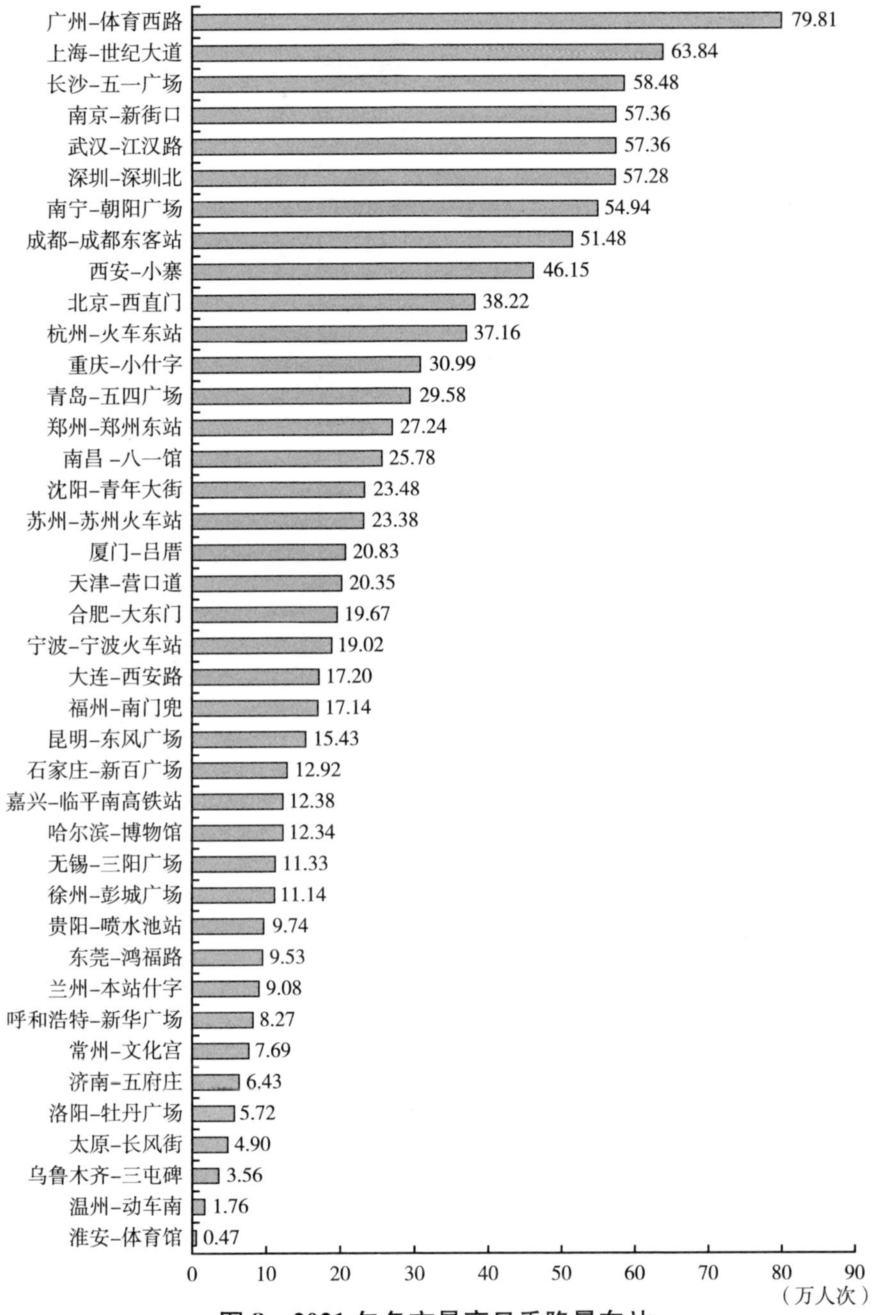

图 8　2021 年各市最高日乘降量车站

资料来源：根据中国城市轨道交通协会《城市轨道交通年度统计和分析报告》整理。

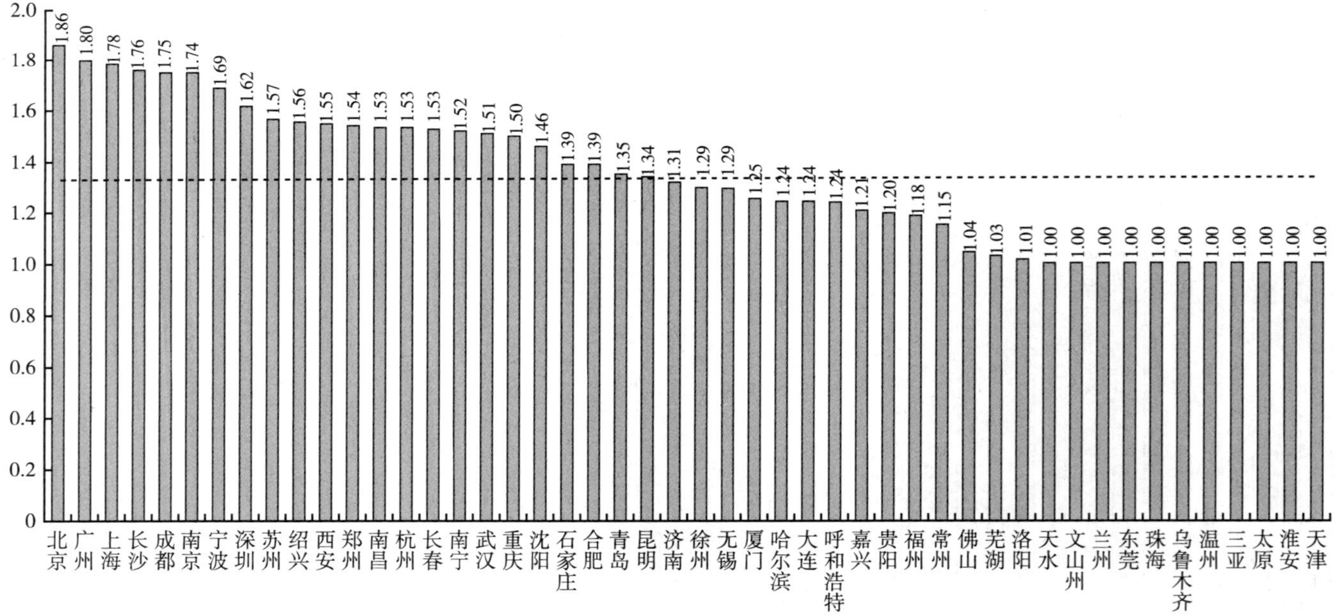

图9　2021年城市轨道交通换乘系数

注："-----"为全国平均换乘系数。平均换乘系数指乘客在线网内完成一次出行需乘坐的平均线路条数，用线网客运量与进站量的比值表示。

资料来源：根据中国城市轨道交通协会《城市轨道交通年度统计和分析报告》整理。

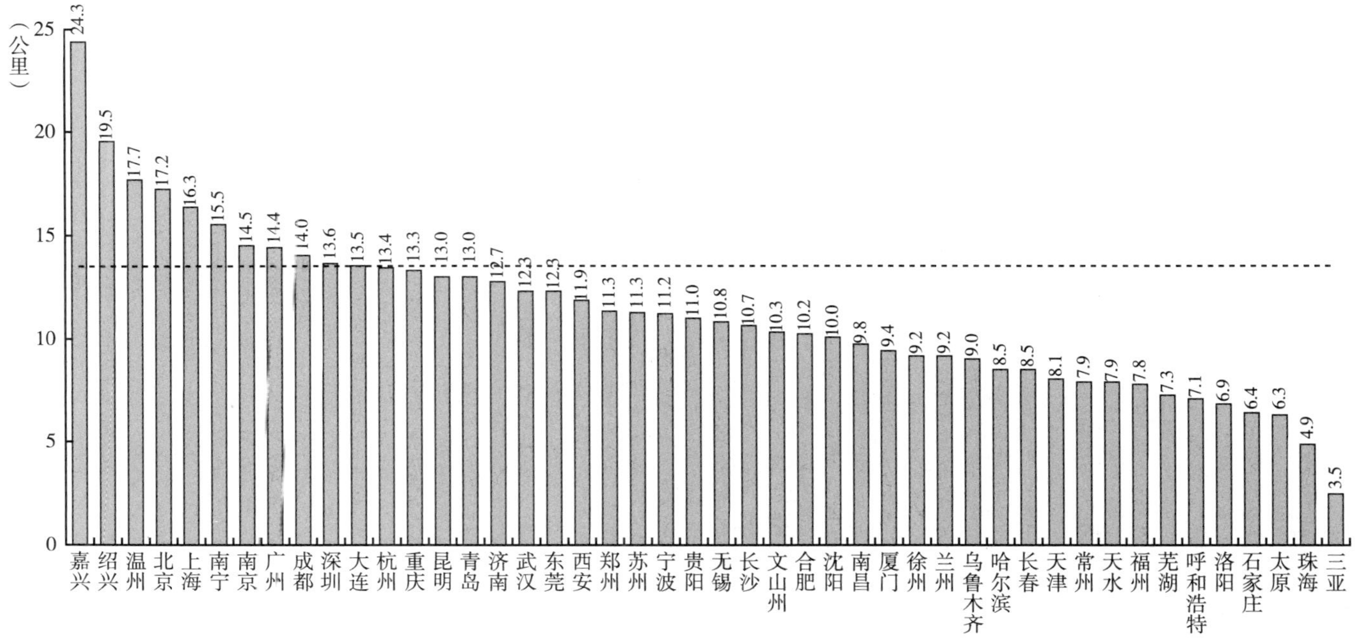

图 10　2021 年城市轨道交通平均运距

注：“-----”为全国平均运距。平均运距指乘客一次乘车的平均距离，用旅客周转量与客运量的比值表示。

资料来源：根据中国城市轨道交通协会《城市轨道交通年度统计和分析报告》整理。

4. 平均运距基本持平

2021 年，我国城市轨道交通平均运距为 13.5 公里，比 2020 年减少了 0.1 公里，降低 0.7%。平均运距高于或等于全国平均水平的城市分别为嘉兴（24.3 公里）、绍兴（19.5 公里）、温州（17.7 公里）、北京（17.2 公里）、上海（16.3 公里）、南宁（15.5 公里）、南京（14.5 公里）、广州（14.4 公里）、成都（14.0 公里）、深圳（13.6 公里）、大连（13.5 公里）。平均运距较低的三个城市仍为太原、珠海和三亚，运距分别为 6.3 公里、4.9 公里和 3.5 公里（见图 10）。

5. 万人线网拥有率平均水平有所上升

2021 年城市轨道交通万人线网拥有率全国平均水平为 0.2 公里/万人，比 2020 年有所增长。南京、北京、上海、大连、武汉、广州、成都等 7 个城市万人线网拥有率达到 0.3 公里/万人以上，其中南京最高，达 0.47 公里/万人（见表 1）。大部分万人线网拥有率小于 0.1 公里/万人的城市目前均为单线运营或为有轨电车线路，随着规划建设规模不断扩大，万人线网拥有率将进一步提升。

表 1　2021 年万人线网拥有率

序号	城　市	运营里程（公里）	常住人口（万人）	万人线网拥有率（公里/万人）
1	北　京	856.2	2188.6	0.39
2	上　海	936.2	2489.4	0.38
3	天　津	271.9	1373.0	0.20
4	重　庆	384.9	3212.4	0.12
5	广　州	589.9	1881.1	0.31
6	深　圳	431.0	1768.2	0.24
7	武　汉	484.4	1364.9	0.35
8	南　京	443.3	942.3	0.47
9	沈　阳	216.7	911.8	0.24
10	长　春	124.2	908.7	0.14
11	大　连	224.4	603.6	0.37
12	成　都	652.0	2119.2	0.31
13	西　安	252.6	1316.3	0.19

续表

序号	城　　市	运营里程（公里）	常住人口（万人）	万人线网拥有率（公里/万人）
14	哈尔滨	78.1	988.5	0.08
15	苏　州	254.2	1284.8	0.20
16	郑　州	248.9	1274.2	0.20
17	昆　明	139.4	850.2	0.16
18	杭　州	342.0	1220.4	0.28
19	佛　山	69.9	961.3	0.07
20	长　沙	161.6	1023.9	0.16
21	宁　波	182.3	954.4	0.19
22	无　锡	110.8	748.0	0.15
23	南　昌	128.5	643.8	0.20
24	兰　州	86.5	438.4	0.20
25	青　岛	293.1	1025.7	0.29
26	淮　安	20.1	456.2	0.04
27	福　州	58.4	842.0	0.07
28	东　莞	37.8	1053.7	0.04
29	南　宁	128.2	883.3	0.15
30	合　肥	153.6	946.5	0.16
31	石家庄	74.3	1120.5	0.07
32	贵　阳	74.4	610.2	0.12
33	厦　门	98.4	528.0	0.19
34	珠　海	8.8	246.7	0.04
35	乌鲁木齐	26.8	407.0	0.07
36	温　州	53.5	964.5	0.06
37	济　南	84.1	933.6	0.09
38	常　州	54.0	535.0	0.10
39	徐　州	64.1	902.9	0.07
40	呼和浩特	49.0	349.6	0.14
41	天　水	12.9	295.7	0.04
42	三　亚	8.4	71.1	0.12
43	太　原	23.3	539.1	0.04

续表

序号	城市	运营里程（公里）	常住人口（万人）	万人线网拥有率（公里/万人）
44	洛　阳	42.5	706.9	0.06
45	嘉　兴	56.9	551.6	0.10
46	绍　兴	20.3	533.7	0.04
47	文山州	13.4	344.4	0.04
48	芜　湖	46.2	367.2	0.13

资料来源：运营里程数据来自中国城市轨道交通协会《城市轨道交通年度统计和分析报告》，常住人口数据根据各城市《2021 年国民经济和社会发展统计公报》整理。例如，北京的常住人口数据来自北京市统计局官方网站：http：//tjj. beijing. gov. cn/tjsj_ 31433/tjgb_ 31445/ndgb_ 31446/202203/t20220301_ 2618672. html。

6. 收入支出比略有增长

据不完全统计，2021 年全国城市轨道交通平均运营收支比为 68.7%，同比增长 3.7 个百分点。总收入同比增长 24.9%，其中票款收入同比增长 24%。2021 年，全国城市轨道交通平均单位票款收入为 0.24 元/人公里，较 2020 年的 0.26 元/人公里有所下降。长春、兰州、东莞、石家庄、厦门、温州、太原、呼和浩特 8 市单位票款收入超过 0.3 元/人公里。

2021 年全国城市轨道交通平均每车公里运营成本为 23.6 元，比上年减少 0.42 元；平均每车公里运营收入为 13.27 元，比上年增加 0.73 元。平均每人公里运营成本为 1.17 元，比上年增加 0.14 元；平均每人公里运营收入为 0.66 元，比上年增加 0.04 元。总成本中人工成本占比 51.2%，同比减少 2.7 个百分点，电费占比 9.6%，同比减少 0.9 个百分点。每车公里运营收入和每人公里运营收入均超过全国平均水平的有北京、深圳、杭州、宁波、青岛、东莞、南宁、合肥、贵阳、温州、济南 11 个城市。

三　城市轨道交通运营服务情况分析

1. 最小发车间隔持续优化

2021 年，全国城市轨道交通高峰小时最小发车间隔平均为 272 秒。间隔 120 秒及以内的线路共有 18 条，较 2020 年增加 2 条；其中，北京地铁 9 条、上海地铁 5 条、深圳地铁 1 条、成都地铁 1 条、南京地铁 1 条、杭州地铁 1 条。上海地铁 10 号线高峰小时最小发车间隔达到 100 秒。北京、上海、广州、深圳、成都、重庆、杭州、南京、西安、武汉、苏州、天津、郑州、青岛 14 个城市的 64 条线路高峰小时最小发车间隔为 180 秒及以内，占总线路条数的 23%。2021 年，佛山、石家庄、合肥、常州、哈尔滨、苏州、南昌、南京、深圳、杭州、济南、长沙、上海、沈阳、徐州、西安、青岛、贵阳等 18 个城市最小发车间隔有所缩短（见图 11），其中佛山、石家庄、合肥发车间隔分别缩小了 170 秒、90 秒和 75 秒，运输服务效率提升明显。

2. 运营服务时间进一步增加

2021 年，我国城市轨道交通平均运营服务时长为 17.0 小时/日，比 2020 年的 16.8 小时/日延长了 0.2 小时/日。平均运营服务时长达到或超过 18 小时/日的有 6 个城市（见图 12），分别为北京、上海、重庆、西安、苏州、贵阳，其中北京最长，为 18.5 小时/日。此外，与 2020 年相比，佛山、哈尔滨、徐州、呼和浩特、宁波、济南、长春、广州、苏州、合肥、重庆、石家庄、武汉、沈阳、西安、青岛等 16 个城市运营服务时长有所增加，其中，佛山、哈尔滨、徐州、呼和浩特 4 个城市增长均超过 1 小时。

3. 平均旅行速度有所提升

2021 年，我国城市轨道交通平均旅行速度为 36.4 公里/小时，较 2020 年增长 3.7%，与部分城市开通运营市域快轨有关。其中，地铁的平

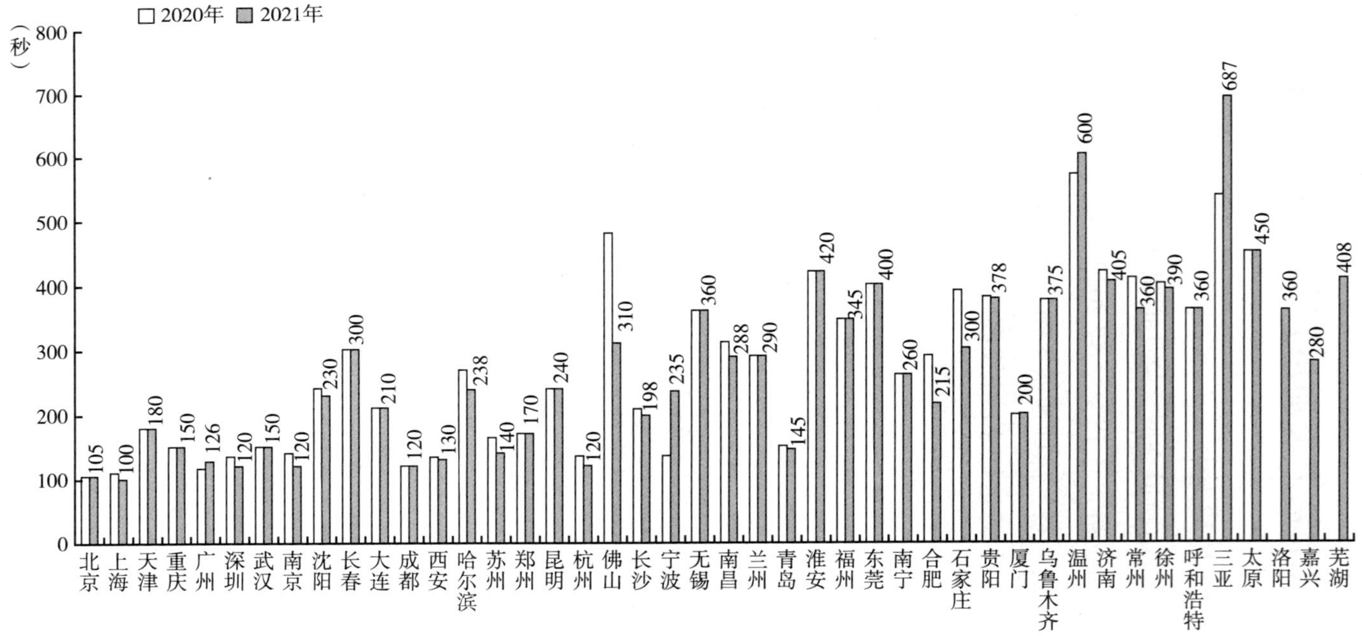

图 11　2021 年和 2020 年各城市最小发车间隔

资料来源：根据中国城市轨道交通协会《城市轨道交通年度统计和分析报告》整理。

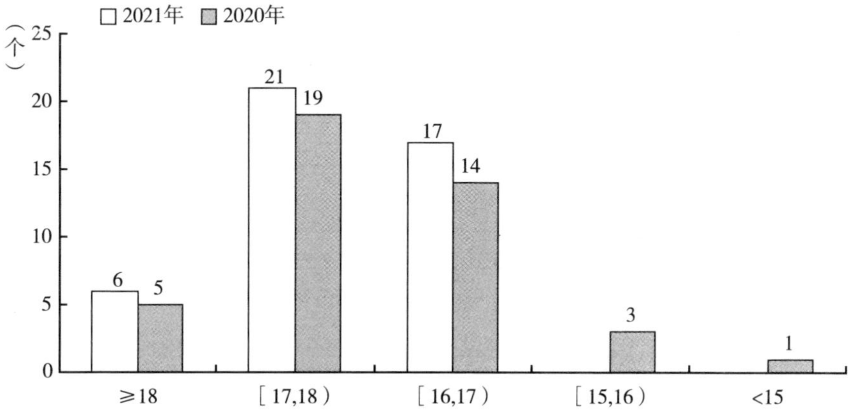

图12　2021年和2020年各城市平均运营服务时长分布

注：图中横轴数据单位为小时/日。

资料来源：根据中国城市轨道交通协会《城市轨道交通年度统计和分析报告》整理。

均旅行速度为36.3公里/小时。在全国所有运营线路中，广州18号线98.5公里/小时、成都18号线96.4公里/小时、南京市域快轨S9线87.4公里/小时、广州14号线70.4公里/小时、嘉兴杭海线68.6公里/小时位列前5（上海磁浮线、北京大兴机场线未计入），市域快轨的平均旅行速度高，但目前客流仍相对较少。就地铁而言，东莞53.5公里/小时、成都44.7公里/小时、佛山44.0公里/小时、广州43.7公里/小时和济南41.9公里/小时，分列地铁平均旅行速度的前5位（见图13）。

4.5分钟以上延误事件有所增加，但基本可控

2021年我国城市轨道交通线路共发生5分钟以上延误事件1616件，较2020年增加约500件，其中有轨电车的延误率相对较高。有4个城市发生5分钟以上延误超过100件（见图14），2个城市未发生5分钟以上延误事件。

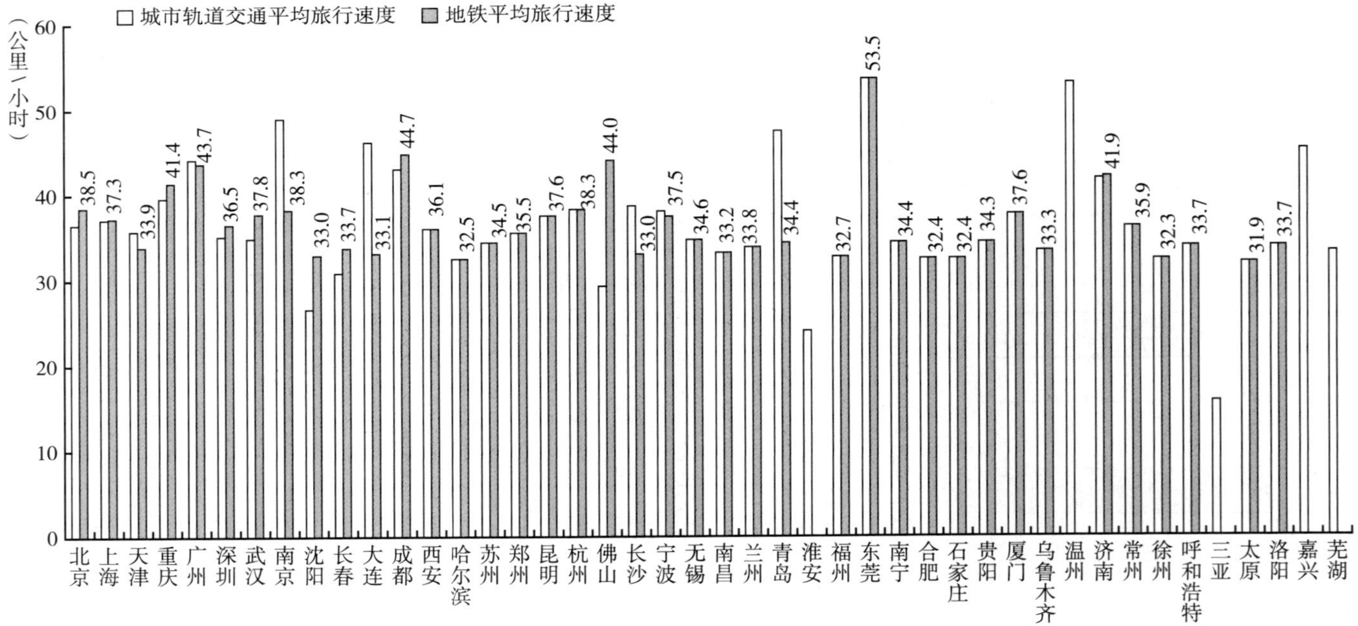

图 13　2021 年各城市轨道交通和地铁平均旅行速度

资料来源：根据中国城市轨道交通协会《城市轨道交通年度统计和分析报告》整理。

5. 列车服务可靠度有所下降

2021 年，全国城市轨道交通平均列车服务可靠度为 3.49 百万车公里/件，共有 30 个城市超过全国平均水平，有 2 个城市列车服务可靠度超过 50 百万车公里/件，10 个城市列车服务可靠度不足 1 百万车公里/件（见图 15）。

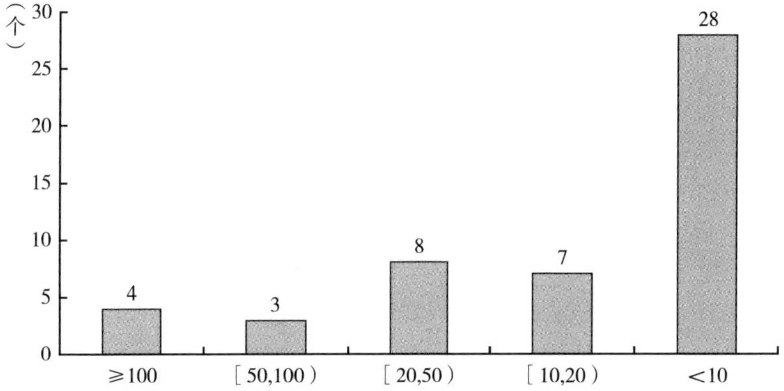

图 14　2020 年城市轨道交通 5 分钟以上延误事件数分布

注：横轴数据单位为件。
资料来源：根据交通运输部《城市客运发展报告 2021》整理。

四　城市轨道交通运营标准体系建设

据全国城市客运标准化技术委员会统计，在城市轨道交通运营领域，2021 年组织完成《城市客运术语 第 3 部分：城市轨道交通》《城市轨道交通客运服务规范》2 项国家标准和《城市轨道交通运力负荷评估规范》1 项行业标准的报批。推动《城市轨道交通运营安全评估规范 第 2 部分：单轨》《城市轨道交通运营安全评估规范 第 3 部分：有轨电车》2 项国家标准下达立项计划。在地方标准建设方面，据中国城市轨道交通协会运营管理专业委员会调研整理，2021 年

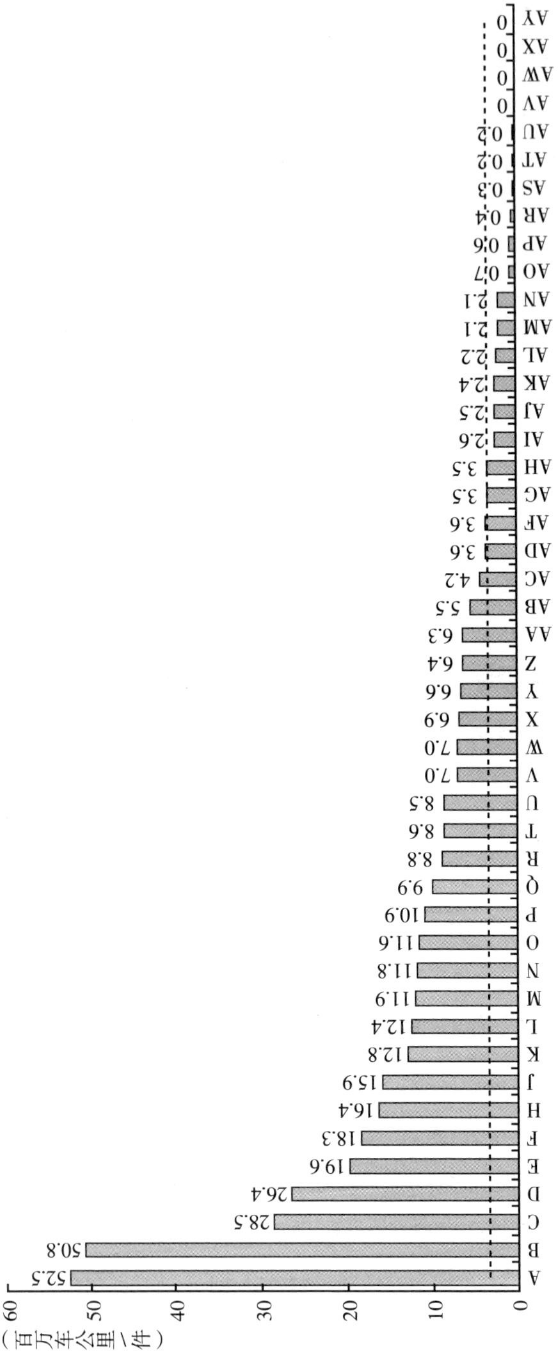

图 15　2021 年城市轨道交通列车服务可靠度

资料来源：根据交通运输部《城市客运发展报告 2021》整理。

我国部分省（市）出台城市轨道交通运营管理相关地方标准 24 项，涵盖运营服务、能源消耗、运营维护、安全评估等内容，具体见表 2。

在地方法律法规、政策文件方面，据调研整理，2021 年我国部分省（市）出台城市轨道交通运营管理相关政策和管理制度文件 8 项，均与安全应急相关，具体见表 3。

表 2　2021 年发布的城市轨道交通运营领域地方标准

序号	标准编号	省(市)	标准名称	发布时间	实施时间
1	DB11/T 647-2021	北京市	《城市轨道交通运营服务管理规范》	2021-12-28	2022-04-01
2	DB31/T 676-2021	上海市	《城市轨道交通能源消耗指标和计算方法》	2021-06-01	2021-09-01
3	DB33/T 310009-2021	上海市	《市域(郊)铁路客运服务规范》	2021-05-08	2021-08-08
4	Q/CRT 0058-2021	重庆市	《重庆轨道交通 B 型地铁车辆检修规程 第 1 部分:日常检修》	2021-12-10	2022-01-01
5	CQJTY/T N02-2021	重庆市	《城市轨道交通正式运营前安全评估技术规范 第 1 部分:地铁和轻轨》	2021-12-18	2022-01-01
6	CQJTY/T N03-2021	重庆市	《城市轨道交通运营期间安全评估技术规范 第 1 部分:地铁和轻轨》	2021-12-15	2022-01-01
7	CQJTY/T N04-2021	重庆市	《As 型地铁车辆日常维修技术规范》	2021-12-15	2022 01-01
8	DB50/T 1196-2021	重庆市	《城市轨道交通运营单位安全管理规范》	2021-12-30	2022-04-01
9	DB37/T 4444-2021	山东省	《城市轨道交通列车驾驶员作业规范》	2021-11-17	2021-12-17

续表

序号	标准编号	省(市)	标准名称	发布时间	实施时间
10	DB37/T 4443-2021	山东省	《城市轨道交通接触轨系统维修要求》	2021-11-17	2021-12-17
11	DB51/T 2801-2021	四川省	《城市轨道交通运营与服务 第1部分:网络化运营组织规范》	2021-08-02	2021-09-01
12	DB51/T 2802-2021	四川省	《城市轨道交通运营与服务 第2部分:客流风险管控规范》	2021-08-02	2021-09-01
13	DB51/T 2803-2021	四川省	《城市轨道交通运营与服务 第3部分:车辆系统风险管控规范》	2021-08-02	2021-09-01
14	DB51/T 2804-2021	四川省	《城市轨道交通运营与服务 第4部分:列车驾驶员操作规范》	2021-08-02	2021-09-01
15	DB51/T 2805-2021	四川省	《城市轨道交通运营与服务 第5部分:运行信息化规范》	2021-08-02	2021-09-01
16	DB41/T 2090-2021	河南省	《城市轨道交通贴附式服务标志使用规范》	2021-01-26	2021-04-25
17	DB34/T 3964-2021	安徽省	《城市轨道交通钢轨打磨维修技术规范》	2021-09-03	2021-10-03
18	DB34/T 3965-2021	安徽省	《城市轨道交通新线设施设备运营接管规范》	2021-09-03	2021-10-03
19	DBJ/T 15-223-2021	广东省	《轨道交通 25kv 交流同相供电技术标准》	2021-05-24	2021-08-01
20	DBJ/T 15-222-2021	广东省	《轨道交通架空刚性接触网系统技术标准》	2021-05-24	2021-08-01
21	DBJ/T 15-221-2021	广东省	《轨道交通供电运行安全生产管理系统技术标准》	2021-05-24	2021-08-01

续表

序号	标准编号	省(市)	标准名称	发布时间	实施时间
22	DBJ/T 15-220-2021	广东省	《城市轨道交通环境噪声与振动控制及评价标准》	2021-05-20	2021-09-01
23	DB5301/T 63-2021	昆明市	《消防安全重点单位管理规范》	2021-11-01	2022-01-01

资料来源：根据中国城市轨道交通协会运营管理专业委员会调研资料整理。

表3　2021年发布的城市轨道交通运营领域地方政策

序号	文号	省(市)	文件名称	发布时间	实施时间
1	粤办函〔2021〕296号	广东省	《广东省城市轨道交通运营突发事件应急预案》	2021-10-26	2021-10-26
2	粤交铁字〔2021〕194号	广东省	《广东省交通运输厅关于印发城市轨道交通应急安全工作指引的通知》	2021-09-30	2021-09-30
3	沈政办函〔2021〕14号	沈阳市	《沈阳市城市轨道交通运营突发事件应急预案》	2021-07-31	2021-07-31
4	长政办发〔2021〕29号	长沙市	《长沙市轨道交通运营突发事件应急预案》	2021-06-06	2021-06-06
5	深轨办〔2021〕178号	深圳市	《深圳市地铁运营线路极端天气应急安全工作指引(试行)》	2021-09-16	2021-09-16
6	洛政办〔2021〕27号	洛阳市	《洛阳市城市轨道交通运营突发事件应急预案》	2021-08-04	2021-08-04
7	宁社服〔2021〕9号	南京市	《南京市社会应急联动工作规范(新版)》	2021-10-14	2021-10-21

续表

序号	文号	省(市)	文件名称	发布时间	实施时间
8	南通市第十五届人民代表大会常务委员会公告(第10号)	南通市	《南通市轨道交通条例》	2021-12-02	2022-02-01

资料来源：根据中国城市轨道交通协会运营管理专业委员会调研资料整理。

在团体标准建设方面，中国城市轨道交通协会积极开展团体标准制定工作，2021年共发布团体标准25项，涵盖规划设计、技术装备和运营管理等领域。其中运营管理领域涉及1项，为《城市轨道交通车站装饰装修工程技术要求》，具体见表4。

表4　2021年发布的城市轨道交通运营管理领域团体标准

序号	标准编号	标准名称	发布时间	实施时间
1	T/CAMET 03002-2021	《城市轨道交通车站装饰装修工程技术要求》	2021-11-01	2022-02-01

资料来源：根据中国城市轨道交通协会标准化技术委员会资料整理。

另外，交通运输部科学研究院联合城市轨道交通列车通信与运行控制国家工程实验室，以及太原、上海、成都、北京等城市轨道交通运营单位发布《城市轨道交通全自动运行系统运营功能测试指南》白皮书，为各地全自动运行线路进行运营测试验证时提供技术支撑。

五　城市轨道交通运营创新

2021年，在客运服务、行车组织、设施设备管理和可持续发展方面，我国城市轨道交通运营企业围绕智慧乘客服务平台、客流培育新模式、灵活行车组织以及运营成本精细化管控等方面进行了实践和探索，取得了较好成效。

（一）客运服务

1. 智慧乘客服务平台为疫情防控提供保障

新冠肺炎疫情期间，陆续有乘客提出优化“非接触”出行方式的建议，北京、上海、广州、深圳、成都、宁波等城市轨道交通运营企业尝试打造智慧乘客服务平台，将乘客安检、购票、测温等流程进行融合。以成都为例，2021 年，成都轨道集团智慧乘客服务平台上线，覆盖已开通运营的 12 条地铁线路和 287 座车站。智慧乘客服务平台由智慧安检、智慧票务、智慧测温 3 个子系统构成，智慧安检系统利用图像分析、智能检测等技术，实现对乘客行李包裹中违禁品的智能判别、随身金属物品的无感检测以及安检区周边环境的综合布控，提高违禁品检出率、安检区安全防范水平及“非接触”安检体验感。智慧票务系统依托人脸识别技术实现人脸过闸，取代手机、票卡等传统车票介质，降低疫情交叉感染风险，为乘客提供便捷的无感通行体验。智慧测温系统利用红外探测技术，非接触式探测乘客体温，提升测温精度与效率，有效保障公共卫生防疫安全。

该项目是成都市政府 2021 年重点项目，也是成都轨道集团“幸福美好生活十大工程”的主要项目，创新搭建了国内轨道交通行业集智慧安检、智慧票务、智慧测温系统于一体的综合性乘客服务平台，率先实现智慧安检、人脸过闸、测温防疫多场景综合应用，构建了智慧服务一体化生态，为行业科技战疫和创新惠民提供了示范。平台上线运营以来，已累计超过 32 万人开通人脸过闸功能，单日使用人数超过 16 万人。通过云计算、大数据、人脸识别、无感测温等技术的综合应用，全面提升地铁运营全息感知、实时分析、科学决策和精准执行能力，提高运输效率，改善经营效益，提升服务质量，实现乘客良好的无感出行体验。

2. 城市轨道交通客流培育新模式

新冠肺炎疫情期间，城市轨道交通客流量总体呈下滑态势，如何恢复轨道交通客流、科学处理好常态化疫情防控和发展的关系，是城市轨道交通运营企业面临的一大难题。以宁波市为例，宁波轨道交通2020年2月客流首次急剧下跌至6.28万人次/日，面对严峻考验，运营分公司迅速应对，在绿色出行、客运营销活动等方面，实施创建绿色出行宣传志愿者队伍、推行公交接驳微循环、与专车和共享电单车合作等措施，全力以赴打赢客流培育攻坚战，2021年日均客流较2020年增长约30%，实现客流稳步提升。

创建绿色出行宣传志愿者队伍。疫情发生后，宁波轨道交通联动各区域，通过与街道、社区合作共建，将社区网格长、网格员纳入志愿者队伍，加入绿色出行宣传行列。绿色出行宣传志愿者以线上群转发为主，同时开展线下宣传活动。疫情期间共招募绿色出行志愿者600余名，服务范围涵盖地铁沿线400余个小区。

推行公交接驳微循环运营服务。2021年，轨道交通联手公交集团在车站出入口及车站周边3~5公里范围内社区开展出行需求问卷调查，满足开辟“招手即停”接驳微循环线路需求的，可试运营相关接驳线路。“招手即停”接驳微循环线路相对于传统仅在公交站点停靠的公交线路，市民出小区后不需要再到附近的公交站点，只需站在设有“招手即停”的指示牌下，途经的接驳微循环公交遇乘客招手就会停车，疫情期间缓解乘客在公交站点聚集现象，优化市民地铁出行接驳方式。同时与公交集团共同开展公交轨道接驳客流培育活动，在新辟“招手即停”接驳微循环线路中发放轨道公交试乘体验券。2021年，共开辟“招手即停”接驳微循环线路15条，受到广大市民欢迎，获得多家媒体宣传报道，发放轨道公交试乘体验券1.2万张，领券率达100%，实际使用率约82.7%。

与专车和共享电单车合作实现无缝衔接。2021 年 5 月，与“享道出行”合作，乘客打车起点或终点为地铁站的，打车立享最高优惠 6.8 折，同时开展线上互动活动，进行转盘抽奖，奖品为双方出行券及周边产品。活动历时三个月，参与人数达 11.59 万人次，领券率达 100%，用券率达 82.2%。同时，在地铁站投放共享电单车，进一步推进无缝接驳，首次尝试投入地铁与骑行联名卡，限量发行 2000 张，并与共享电单车方互换体验券，在各自平台分别派发 10 万份体验券，推动市民绿色出行。2021 年，投放共享电单车的地铁站增加约 42%，目前仍在持续扩展中，进一步解决市民地铁出行“前后一公里”。

（二）行车组织

1. 北京地铁4号线—大兴线复合小交路实践

针对里程较长线路的客流不均衡分布特性，采用传统的大小交路模式无法满足个别区段的高峰客流拥挤状态，客流高峰时段行车组织难度大。以北京地铁 4 号线—大兴线为例，2017 年的实际列车使用量已达到配置临界值，车辆的组织运用和维修保养压力突出。同时，日益增长的客流压力并未得到明显缓解，通过不断增加大小交路套跑比例的组织方式只会继续增加用车需求。因峰值时段切换组织交路的做法并无经验可借鉴，在绝对大客流时进行交路调整最大的难点在于精准把控切换时机。前期的数据准备及精细分析必不可少，后期执行阶段需要“临客投放”“车站组织”“乘降管控”等调度组织手段的有效保障。

2021 年 5 月 8 日，4 号线—大兴线使用新版工作日运行图，创新性设计并成功实施复合小交路组织行车，针对长大线路的客流不均衡分布特性，客流高峰时段切换使用两个小交路实现大小交路套跑组织行车，这在国内外运营组织实践上尚属首次。复合小交路增加了黄村西大街和中关村两个常态化折返站，一类折返站数量从 3 个增加到 5 个，对信号和调度专业的维护与组织提出了很大挑战。

实现复合小交路设计思路的核心是尽快解决前端滞留，包括空间概念的“线路前端”和时间概念的“高峰期前端”，这要求在全周转时间不变的前提下尽量压缩大客流车站的站停时间，即要求站台组织更加高效。经过充分研讨和模拟演练，对线路几个重点车站进行了精确到秒级的实操模拟，最终给出了精确的站停时间，从组织保障上支持了复合交路的实现。通过复合交路组织方式，图定上线列车由此前 73 列减少到 70 列，较大幅度减小了列车维护压力。

2. 上海地铁16号线“3+3”在线联挂解编

上海地铁 16 号线线路长、站间距大，组团客流、潮汐客流特征明显，高峰客流集中但全日客流总量不高，是城市轨道交通郊区线路的典型特征。高峰高断面初期预测客流仅有 1.1 万人次，采用大编组列车将存在运能浪费，而远期可能会超过 2.8 万人次，小编组列车无法满足长远需求；为解决“初期客流不足而远期客流超预期”的问题，公司组织运营、车辆、信号、供电等专业技术骨干反复研讨，最后结合柏林 S-Bahn 在线重联案例，提出了采用“3+3”灵活编组设想，明确了车辆、信号功能要求以及具体运营方案，在国内城市轨道交通行业尚属首次。

上海地铁 16 号线“3+3”联挂作业是指两列 3 节编组列车重新编组，形成一列 6 节编组重联列车的作业过程；解编作业是指 6 节编组的重联列车，重新编组形成两列 3 节编组列车的作业过程。在线联挂解编作业是指在运营时段利用正线进行列车联挂和解编操作。

该方式可以通过动态手段灵活调整高峰与平峰期间列车编组方式，解决平峰客流不足而不能兼顾服务水平与列车满载率的问题。在高峰期投入 6 编列车，满足高峰小时 2.7 万人次的运量需求；平峰期解编为 3 编组运营，既能保持一定的行车间隔，又能提升列车满载率。通常情况下，列车在车辆基地内完成入库、联挂/解编、出库等一系列作业需要1个多小时，而16号线正线解编作业时间约4分钟、正线联挂作业时间约7分钟，完成后即可投入运营，不仅提高了效率，而且降低了列车空驶里程，在保证运营灵活性的同时，实现了节省能耗和减小车辆损耗。

（三）设施设备管理

1. 再生能量吸收装置研发与应用

城市轨道交通站间距通常在1.5公里左右，列车运行起动及制动频繁，传统的牵引变电所整流设备为二极管不可控整流器，只能单向供电，列车制动时优先采用电制动方案，将再生能量反馈到直流牵引网，优先供邻近列车吸收，多车制动时，再生电能不能及时吸收会导致牵引网网压升高，影响列车正常运行。为避免牵引网网压过高，一般通过在列车上设置车载制动电阻吸收多余的再生电能，但会带来隧道升温和车辆自身载重增加，不利于系统节能。

再生能量吸收装置用于吸收列车取消车载制动电阻后再生回馈制动时多余的能量。2021年，徐州地铁1号线、3号线正线17座牵引变电所和车辆段牵引变电所各设置1套3.6MW的再生能量吸收装置。据测算，取消车载制动电阻后，每列车减重约2吨，减少了列车初期投资成本及长期运行成本；同时隧道温升会得到较大改善，减少了环控系统运行成本。列车再生电能通过回馈装置反馈到中压环网，供其他车站低压负荷用电，节省了供电系统运行成本，一条线路每年可节约费用约900万元。

2. 桥梁智能化监测技术研究及应用

在城市轨道交通桥梁长期服役过程中，桥梁结构不可避免地产生损伤累积、抗力衰减和功能退化，造成安全性、适用性与耐久性下降。人工检查方式往往不能及时发现病害，也不易发现一些隐蔽病害，获取的数据也缺乏连续性和实时性，难以有效保障桥梁安全。重庆轨道交通集团聚焦桥梁病害，开展了“城市轨道交通桥梁智能化监测技术研究及应用”，申报了重庆市建设科技计划项目。项目采用“物联网”、“云计算”和“大数据”等技术搭建智能化监测平台，开发在线监测装备，监测桥梁关键性能和环境数据，实现精细、及时的智能化监测，开发快速巡检系统，利用监测大数据预警和评估技术，分析服役状态与损伤演化趋势，制定主动、预防性的养护措施，做到损伤累积可预测、抗力衰减可延缓、功能退化可恢复，实现城市轨道桥梁智能化监测。

（四）可持续发展

1. 精细成本管控

面对新冠肺炎疫情持续影响，城市轨道交通客流恢复不理想，线网扩张郊区线路客流有待培育，城市轨道交通运营企业面临收入与成本增长不匹配的困难局面，运营亏损规模扩大。面对挑战，落实精细化成本管控并形成长效机制，是推进城市轨道交通运营企业可持续发展的必然选择。

2021 年，广州地铁以提质增效为工作思路，从基础制度、管理架构、生产组织、科技应用、管理手段、经营拓展的业务全价值链条角度，深化落实“开源节流、控本增效”战略要求。广州地铁推进建立最小单元收入成本核算体系，强化一线业务单位经营管理理念，将经营压力有效传导至一线业务单位，收入成本由原来以线路维度核算细化至业务运作单位，以报表平台搭建为基础，明确最小单元核算规则，出具基层单元收入成本报表，以数据为抓手将管理触角延伸到业务运作单元。选取试点单位开展报表数据分析和应用，宣传最小单元成本精益管理内核，发挥业务单位主观能动性，找准成本精益管理的方向和切入点，为长效开展控本增效工作打好基础。

为落实维修作业精细化、标准化管理，推动生产业务与财务一体化融合，实现数字化、智能化转型升级，广州地铁以具体维修作业内容为基础，从值守、巡检、检修工时消耗、材料消耗、工器具配置等方面，全面构建一套维修作业成本标准值体系。通过优化维修作业前端与成本后端的贯穿传导机制，明晰各项维修作业的成本路径，评估各项维修作业实施效率，推动经营管理目标向业务端前移，优化并完善维修作业全过程闭环管理，促进轨道交通运营控本增效及可持续发展。

2021 年，宁波轨道交通在成本规制的背景下，采用先进的管理会计方法，制定合理的标准成本管理制度，探索实施科学成本管理体系与成本核算流程，搭建轨道交通运营成本数字化内控体系，量化关键成本指标，编制形成指标分解方案，与业务单位进行责任划分和指标匹配，引导业务单位将成本指标延伸到业务前端，做好过程把控，增强成本管控意识。同时，将控制指标与预算结合，加大预算编制与管控力度，将预算与各单位绩效相结合，提高各单位对预算的灵敏度；开展预算执行动态化分析，实现预算整体管理，为决策层提供数据支持，逐步形成上下联动的预算编制体系。另外，还制定动力照明电耗、牵引电耗、管理费用（办公用品、劳保物资等）、设备维修等定额标准，建立定额标准体系，应用于预算编制、财务管理、物资采购、车辆检修、设备维修维护等，建立全过程流程管理，实现内部成本管控。在成本规制的有力推动下，企业自主开展成本内控，对相关风险进行预警，提高企业管理水平和经济效益，减轻财政投入负担，降低投资风险。

2. 多维度实施节能管理

城市轨道交通行业属于用能大户，为推动落实“双碳”战略，城市轨道交通运营企业多维度开展综合节能研究，构建节能体系。一是挖掘动照节能潜力，通过车站照明灯具 LED 改造、电扶梯变频改造、车站节电照明模式调整等节能改造，降低车站动照能耗，天津地铁全年节约用电 800 万度，节约费用 500 万元。二是推广新能源、新技术应用，天津地铁大毕庄车辆段已完成用空气源热泵和电制热代替原来的燃油锅炉供热，每年能节约费用 1600 万元，预计两年收回建设成本。三是推动能源综合管理，目前多家轨道交通企业正在建设线路级能源管理系统，“十四五”时期计划完成线网级能源管理系统平台搭建，实现线网级能源数据的智能、实时和全面管理，以天津地铁为例，2021 年 5 号线、6 号线、9 号线用电量同比下降了 2.2%，降幅达 610 万度。

2021 年，南宁轨道交通集团公司为实现通风空调系统节能降耗，针对广西气候特点以及运营线路现状，在原有“风-水联动”技术基础上进一步优化，重新建立模型数据，研制出适合南宁轨道交通使用的通风空调“风-水联动”控制技术，以及车站通风空调系统的智能化控制管理及节能实施方案。该方案优化了基于“风-水联动”控制技术的核心智能模糊控制软件，提高了冷水机组的运行效率，解决了整个制冷环节的综合能耗优化问题，实现了全系统的集成与控制，并对系统软件及硬件设备标准化和系列化。目前，南宁轨道交通集团公司选取 1 号线麻村站为试点车站，并逐步在线网推广应用，通过对“风-水联动”控制的关键技术进行应用验证，车站通风空调系统和水系统在满足末端负荷需求的情况下，综合节能率在 30% 以上，达到了降低车站总能耗、降低运营成本、改善车站环境舒适度和提升乘客乘车体验的良好效果。

（五）科技奖励情况

2021 年，我国城市轨道交通运营领域产生多项科技奖励，主要集中在城市轨道交通运营组织与风险防控、智能运输以及信号、车辆、车门的智能运维等方面。北京交通大学等单位完成的“轨道交通信号智能健康管理关键技术及应用”项目、北京城建集团有限责任公司等单位完成的“城市轨道交通多维融合评价体系和关键技术研发与应用”项目获得北京市科学技术奖二等奖。广州地铁集团有限公司等单位完成的“城市轨道交通车门系统智能诊断关键技术及运维平台研制与应用”项目获得广东省科学技术奖二等奖。中铁第四勘察设计院集团有限公司等单位完成的“市域铁路车辆安全运维关键技术及工程应用”项目获得湖北省科学技术进步奖一等奖。中国安全生产科学研究院等单位完成的“地铁火灾与客流疏运安全关键技术及应用”项目获得北京市科学技术奖一等奖。

北京交通大学等单位完成的“城市轨道交通列车节能运行一体化方法及关键技术”项目、广州地铁集团有限公司等单位完成的“城市群轨道交通网融合发展与一体化运营规划关键技术研究与应用”项目、成都轨道交通集团有限公司等单位完成的“快速成网条件下城市轨道交通运营组织与风险管控关键技术及应用”项目、北京市地铁运营有限公司等单位完成的“城市轨道交通安检模式创新及关键技术应用研究”项目、广州地铁集团有限公司等单位完成的“城市轨道交通智能运输关键技术及决策支持平台”项目获得中国城市轨道交通协会城市轨道交通科技进步奖一等奖。

另外，在城市暴雨内涝方面，中山大学等单位完成的“珠三角地区城市暴雨内涝机理与防控关键技术研究及应用”项目、华南理工大学等单位完成的“南方暴雨洪涝灾害防控关键技术研发与应用”项目获得广东省科学技术奖二等奖。

六　城市轨道交通发展热点预测

2030 年前实现“碳达峰”、2060 年前实现“碳中和”是我国的重大战略决策，城市轨道交通是大容量公共交通基础设施，也是耗能大户，是引导低碳出行的骨干交通方式。绿色低碳发展是行业面临的历史性任务，也是城市轨道交通创新发展的重大机遇，事关可持续、高质量发展大局。同时，2021 年河南郑州“7・20”特大暴雨灾害事件也暴露出认识准备不足、防范组织不力、应急处置不当等问题，需要统筹好发展和安全两件大事，增强风险意识和底线思维，大力提高防灾减灾救灾和防范化解风险挑战的能力和水平。

（一）运营绿色低碳发展

构建基于云平台、大数据的能源管理平台，作为信息共享、系统互联、“供—用—管”协同一体化的智能化管理手段。探索应用双向变流牵引供电系统、专用轨回流系统、地源热泵、光伏发电等绿色新能源，推进应用车辆永磁同步牵引系统、车站高效节能通风空调系统、直流集中供电智能照明系统，建立具有更高节能减排水平的智能能源管理系统。采取管理优化和技术改造并举措施，协同推进客运服务管理和运营线路节能降耗。深入研究乘客出行规律，尤其是高峰期和平峰期客流的时间、空间分布规律，以安全运行、高效运营、优质服务为前提，构建网络化运营管理平台，研发高效运营组织模式，实施网络化运能运量的精准匹配，降低列车空驶率，提高列车满载率和乘客便捷舒适体验，实现客运服务质量提升和节能降耗指标的双达标。

同时，新冠肺炎疫情持续造成影响，乘客对出行方式选择也在发生变化，公交、地铁等公共交通工具使用频次降低，轨道交通客运量减少，车站商业和传媒广告经营收入也大幅下降，利用多种方式提升城市轨道交通吸引力是未来的发展重点。应加强运营线路客流状况专题评估，充分利用大数据等技术手段，对城市人口密度、线路沿线人口和岗位综合密度以及客流出行方向、出行强度、出行分布及结构等进行评估，明确潜在客流及需求。以政策为引领，改善与公交和慢行系统的交通衔接，优化发车间隔和综合服务水平，吸引轨道交通客流。

（二）极端天气下的运营安全防范与应急处置

近年来，暴雨、台风等极端天气频发，给城市轨道交通运营安全带来挑战。随着新建线路的开通和线路向郊区延伸，线路周边环境更加复杂，运营安全面临的风险越来越高，主要体现在进水可能导致车站、区间水淹风险；车辆段、地面线路及高架线路周边种植的树木容易被强风吹倒可能导致损毁地铁设备设施；结冰、冰雹等可能导致桥梁、钢轨、线路出现断裂，严重影响运营安全。

《河南郑州“7・20”特大暴雨灾害调查报告》指出：一些领导干部在北方常年干旱的环境下失去了对重大洪涝灾害的警惕性，对全球气候变暖背景下极端气象灾害的多发性、危害性认识不足，严重缺乏风险意识和底线思维；对城镇化发展进程中的安全风险缺乏调查研究，不知道风险在哪里、底线是什么，应急准备严重不足，以致灾难来临时江心补漏、为时已晚。

综合来看，在我国城市轨道交通仍然快速发展的情况下，面临极端天气频发的客观事实以及应急管理体系薄弱和应急能力不足的短板，今后一段时间如何保障极端天气下的运营安全防范及应对，相关的政策研究、技术研发、产品装备等将是发展热点。

（三）轨道交通多网融合

《中华人民共和国国民经济和社会发展第十四个五年规划和2035年远景目标纲要》指出：依托辐射带动能力较强的中心城市，提高1小时通勤圈协同发展水平，培育发展一批同城化程度高的现代化都市圈；以城际铁路和市域（郊）铁路等轨道交通为骨干，打通各类断头路、瓶颈路，推动市内市外交通有效衔接和轨道交通四网融合，提高都市圈基础设施连接性贯通性。从目前情况来看，城际铁路和市域（郊）铁路仍然是引导都市圈城市协同与集约发展的短板，北京、上海、广州、深圳、南京、重庆、西安等城市聚焦城市轨道交通与城际铁路和市域（郊）铁路的协同发展，从铁路与地方协同推进改革创新、枢纽体系建设、技术装备研发、运营组织创新等方面持续推进。综合来看，在运营组织方面，跨线运营、快慢车运营、灵活编组等将是未来的发展热点；在技术装备方面，开发统一兼容的列车和信号系统，建设多网共用的检修基地等也将逐步推广应用；投融资改革、存量资产盘活利用、站城融合、客货运业务拓展等新业态也将得到快速发展。同时，多网融合带来的安全监管、一体化客运服务、综合应急管理等也将得到越来越广泛的关注。

应急管理篇

Emergency Management Part

B.2

城市轨道交通运营应急管理相关政策规范实施情况调查分析报告

摘　要： 2019年以来，交通运输部先后印发了客运组织与服务、行车组织、应急预案与演练、安全评估、应急能力建设等一系列政策文件，本文聚焦城市轨道交通运营应急预案、应急演练、应急处置、应急能力评估四方面，对国内城市轨道交通运营企业开展了相关政策条款的实施情况调研。结果显示，各城市轨道交通运营企业均实施了文件要求，但在部分预案科目设置、岗位作业标准界限划分、智能化客流预警监测手段、“站点—区域—基地”三级应急点建设、应急评估标准体系等方面还存在不同程度的实施难点；同时，在应急联动机制建设、应急处置卡设置、技术或设备创新辅助应急决策与应急能力培训等方面展现了诸多亮点，最后提出了加强应急管理工作的思考与建议。

关键词： 城市轨道交通　应急管理　政策规范实施

2019年以来，交通运输部先后下发了《城市轨道交通运营突发事件应急演练管理办法》（交运规〔2019〕9号）、《城市轨道交通运营险性事件信息报告与分析管理办法》（交运规〔2019〕10号）、《城市轨道交通行车组织管理办法》（交运规〔2019〕14号）、《城市轨道交通客运组织与服务管理办法》（交运规〔2019〕15号）、《城市轨道交通运营期间安全评估规范》（交办运〔2019〕84号）及《城市轨道交通运营应急能力建设基本要求》（JT/T 1409-2022）等一系列文件和标准，针对应急预案、应急演练、应急处置、应急能力评估等工作提出明确要求。本文主要从上述四个方面，调查分析城市轨道交通运营企业对相关政策的实施情况，为进一步推动政策要求落地及持续完善奠定基础。

一　应急预案体系

（一）政策实施情况分析

1. 应急预案体系建设情况

应急预案是专门针对可能发生的突发事件，为最大限度减少事件损害而预先制定的应急准备工作方案，对于运营安全风险日益突出的城市轨道交通，建立健全完备的应急预案体系对保障运营安全至关重要。《城市轨道交通运营管理规定》第四十条、《城市轨道交通运营突发事件应急演练管理办法》第五条等明确规定，运营企业应建立运营突发事件综合应急预案、专项应急预案和现场处置方案。其中，综合应急预案是为应对各种生产安全事故而制定的综合性工作方案，是应对生产安全事故的总体工作程序、措施和应急预案体系的总纲；专项应急预案是为应对某一种或者多种类型生产安全事故，或者针对重要生产设施、重大危险源、重大活动防止生产安全事故而制定的专项工作方案；现场处置方案是根据不同生产安全事故类型，针对具体场所、装置或者设施所制定的应急处置措施。根据调研结果，目前各城市轨道交通运营企业均自上而下建立完善了“综合+专项+现场”的三级应急预案体系，基本符合相关政策文件要求与现场运营生产实际需求。

在应急预案体系建设过程中，由于各城市轨道交通运营企业的组织架构不尽相同，应急预案体系层级的划分也存在差异。其中，以“集团+运营分公司”组织模式的城市轨道交通运营企业较为典型，如长沙、成都、重庆、广州、南京、上海等城市，其按应急预案体系层级划分特点可以概括为三种形式：第一种形式为“集团（综合）+运营分公司（综合、专项、现场）”；第二种形式为“集团（综合、专项）+运营分公司（综合、专项、现场）”；第三种形式为“集团（综合、专项）+运营分公司（现场）”，具体如表1所示。

表1 各城市三级应急预案体系与企业组织架构对应关系

企业组织架构形式	应急预案体系层级划分形式	代表企业/城市
单一组织架构	综合+专项+现场	京港、昆明、南昌、青岛、天津等
“集团+运营分公司”组织模式	·集团:综合 ·运营分公司(运营事业总部):综合、专项、现场	广州、合肥、南京、南宁、宁波、无锡、西安、徐州等
	·集团:综合、专项 ·运营分公司:综合、专项、现场	长沙、上海、沈阳等
	·集团:综合、专项 ·运营分公司:现场	成都、重庆、苏州等

资料来源：根据2022年中国城市轨道交通协会运营管理专业委员会调研结果整理。

值得注意的是，对于集团和运营分公司均制定综合预案或专项预案的，二者差异主要体现在两方面。一是预案内容侧重点有所不同，如部分企业集团层面预案侧重整体分级响应标准、所辖分公司之间分工协作、对上级联动处置要求等，而分公司层面则基于集团预案进一步向下延伸，侧重明确分公司内部相关部门分工协作、对集团处置要求细化落实等。二是专项预案科目有所不同，如部分企业集团层面专项预案主要涵盖防汛防台、公共卫生等通用类科目，而分公司层面则进一步扩展至客运组织、设施设备故障等专项科目。

目前，相关政策文件并未对不同组织架构模式下的城市轨道交通运营企业应急预案体系层级划分提出明确要求，各企业主要依据自身组织架构特点、运作模式和管理流程、相关政府部门/主管部门要求、运营生产实际需求等因素综合确定。从日常实施情况来看，各企业应急预案体系层级划分形式均能满足企业应急处置所需，是相对合理的；且随着上述相关因素的发展变化可同步动态调整，不断寻求企业应急预案体系层级划分的最优解和平衡点。

此外，在三级应急预案体系的基础上，为了进一步提高应急预案的专业性和精准度，部分城市轨道交通运营企业聚焦不同的线路制式、运行模式或信号制式等差异和特点，开始逐步建立分制式应急预案体系。同时，结合企业自身运营管理模式与运营生产实际需求，不同企业分制式编制层级也有所不同：一是“综合+专项+现场”三级分制式，二是“专项+现场”两级分制式，三是“现场”单分制式。各城市轨道交通运营企业应急预案分制式情况详见表2。

表2　各城市轨道交通运营企业应急预案分制式编制情况

预案分制式层级	代表城市	制式分类
“综合+专项+现场”三级分制式	广州、深圳 郑州	广州：地铁、有轨电车 深圳：地铁（全自动线路、非全自动线路）、有轨电车 郑州：地铁、市域铁路

续表

预案分制式层级	代表城市	制式分类
"专项+现场"两级分制式	重庆、成都 南京、上海	重庆:线路(专项)、单轨和地铁(现场) 成都:地铁(全自动线路、非全自动线路)、有轨电车、市域快线 南京:全自动线路、非全自动线路 上海:地铁、胶轮导轨、磁悬浮
"现场"单分制式	北京、南宁	北京:信号制式(CBTC、固定闭塞、准移动闭塞) 南宁:全自动线路、非全自动线路

资料来源：根据2022年中国城市轨道交通协会运营管理专业委员会调研结果整理。

2. 应急预案科目设置

专项预案是为应对某一种或多种生产安全事故或事件而制定的专项工作方案；现场处置方案则是根据不同类型的生产安全事故或事件，针对具体场所、岗位或设施所制定的应急处置措施。因此，应急预案科目的设置合理性，直接关系到应急预案体系的科学性和实用性。目前，各城市轨道交通运营企业在设置专项应急预案、现场处置方案科目时，多以上位文件或预案、企业安全风险评估结果为主要依据，部分企业会综合考虑自身运营生产专项保障任务、业务管理经验等要素，以确保应急预案科目科学精准、覆盖到位。

（1）专项预案科目设置

根据调研结果，各城市轨道交通运营企业专项应急预案基本均可满足《城市轨道交通运营突发事件应急演练管理办法》（第七条）对于列车事故、土建结构病害、轨道线路故障、异物侵限、淹水倒灌，各类设施设备系统故障、突发大客流、客伤、火灾、网络安全等重点运营突发事件预案科目或场景的要求。除此之外，部分企业专项预案科目还扩展到乘客疏散、公交接驳、自然灾害（防汛防台、气象灾害、地震等）、公共卫生、恐怖袭击（爆炸、核生化、毒气等）、治安事件、特种设备（电梯等）、机电设备（自动售检票系统等）、职业病危害、食物中毒、安全保护区等科目。各城市轨道交通运营企业专项预案科目数量见图 1。

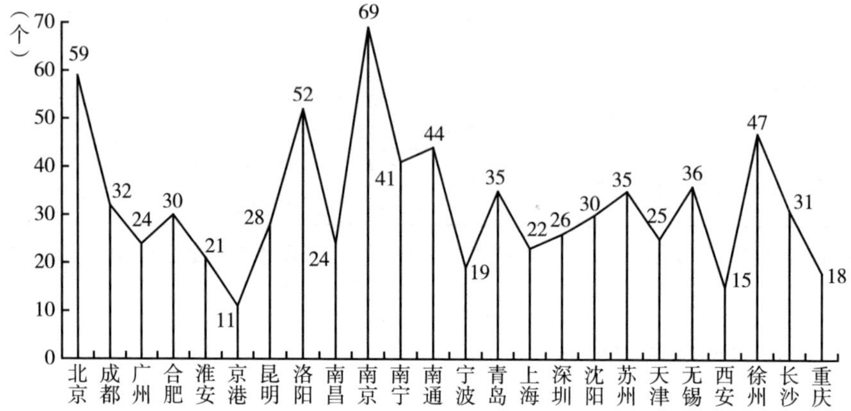

图 1　各城市轨道交通运营企业专项预案涉及科目的数量

注：长沙、沈阳为分公司专项预案数量。

资料来源：根据 2022 年中国城市轨道交通协会运营管理专业委员会调研结果整理。

从图 1 中可知，不同企业的专项预案科目数量有较大差异，主要源于专项预案科目设置的颗粒度不同，主要表现在以事件大类为依据和以事件细分场景为依据两个维度。例如，有的企业将“列车事故”设为一个专项预案科目，预案文本中再细分列车冲突、倾覆、挤岔等场景；而有的企业则直接将“列车冲突、列车倾覆、列车挤岔”设为三个专项预案科目。

（2）现场处置方案科目设置

一般而言，现场处置方案是基于专项预案，进一步针对企业运营生产所涉及的重点岗位（专业）、场所或设备装置等而细化制定的应急处置措施，其科目设置与专项预案基本相近或进一步延伸。

在具体实施过程中，不同城市轨道交通运营企业也存在差异，主要表现为现场处置方案编制单元不同，主要分为以具体岗位/班组/场所为单元编制、以线路为单元编制、以分公司（部门）为单元编制等形式（见表3）。不同的现场处置方案编制单元一定程度上反映了不同的应急处置措施颗粒度，或粗或细，但都要符合并满足现场运营生产实际需求，这就需要运营企业定期或动态开展预案评估，持续跟踪预案适用性和可操作性，及时修订完善预案以确保满足现场应急处置需求。

表3　各城市轨道交通运营企业现场处置方案编制单元

现场处置方案编制单元	代表城市
以具体岗位/班组/场所为单元编制	上海、合肥等
以线路为单元编制	重庆等
以分公司(部门)为单元编制	长沙、成都、昆明、沈阳、苏州等

资料来源：根据2022年中国城市轨道交通协会运营管理专业委员会调研结果整理。

此外，部分城市轨道交通运营企业反馈，现场处置方案编制存在一定难点，较为典型的表现是现场处置方案与一线作业标准的覆盖内容存在交叉。例如，《城市轨道交通运营突发事件应急演练管理办法》第八条所提到的列车降级运行、清客、列车救援连挂、列车接发作业、站台门故障等内容，部分城市轨道交通运营企业均已制定了相应的作业标准、作业指导书等，在进行现场处置方案科目设置时不宜再予以重复。事实上，应急预案多涉及可能造成较大影响的事件，为了尽可能降低事件影响、避免事态发展超出可控范围而制定；一线作业标准则是为保证最基本的运营安全需要而编制的岗位作业要求与流程；前者以应急处置为主，后者以日常操作为主，应各自发挥自身作用。一旦出现预案与规章的混淆，可能带来“常态转入应急”过程迟缓、响应不及时，或者突发事件趋于“常态化”等问题。因此，非常有必要自上而下厘清现场处置方案与一线作业标准的界限，逐步完善标准与预案分工明确、相辅相成的长效工作机制，积极为城市轨道交通安全运营保驾护航。

3. 应急预案评估

应急预案评估是对现行应急预案内容的完整性、适用性和可操作性开展分析评估的过程，旨在检验、确认应急预案的科学性、合理性和有效性。

首先，关于应急预案的评估周期，调研结果显示，各城市轨道交通运营企业基本建立了应急预案评估机制，针对应急预案的评估频次多为不低于每半年一次（如青岛、昆明等）、每年一次（如南通、沈阳、天津等）、每三年一次（如北京、广州、南京、宁波、上海、深圳、苏州、无锡、西安等）等，均满足《城市轨道交通运营应急能力建设基本要求》7.2.3 条关于运营单位每三年应对本单位的应急预案体系开展全面评估的要求。

其次，关于应急预案的评估形式，文件鼓励采取委托第三方专业机构开展评估，调查发现，目前大多城市轨道交通运营企业综合预案、专项预案评估以专家评估为主，同时辅以企业自评、日常演练评估等形式，仅有少部分企业采取了第三方评估形式，如成都地铁、京港、上海地铁、沈阳地铁等城市轨道交通运营企业；现场处置方案评估则以企业自评、日常演练评估等形式为主，体现了现场处置方案动态变化与评估方便及时的需求特征。

虽然各城市轨道交通运营企业均按要求定期开展应急预案评估工作，但在具体实施过程中还是暴露出一定的问题和实施难点，主要表现在缺乏评估指标体系和缺乏专业评估机构两方面，而实际上部分企业评估流于形式、评估效果差等现象也与缺乏评估指标和专业评估机构存在较大关联。因此，未来有必要探索研究应急预案评估指标体系、评估机构必备能力条件等内容，为应急预案体系乃至整个应急能力体系持续完善提供借鉴。

（二）亮点分析

1. 建立健全应急预案联动机制

应急联动机制是实现各相关联动方之间信息共享、快速响应、联合处置的前提条件和有效途径，随着城市轨道交通面临的安全风险日益突出，建立健全应急联动长效机制非常必要。调查发现，目前，各城市轨道交通运营企业高度重视与相关单位之间的应急联动，并积极尝试建立、完善多层次、全方位的应急联动机制，主要有以下两方面创新。

一是建立多单位共管共治机制。针对同一个城市存在多家运营企业的，各企业之间积极通过签订联动共管协议（如南昌、西安、郑州等）、联合编制预案（如长沙、昆明等）、开展联合演练（如京港、天津等）、建立信息共享机制（如深圳等）等形式，强化对各方权责的梳理明确，并纳入联动协议或应急预案，进而实现职责联动、预案联动、处置联动，提高应急处置效率。

二是主动强化政企协作。调查发现，很多城市轨道交通运营企业与上级主管部门或政府相关部门联合编制应急预案，例如，上海地铁与市公安局城市轨道和公交总队联合发布《上海轨道交通大客流处置工作预案》，广州地铁与广州市公安局公交分局联合发布《广州地铁与公安分局联动工作指引》，南京、南通分别由市交通运输局牵头联合编制市级《南京市轨道交通运营突发事件公交接驳应急预案》《南通市城市轨道交通运营突发事件应急预案》等，进一步联合剖析各方应急处置过程中的重点难点，研究优化处置流程并在预案中予以制度化。与传统“一事一议”方式相比，提前谋划、联合编制预案能够进一步强化自上而下的应急指挥和前后方应急联动，充分发挥应急预案的高效性，有效避免突发情况下多方合力不足的现象。

2. 聚焦重点岗位设置应急处置卡

为了进一步强化现场应急处置效率，基于现场处置方案，多个轨道交通运营企业针对重点岗位设计制作了应急处置卡，提炼总结关键处置环节要素和流程，可以更好地为现场人员提供操作指导，切实提升一线岗位作业人员应急处突响应能力。目前，各城市轨道交通运营企业应急处置卡基本覆盖了调度、车站（行车、客运等）、司机、设备维护等重点岗位，应急处置卡涉及岗位见表4，典型应急处置卡样式见图2。

表4　各城市轨道交通运营企业应急处置卡设置岗位

城市/企业	应急处置卡覆盖岗位	城市/企业	应急处置卡覆盖岗位
长沙	各生产岗位	宁波	列管员
成都	站务、司机等	青岛	运营一线生产人员
重庆	司机、站务、设备维护岗位等	上海	调度、车站等
广州	站务、调度	沈阳	调度、司机、站务、设备维护岗位等
合肥	客运岗位	苏州	调度、司机、行车值班员等
淮安	调度、司机、设备维护岗位等	天津	调度、值班站长、行车值班员、消控室值班员等
京港	站务	无锡	调度、司机、值班站长、值班员等
昆明	行车调度员	西安	调度
南京	值班主任	徐州	调度、行车值班员、司机
南宁	调度、司机、行车值班员、站务、设备维护岗位等	郑州	值班站长

资料来源：根据2022年中国城市轨道交通协会运营管理专业委员会调研结果整理。

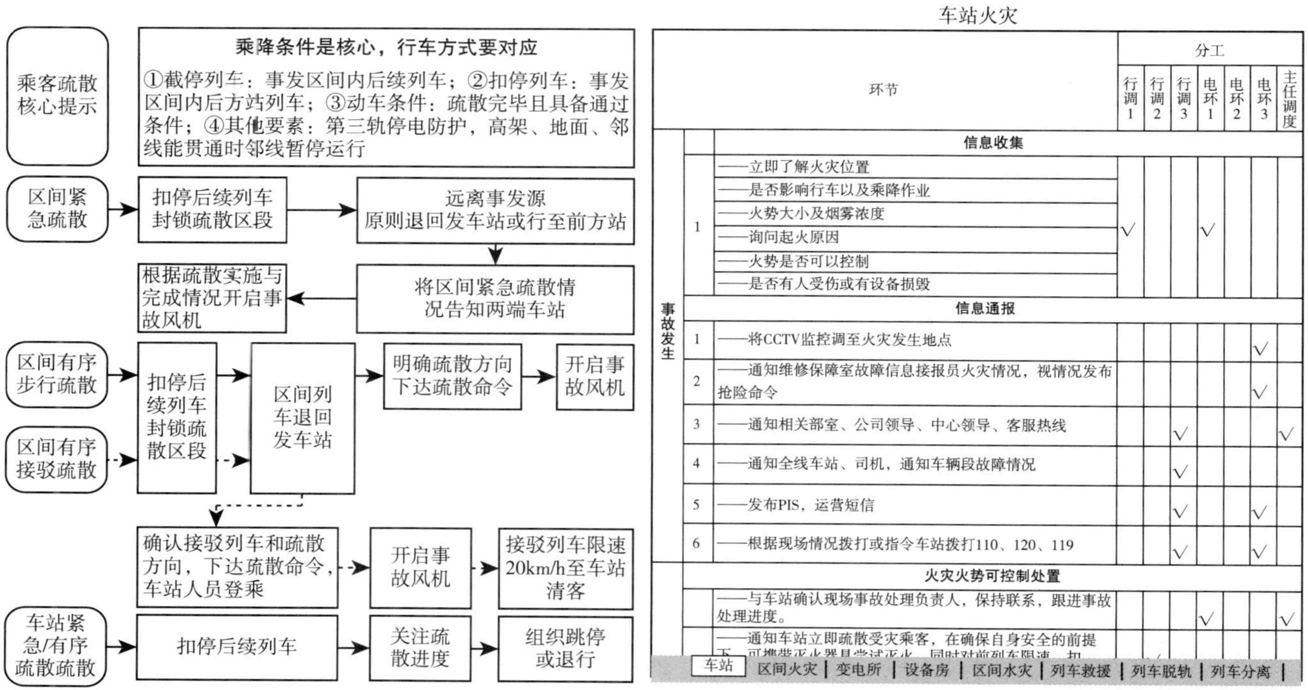

（a）上海地铁 （b）昆明地铁

图2 部分城市轨道交通运营企业应急处置卡样式

资料来源：根据2022年中国城市轨道交通协会运营管理专业委员会调研结果整理。

二　应急演练

（一）政策实施情况分析

1. 应急演练层级与内容

应急演练的目的是检验应急演练预案的实用性和可操作性，通过应急演练进一步完善和补充人员、物资和技能等方面的不足，梳理各层级的联动机制，增强各单位、人员等综合应急处置能力。目前，各城市轨道交通运营企业均按照《城市轨道交通运营突发事件应急演练管理办法》，自上而下构建了应急演练层级体系，主要包括两种形式：第一种形式为"公司级、部室级、班组级"，第二种形式为"公司级、分公司级、部门级、班组级"。这两种形式相比，第一种形式多为单一组织架构的轨道运营公司，具有管理幅度宽、信息传递快、沟通效率高的特点；第二种形式多为集团-分公司组织架构的轨道运营公司，具有现场处置权限高、应急响应速度快的特点，具体如表 5 所示。

表 5　各城市应急演练层级划分与应急预案体系对应关系

<table>
<tr><th>应急演练层级划分</th><th>与应急预案体系对应关系</th><th>代表企业/城市</th><th>主要特征</th></tr>
<tr><td>公司级、部室级、班组级</td><td>·单一组织架构:综合+专项+现场</td><td>京港、昆明、天津等</td><td>管理幅度宽
信息传递快
沟通效率高</td></tr>
<tr><td rowspan="3">公司级、分公司级、部门级、班组级</td><td>·集团层面:综合
·运营分公司:综合、专项、现场</td><td>广州、合肥、宁波等</td><td rowspan="3">现场处置权限高
应急响应速度快</td></tr>
<tr><td>·集团层面:综合+专项
·运营分公司:综合+专项+现场</td><td>长沙、南宁、沈阳等</td></tr>
<tr><td>·集团层面:综合+专项
·运营分公司:现场</td><td>重庆、苏州等</td></tr>
</table>

资料来源：根据 2022 年中国城市轨道交通协会运营管理专业委员会调研结果整理。

从应急演练内容来看，城市轨道交通运营企业按照要求开展了综合、专项、现场等演练。整体来看，上述形式的应急演练层级划分均涵盖了各城市轨道交通运营企业的不同应急演练层级，体现了应急演练层级与应急预案体系的对应关系。

2. 应急演练频次

为了保证应急演练的有效性、实用性和可操作性，应急演练需要在规定的时间内完成一定的次数。《城市轨道交通运营突发事件应急演练管理办法》要求，运营单位应每半年至少开展一次综合预案演练、专项预案演练，每三年覆盖所有专项预案，现场处置方案每年覆盖一次。根据调研结果，目前，各城市轨道交通运营企业基本按要求定期开展综合预案、专项预案、现场处置方案演练。

综合预案的演练涉及整个应急救援系统的每一个响应要素，是最高水平的演练活动，能够较客观地反映目前应急系统应对重大突发事件所具备的应急能力，但演练的成本也最高。从调查情况来看，各城市轨道交通运营企业均已开展综合应急演练，综合应急演练成为检验应急处置能力的有效手段。

专项预案是综合应急预案的组成部分，为了更好地达到演练的目的和效果，各城市轨道交通运营企业多采用实战演练方式进行专项预案应急演练，均满足实战比例不低于70%的基本要求。其中，部分企业专项预案实战演练比例高达90%，如重庆、成都、上海等城市轨道交通运营企业；更有部分企业专项预案实战演练比例为100%，如南宁、徐州、合肥、宁波、北京、天津、苏州、长沙、南昌等城市轨道交通运营企业。

现场处置方案主要是为了检验相关人员应知应会和掌握岗位处置措施的熟练程度，通过演练不断提升关键岗位迅速反应、正确处置的能力。从调查情况来看，各城市轨道交通运营企业均有针对性地开展了现场处置方案的演练。具体演练频次如表6所示。

表 6　部分城市综合预案、专项预案和现场处置方案演练频次

单位：次/年

代表城市	综合预案演练频次	专项预案演练频次	现场处置方案演练频次
南宁	3	3	1
徐州	1	3	1
合肥	2	2	1
广州	2	3	1
重庆	1	2	1
淮安	1	3	1
南通	1	3	1
宁波	2	2	1
成都	2	3	1
北京	3	3	1
天津	1	1	1
上海	1	1	1
苏州	1	2	2

资料来源：根据 2022 年中国城市轨道交通协会运营管理专业委员会调研结果整理。

3. 应急演练经费

调研发现，各城市轨道交通运营企业的应急演练经费能够得到保障。目前各城市轨道交通运营企业将应急演练经费纳入安全生产费用专项支出，部分企业还安排专门费用以及与相关单位签订演练合同等。应急演练经费在实际使用过程中，支出项目按照从高到低的比例分别为演练物资保障或折旧费、人员劳务费、演练方案策划费、演练评估费等费用。

4. 应急演练评估

目前，多数城市轨道交通运营企业应急演练评估采取自评、现场总结及点评等方式，少部分城市企业在上述基础上加入专家评估或第三方评估方式，如上海、北京、广州、天津、西安、合肥、南通等，基本满足应急演练评估的相关要求。

同时，应急演练评估在具体实施的过程中，也存在缺乏专业评估机构、缺乏评估指标和依据、评估流于形式、效果差等矛盾，例如，关于综合应急演练的评估，由于涉及演练单位、部门较多，沟通协调相对复杂，采用自评、现场总结及点评等方式不足以发现各个环节、人员、技能的缺陷，非常有必要建立健全评估体系，不断强化应急演练成效，促进应急管理体系水平整体提升。

（二）亮点分析

应急演练是在事先虚拟的事件（事故）条件下，应急指挥体系中各组成部门、单位或群体人员针对假设的特定情况，执行实际突发事件发生时各自职责和任务的排练活动，可以有效提高人们应对突发事件的风险意识，检验应急预案效果的可操作性，增强突发事件应急反应能力。各城市轨道交通运营企业为了更好地应对各类突发事件，提高应急演练效果和质量，也在不断积极探索创新应急演练机制。

1. 建立健全应急演练联动机制

目前，各城市轨道交通运营企业与各相关单位之间的应急演练联动机制不断完善，积极推动、协调、构建多层次、全方位的应急演练联动机制。一是针对分属不同轨道交通运营企业的轨道交通换乘站，各城市轨道交通运营企业均按照预案每年至少一次的频次组织开展应急演练（如北京、南昌、上海、西安等）。二是与上级交通部门、政府相关联动部门或社会团体联合，建立防汛、消防、反恐、重要活动保障等应急演练联动机制。例如，南宁轨道交通企业参加了由南宁市交通运输局组织的南宁市城市轨道交通行业服务2021年两会应急演练；成都轨道交通企业参加了成都市应急管理局组织开展的“应急使命2021”地铁脱轨应急救援演练；长沙轨道交通企业参加了长沙市交通局组织联合市红十字会开展的国际救援日与地铁区间隧道水淹大型综合救援演练等。

2. 逐步建立社会公众参与演练机制

邀请“常乘客”、志愿者等社会公众参与应急演练不仅可以提高演练模拟场景的真实性，切实强化演练实效，也是对构建运营安全“互联互通、共享共治”新生态的一种实践。目前，北京、上海、广州、成都、徐州、西安、长沙等城市均已建立邀请社会公众（乘客、志愿者等）参与应急演练的机制，取得了较好成效。例如，上海地铁通过建立“四长联动”机制将街镇社区人员、志愿者纳入常态化联动范畴，提前制订演练计划，并在大客流处置等演练过程中配套实施。

需要注意的是，组织公众参与应急演练也存在一定的困难和风险，例如，可能增加演练的不确定性，对演练组织的要求比较高，社会公众积极性不高等。针对此类问题，企业可充分利用行业管理部门协调、公众安全宣传等手段加强企业与公众之间的联系，积极行动，为建立健全公众参与演练、助力共治安全打下坚实基础。

三　应急处置

（一）政策实施情况分析

《城市轨道交通行车组织管理办法》《城市轨道交通客运组织与服务管理办法》等文件针对应急处置必要环节的相关要求进行了细化明确，其中较为典型、涉及风险较大的主要针对突发性大客流、切除 ATP 保护的列车行驶、遇台风时列车限速、停运措施以及轨行区积水淹过轨面时的行车组织等环节。

1. 客流监测预警实施情况

《城市轨道交通客运组织与服务管理办法》要求，各城市轨道交通运营企业应持续监测客流情况，并及时采取分级客流控制措施，以保障乘客出行安全。调研结果显示，目前，各城市轨道交通的车站客流预警值主要综合考虑站台设计容纳能力、设施设备配置、客流规律等多项因素，由车站或运营公司讨论后得出，暂未见第三方咨询等其他方式。

客流预警值通常指的是客流密度，一般认为单位时间内某个区域密度接近或大于 5 人/米^2 时易发生踩踏事故。监测发现超过预警值时，就要采用关闭部分设备、摆放导流围栏、出入口或安检处分批放行等措施，因此，客流预警值的设置与乘客服务密切相关。目前，设置客流预警值通常有两种方式，一种方式是由运营单位统一确定，另一种是由各车站分别确定（见表 7）。由运营单位统一设置客流预警值时，不仅考虑单个车站客流大小和车站容纳乘客多少等问题，还关注列车间隔、设施设备能否负担等问题。运营单位统筹决策的结果，能够更加充分考虑各方面因素，与各车站分别单独设置相比，考虑更加全面，更具科学性。

表 7　城市轨道交通运营企业客流预警值设置方式

客流预警级别	预警值设置方式	代表城市/企业
车站客流预警	运营单位统一设置	西安、昆明、南昌、沈阳、苏州、深圳、北京、广州、天津、南昌中铁、宁波
	车站分别设置	青岛、沈阳、上海、长沙、重庆、徐州、北京、南宁、京港、成都、郑州、洛阳、合肥

资料来源：根据 2022 年中国城市轨道交通协会运营管理专业委员会调研结果整理。

启动客流分级管控的主体有车站、控制中心和其他三类。其中，车站主要负责单站级客流控制，控制中心主要负责单线或线网级客流控制，其他还有如上海轨道交通网络运营协调与应急指挥室（简称 COCC）或京港地铁当值事务经理负责（简称 DSM）的管控形式（见表 8）。

表 8　城市轨道交通运营客流分级控制启动主体

客流分级控制	客流分级控制启动主体		
	车站	控制中心	其他
单站级客流控制	西安、昆明、南昌、青岛、沈阳、苏州、上海、长沙、重庆、徐州、深圳、北京、广州、南宁、天津、京港、成都、郑州、洛阳、南京、南通、合肥、宁波	北京、无锡	—
单线级客流控制	西安、成都	昆明、南昌、青岛、沈阳、苏州、上海、长沙、重庆、徐州、深圳、北京、南宁、无锡、天津、郑州、洛阳、南京、南通、宁波	广州:车站申请,控制中心同意 京港: DSM 当值事务经理 合肥:客运部门
线网级客流控制	西安	南昌、沈阳、苏州、长沙、重庆、徐州、深圳、北京、南宁、无锡、成都、郑州、洛阳、南京、南通、南昌中铁、宁波	昆明:仅一条线 青岛:MMCC 上海:COCC 广州:车站申请,控制中心同意 天津:线网指挥中心 京港: DSM 当值事务经理 合肥:客运部门

资料来源：根据 2022 年中国城市轨道交通协会运营管理专业委员会调研结果整理。

此外，为增强客流监测预警能力，具有一定规模轨道交通线网的城市开始采用个性化手段，通过多源数据融合等技术，创新客流监测预警方法。例如，成都地铁客运服务管理平台（NCCC）建设了客流监测预警、舆情监控分析、站务/乘务生产管理、专用卡管理等 12 个子系统，共 950 余项功能；线网管控清分中心（简称 MLC）提供的基础客流数据和线网指挥中心（COCC）提供的行车数据，引入手机信令、视频人像采集等技术，建立客流实时分布模型算法，实现对地铁线网、线路、区间以及车站等区域的实时客流监测，指导线网客运精细化组织。另外，天津地铁针对各站客流特点差异较大的情况，实施客流分级分阶段处置：客运中心组织车站制定三级客流分级方案，实施现场控制；调度指挥中心根据车站客流变化和车站需求配套进行行车调整。

调研发现，部分轨道交通企业反馈客流准确预警和实时监测较为困难。例如，部分城市的客流预警目前只能通过车站人员人工判断，结合车站客流特点估算出一个预警值，未投入使用客流监控设施设备。客流预警线主要参考乘客满载率，同时在站台、展厅等醒目位置张贴客流预警线，直观判断客流情况，及时启动客流控制措施。例如，为帮助车站工作人员更好判断客流情况和直观显示客流预警值，上海地铁 3/4 号线宝山路站在站台上用红、绿地贴代表“满载率警戒线”，提升现场对大客流的敏感度与执行力。

2. 常态化客流管控措施落实情况

大部分城市在换乘站高峰时段采取常态化客流管控措施。南宁地铁在常态化管控方面采取关闭部分进站闸机/安检机限流、在进站闸机口设置铁马等分批进闸、在非付费区设置回形线路、在安检口前设置回形线路或放缓安检速度等方法。成都地铁采取站厅绕行、临时改变电扶梯运行方向、增开安检机等举措，延缓乘客进站乘车速度，避免客流堆积。

重庆地铁目前线网级客流控制需要控制中心统一指挥，统筹调配，还需要各线路的协调合作，特别是换乘站点的客流控制。在具体实施过程中，难点在于及时掌控各线路重点区段断面客流数据和实施动态，以便及时采取有针对性的客流控制措施。线路级客流控制需要控制中心和生产调度与行车调度配合指挥，组织协调线路重点车站配合采取客流组织措施。在常态化客流管控实施过程中，重庆地铁编制

《重庆轨道交通线网大客流组织管理办法（试行）》《线路级客运组织方案》，以便有效开展客流控制工作。

上海申通地铁为解决线路满载率情况无法实时获取问题，研究推出了客流状态信息实时发布系统，通过车站乘客显示屏（PIS 系统）实时发布近一班列车每节车厢的客流状态信息。目前，11 号线、14 号线、15 号线、16 号线、18 号线已率先在全线车站站台 PIS 屏上全时段进行“客流状态信息”发布。

3. 突发情况下电扶梯操作措施落实情况

电扶梯属于特种设备，通常需要长时间运行，《城市轨道交通客运组织与服务管理办法》第十八条规定，站内或出入口乘客聚集可能造成客流对冲等情况时，可调整自动扶梯运行方向或暂时关闭自动扶梯，危及乘客安全时，可暂时关闭出入口。调研发现，大部分城市轨道交通运营企业调整自动扶梯运行方向都是由车站人员负责，仅有南京、南通等个别城市，由专业部门负责。

4. 切除 ATP 清客措施执行情况

切除 ATP 的情况主要包括载客列车就近清客、到终点站清客等。切除 ATP 清客可能会带来乘客满意度下降等问题，但也是保障乘客安全与线路正常运行秩序的有效手段。南京地铁切除 ATP 的原则为预计终到晚点 5 分钟以上时清客；上海申通地铁规定单纯信号车载故障可不立即清客，由调度安排运行至就近车站或终点站清客；广州地铁车载 ATP 故障不能恢复时，行车调度人员原则上应组织列车在就近车站清客后退出服务（轨旁 ATP 故障情况下除外），确需继续载客运行至终点站的，应与前方列车至少间隔一个区间并限速运行，若发现两列车进入同一区间时，采取紧急措施扣停后面的列车，严格控制非限制人工驾驶模式（简称 URM）驾驶的不停站列车与前方列车保持至少三个以上的区间空闲，行调需将进路准备情况告知司机。

洛阳地铁规定，在正常情况下切除 ATP 后列车均需清客，有两种特殊情况：①载客列车在区间停车切除 ATP 后能动车的，继续运行至就近站清客；②在末班车出现车载故障情况下组织列车切除 ATP 后继续载客运行至终点站。相比上述地铁公司，成都地铁则是根据各线路配线设置、场段位置及客流情况制定列车切除 ATP 下的清客标准，更加灵活、细化。

总体而言，大部分地铁都执行切除 ATP 立即清客的标准。因各城市各条线路客流量及信号制式不同，个别城市在信号车载故障、轨旁 ATP 故障或首末班车等特殊条件下，可以维持列车运行至终点站清客。考虑乘客满意度等因素，在保证乘客安全及列车限速、线网/线路运营不受影响条件下，可以考虑切除 ATP 维持列车运行至终点站清客的做法。

5. 台风下限速、停运措施执行情况

《城市轨道交通行车组织管理办法》规定，风力达 7 级、8 级、9 级时须执行相应的限速、停运措施，7 级时限速 60km/h，8 级时限速 25km/h，9 级时应停运。调研发现，大多数地铁单位根据气象部门天气预报，在风力未达到相应标准前，提前决策执行限速停运措施。北京、广州、南宁等城市根据单位时间内平均风力达到限速停运标准执行限速停运措施。上海申通地铁一方面根据气象预测，当台风进入预报风圈立即采取措施；另一方面根据监测平台数据，当达到风力预警时，通过询问现场司机信息反馈，如产生晃动等异常行车现象，立即采取措施。南京地铁与本地气象局签订专项气象服务协议，当预测即将到达响应的风力级别时，及时对有关区段或线路采取限速或停运措施。

虽然各城市停运的标准和时机不完全相同，但经过近年遭受的暴雨、水淹等各类自然灾害，已经基本建立了“该停则停、边停边报”的理念。同时，与本地气象部门合作开展专项气象服务，也会对轨道交通运营安全发挥积极作用。

6. 紧急突发事件信息报送与分析执行情况

《城市轨道交通运营险性事件信息报告与分析管理办法》要求城市轨道交通运营单位应及时报送事故事件相关信息，明确信息报送与技术分析报告的内容，并对本单位全年发生的运营险性事件进行总结评估，形成书面报告及时报送至城市轨道交通运营主管部门。

调研发现，各轨道交通运营企业均针对运营险性事件建立了信息报送及技术分析管理制度，采用口头与书面相结合的形式报送信息，形成信息报送的固定流程与时限，事后遵循客观公正的原则编写险性事件技术分析报告。

在年度运营险性事件总结评估方面，大部分城市轨道交通运营企业均于年底或次年初，向行业主管部门报送年度险性事件分析报告。

在运营险性事件分类分级方面，大部分城市的轨道交通运营企业都在办法附录中城市轨道交通主要运营险性事件清单基础上，结合自身运营特点与经验，对运营险性事件进一步分级分类，同时建立配套奖惩机制。

在事故事件调查分析方面，调研发现，城市轨道交通运营企业普遍认为，需要进一步加强调查分析的全面性、整改落实的及时性，以及防范措施的针对性等。同时，需解决事故事件分析过程中专业技术支持问题，如涉及对电子、软件等专业的，需要获取关键数据和证据，深入分析事件原因。

（二）亮点分析

随着部分城市逐渐进入网络化运营甚至超大规模网络运营阶段，加之信息化、数字化技术不断涌现，城市轨道交通运营企业也积极探索开发信息化系统平台、新型技术装备，更大程度上实现实时监测预警、数据共享、辅助决策、处置联动等功能。如上海轨道交通数据信息共享平台通过实时监测预警、数据共享等功能实现多方处置联动，长沙地铁通过创新信号联锁故障应急操作装置，大大提高了信号联锁故障处置效率和安全性。

案例一　上海轨道交通数据信息共享平台

上海轨道交通数据信息共享平台2021年10月建成并投入使用，通过采集运营管理平台、协同办公平台、调度指挥数据（简称“C3数据”），以及上海大都会系统数据等，对外提供统一数据服务，通过统一应用程序编程接口（API数据接口）、实时数据文件发送、数据库对接等方式为市公安局、市交通委指挥中心、国展中心等单位提供实时客流数据推送、车站线路主数据、运能及列车配属信息等数据服务。同时，获取外部数据为内部业务辅助决策支持，以上海市城市运行管理中心（简称“城运中心”）系统建设为契机，与市区二级大数据中心和城运中心系统对接，先后与市城运中心以及黄浦区、青浦区、闵行区和嘉定区城运中心实现数据互通，以获取重点活动区域客流量及视频数据、行政区实有人口数据等信息，并通过客流信息展示、实时数据联动、视频跟看等地面轨交数据动态交互应用，已完成“国展中心”及“重点区域”（外滩、南京东路、豫园等客流密集景点）两大专题页面上线投用，为调度部门及运营管理部门大客流组织工作提供辅助决策支持。

资料来源：根据中国城市轨道交通协会运营管理专业委员会调研资料整理。下同。

案例二　长沙地铁信号联锁故障应急操作装置

地铁计算机联锁子系统是信号系统的核心和基础，一旦发生故障将导致行车中断，临时恢复运营时间一般需要25~30分钟，安全风险高，影响时间长。为解决信号联锁故障时行车岗位无法快速找到故障区域列车位置、无法快速操动轨旁道岔两个难题，2019 年长沙地铁研究开发了一套信号联锁故障应急操作装置及配套行车组织方法——站间电话联系法，于 2020 年起应用实施。该装置主要有如下优势。

一是缩短了应急处置耗时。使用该装置后，可将故障区域内列车位置定位时间由原来的 3~5 分钟缩短至 2 分钟以内，将列车恢复运行所需道岔的转换时间缩短至 3 分钟以内。

二是避免首趟车盲跑风险。在原有应急模式下，联锁故障后，行车指挥人员对区间列车位置情况无法准确掌握，首趟列车须由司机自行瞭望运行至下一站站台，同区间列车追尾的风险较高。使用该装置后，行车指挥人员可通过监测工作站，直观掌握管辖范围内列车的位置，保证同一区间只运行一列车，避免列车追尾。

三是避免因道岔位置不正确引发事故。在原有应急模式下，故障后正线车站或区间道岔（折返站除外）的开通位置及密贴状态需由列车司机自行瞭望确认，司机误判等因素容易导致列车挤岔或冲突等事故。使用该装置后，故障后车站行车指挥人员可通过应急后备盘准确获取道岔的开通方向，并可持续监督道岔的密贴状态，大大降低了次生事故的发生率。

目前，该装置已在长沙地铁 4 号线火车南站联锁区投入使用，根据演练及实际使用效果，故障后首列车动车时间平均约 10 分钟，后续行车间隔约 10 分钟，保障了突发情况下的客运能力；同时，也大幅节省道岔转换时间，使得故障后的行车能力得到保障，获得员工一致好评。

四　应急能力评估

（一）政策实施情况分析

1. 三级应急点建设

（1）三级应急点建设情况分析

《城市轨道交通运营应急能力建设的基本要求》规定，城市轨道交通达到网络化运营条件时，运营单位应设置具备线网协调能力的机构，负责城市轨道交通运营突发事件应急处置的网络化资源调配。运营单位应具备线网综合应急指挥系统，并实现对应急预案、应急物资、应急救援队伍、专家库的统筹管理。达到网络化运营条件时，运营单位应具备“站点—区域—基地”三级应急点，并符合相关要求。调研发现，大多数运营单位均已建立或正在建立“站点—区域—基地”三级线网应急点，部分单位表示在建立“站点—区域—基地”三级线网应急点方面存在困难，主要原因归纳为以下四个方面。一是应急点设置所需场所较难解决。运营单位受车站房间设置限制，区域救援队伍的设置场地问题较难解决，目前区域应急点不能设置多专业工班。二是跨线路制式、跨运营公司设置区域应急点存在困难。根据规定，按照满足至少覆盖5公里半径范围内线网处置能力的要求，运营单位在设置区域应急点时存在线路制式不同、线路归属不同运营公司的情况，在设置统一的区域应急点方面存在困难。三是部分企业对三级线网应急点的界限不明确。调研发现，少部分运营单位对区域级与基地级应急点存在界限不明确的情况。具体表现为应急点建设未能实现全线网覆盖，区域与基地的划分没有明确定义，如按照覆盖全线网划分为基地级，覆盖一条或几条线路划分为区域级。四是应急人员配置问题。部分运营单位应急救援队采取兼职模式，人员无固定编制，区域、基地应急点的日常运行存在困难。此外，也有部分城市的线网初步形成，正在着手建立“站点—区域—基地”三级线网应急架构，在“站点—区域—基地”应急点建设方面存在经验不足、制度不完善等问题。

（2）区域应急中心设置情况分析

在设置原则方面，调研发现，区域应急中心在设置原则上存在差异，绝大多数城市运营单位按照专业分别设置区域应急中心，如重庆、上海、广州等，部分城市运营单位统一设置区域应急中心，如长沙、洛阳、南通等，也有少部分城市运营单位未明确区域应急中心设置情况。

在覆盖范围方面，大部分运营单位满足区域应急中心基本覆盖整个线网的要求，部分单位不能覆盖整个线网，部分郊区线路因地形地域限制等，在建设区域应急中心方面存在困难。根据要求，设置区域应急中心须满足至少覆盖 5 公里半径范围内线网处置能力的要求，调研发现主要存在以下问题。

一是线路制式和设施设备存在差异。主要表现在大部分运营单位的区域应急中心覆盖范围内线路制式、设施设备存在较大差异，统一设置区域应急中心存在较大困难。二是区域化管理不同导致抢险困难。主要表现为部分运营单位根据运营组织架构实行区域化管理，5 公里半径范围内的线路可能存在由不同运营公司管辖、列车遇到故障时跨运营公司开展抢险存在困难等问题。三是运营组织架构未实行区域化统一管理。主要表现为少部分运营单位统一设置区域应急中心不符合实际，区域化管理方面无统一管辖，在应急指挥中存在难题。四是偏远区域站点间距较长，按照覆盖 5 公里半径范围的要求设置区域应急中心存在困难，不能满足应急抢险的时间规定。

在应急响应能力方面，大部分运营单位能满足应急救援队伍 20 分钟内到达现场的响应速度，也有少数单位无法满足 20 分钟到达的要求，如西安地铁只设置了8个应急联动区域，一个应急联动区域最多负责34个车站，从区域应急中心到达最远车站应急响应时间需要20分钟以上。也有部分运营单位由于线网布点不够密集，也无法满足20分钟的响应条件。同时，大部分运营单位的应急基地均配有专用工程抢修车、轨道车、接触网抢修设备、车辆起复设备等抢险救援设备，具备30分钟到达事故现场的能力。

2. 应急救援队伍组成

（1）兼职应急救援队伍情况

绝大多数运营单位目前已建立兼职救援队伍，部分运营单位成立了专职救援队伍，专门负责应急救援工作，很多运营单位同时建立了专职救援队伍和兼职救援队伍。

（2）专职应急救援队伍情况

专职救援队伍人数一般在11~20人，由运营一线各专业技术骨干组成，具备较强的业务知识水平，能根据现场突发事件或设备故障情况，快速有效实施应急处置措施，组织开展应急抢险工作。专职救援队员日常工作以应急培训、训练、演练为主，队伍技能素养扎实，经验丰富，当发生较大应急突发事件时立即出动开展应急抢险。

需要注意的是，由于专职救援队伍规模较小，而线网覆盖面较广，专职救援队伍人员在突发事件时到达事故现场的时间较长，应急抢险的效果不佳。同时，专职救援队伍上班时间一般为长白班（上午9时到下午5时30分），无法满足轨道交通24小时需要救援的需求。

3. 应急能力

（1）员工应急能力训练

在提高员工应急能力方面，运营单位主要采用应急演练、技能比武、专项培训等方式，或邀请专家讲座进行专业知识的拓展与培训。针对提高员工应急能力训练，绝大部分运营单位表示存在一定困难，主要表现在训练方式单一、枯燥、效果不好，缺乏专业仿真系统等新技术创新培训方式，缺乏应急救援队伍理论知识培训和实操训练的专用场地和条件，大量培训、演练需要在员工休息时间组织开展，员工有抵触情绪，培训师的能力有待提高，缺乏系统性、高质量的培训教材等。

（2）员工应急能力考核

运营单位对员工应急能力考核有多种方式，包括抽测考试、全员定期组织考试、抽测考试与第三方评估结合等。大多数运营单位采取抽测考试、全员定期考试结合的方法，极少数采取抽测考试与第三方评估结合的方法。少部分运营单位表示在应急能力考核中存在困难。一是无系统性的考核标准，团队协作类工作考核指标无法细化；二是存在整体应急处置能力难以把控的问题，无法对存在的系统性问题给出考核意见。

（3）应急能力综合评估

大部分运营单位都能及时组织开展应急能力综合评估，主要通过组织本单位内部专家评估、邀请外单位专家评估、委托第三方机构完成评估工作。绝大部分运营单位能顺利完成应急能力综合评估工作，个别单位未建立区域化救援机制，也没有建立专门的评估制度和方法，无法开展综合应急能力评估。

4. 应急装备

运营单位主要根据风险类型、风险发生的可能性、风险造成的危害程度以及应急队伍规模、以往应急处置经验等原则配置应急装备，普遍存在管理制度不完善、管理不统一等问题，主要表现在以下几方面。

一是部分运营单位在站点、区域和基地应急点未配置应急物资清单，平时对应急物资疏于管理。二是应急物资台账管理制度不完善，应急物资巡查不到位，存在无应急物资配置、调用和使用记录，检查维护无更新记录等问题。三是应急物资配置不齐全，应急物资未存放在便于取用的固定场所。四是未建立应急物资管理平台，缺乏制度化的应急物资配置标准，主要依赖传统管理手段，信息化手段落后。

（二）亮点分析

1. 通过多种手段强化应急能力培训

目前，针对员工应急能力训练主要采取应急演练、技术比武和专项培训等方式，徐州地铁还采取邀请专家开展讲座对员工进行应急能力培训，重庆地铁采用标准作业可视化的方式，通过线上线下相结合的培训方式，不仅提高了培训效率，而且解决了培训用车紧张等难题，员工利用碎片化时间通过视频学习标准化业务技能，调动员工学习积极性，切实提高员工业务技能和应急能力。

2. 信息化系统助力应急管理水平提升

运营单位在设置区域应急点的工作中积极创新，广州地铁为进一步做好防洪、防汛、防台工作，开发了适应未来信息化管理的“三防”系统，解决了台账预案多、查找耗时耗力、信息收发效率低等难题，推行数据网络化、数据标准化、管理信息化和调度精细化管理，同时实现了“三防”预案可视化，提高了线网防汛物资调配力度。

五　思考与建议

国务院印发的《“十四五”国家应急体系规划》指出：到2025年，应急管理体系和能力现代化建设取得重大进展，形成统一指挥、专常兼备、反应灵敏、上下联动的中国特色应急管理体制，建成统一领导、权责一致、权威高效的国家应急能力体系。城市轨道交通运营关乎人民生命安全，相关部门和单位必须严格落实各项规章制度要求，补强应急能力体系。

（一）持续完善应急预案管理

《河南郑州“7·20”特大暴雨灾害调查报告》指出，要全面开展应急预案评估修订工作，强化预警和响应一体化管理，预案评估修订要与健全制度相结合，实化细化指挥长和各有关部门及相关单位的具体责任、应答机制、行动措施，强化演练磨合和日常检查。从调查情况来看，目前要加强风险监测与管控，做到关口前移、重心下移，强化灾害事故风险评估，为应急预案编制和优化提供依据。进一步推进应急预案精细化管理，各城市轨道交通运营企业已建立了三级预案体系，但在应急预案尤其是现场处置方案颗粒度上存在差异，宜充分考虑一线岗位、场所、设备等特点，统一现场处置方案编制标准，提升应急预案可操作性。研究应急预案定期评估和动态修订机制，明确评估标准和流程，助力应急预案管理体系持续完善。

（二）建立健全应急资源布局管理

从网络层面出发，针对三级线网应急点的布局及评估标准还需进一步研究和完善，明确“站点—区域—基地”三级线网应急构架的设置原则、设置范围、设置方法和评价标准，充分考虑不同城市、不同线网、不同制式线路的差异性，建立健全应急资源布局管理。同时，综合目前应急能力、应急处置等相关政策文件要求来看，尚存在部分条款因运营企业客观因素无法完全落实到位的情况，未来可进一步思考在文件统一要求的基础上适当增加差异性条款，便于政策文件要求与企业客观条件实现协调和平衡。

（三）不断提升防灾减灾救灾水平

《河南郑州“7·20”特大暴雨灾害调查报告》指出，把极端天气应对、自然灾害防治融入城市发展有关重大规划、重大工程、重大战略，完善防洪排涝标准和医院、地铁等公共服务设施的抗灾设防标准，实现城市防灾减灾能力同经济社会发展相适应。为增强应对极端天气灾害的能力，要不断优化监测预警、挡水排水、人员搜救、应急通信等装备配备，开展相关科学研究和技术研发，并转化为相关政策文件要求，为线网综合应急指挥系统和应急联动平台提供参考，不断提升防灾减灾救灾水平。

B.3
中国城市轨道交通运营应急管理相关问题分析

摘　要： 本报告主要从四个方面分析城市轨道交通运营应急管理相关问题及行业现状。一是分析应急准备重要性及相关方法，通过分析行业内存在的应急管理不足，提出应急准备的相应要求，并以实际案例进行论证；二是分析城市轨道交通行业应急队伍组建情况、现状及存在的问题，提出应急救援队伍建设的建议；三是通过调查应急救援队伍配备的设备设施、工器具等各类物资，分析应急资源配置情况；四是分析协同应急机制的建设情况，并以实际案例进行论证。

关键词： 城市轨道交通　应急准备　风险管控　应急队伍　应急资源

一　应急准备

（一）应急准备的重要性

现代应急管理理论认为预防与准备是应急管理的关键环节，而且应当贯穿应对突发事件的全过程。预防和准备是做好应急管理最经济、最有效的办法，是事半功倍的工作，直接影响后续处置阶段的质量。预防主要是通过安全管理和安全技术等手段，尽可能地防止事故的发生，实现本质安全。应急准备是在假定事故必然发生的前提下，提前进行准备，以达到降低事故影响及严重程度的目的。

思则有备，有备无患。应急准备是有效应对突发事件事先采取的各种措施的总称，包括应急预案、应急队伍、应急物资、演练培训等，是全面提高应急管理水平的基础性工作。应急准备是落实应急管理工作“预防为主”要求的有效措施，在科学、主动地增强应急管理工作的预见性方面有着至关重要的作用，应急准备工作已得到社会各界的普遍重视。因此，应急准备工作需坚持进行风险评估与防范，积极开展宣传教育、应急演练，做到关口前移，消除应急管理体系的脆弱性，以减少突发事件发生的可能性或降低损失。

（二）应急准备现状

通过相关调研发现，城市轨道交通运营企业基于运营经验、同行业参考、专业咨询等已经开展了应急准备工作，主要包括制定应急预案，建立应急队伍，定期进行应急演练和配套应急物资等。但是，在调研中也发现应急准备工作存在一定的提升空间，主要表现如下。

1. 应急预案针对性和实用性有待提升

各运营单位基本都建立了综合、专项、现场三级应急预案体系，但部分应急预案存在线路间相似度较高、针对性不强的情况。尤其是现场应急处置方案的编制，应对不同线路、不同设备、不同车站等情况的针对性分析有待加强。例如应急预案需要考虑每条线路、每个车站因系统设计差异而可能产生不同的故障影响，因此需制定不同的应急准备预案。此外，目前现场应急处置预案及处置流程比较侧重于应急组织架构和应急组织之间沟通协调要求，实用性有待提高。例如，故障处置预案缺少基于现场实际情况的故障成因分析、故障影响范围判断以及应急处置的注意事项等内容，预案对现场应急人员的指导作用有待提高。

2. 应急物资管理精细化程度有待提升

（1）应急物资配置及放置原则需优化

应急物资的配置和放置原则需要根据设备系统故障风险分析结果进行优化，需要识别哪些是可能引起突发事件的关键设备设施，哪些事件发生的可能性较大，哪些事件的影响后果严重，并据此配置合适的应急物资种类及数量，决定是否需要就近放置。

（2）应急物资状态管控需强化

在应急物资状态管控方面需要强化两点。一是需要及时盘点、检查应急物资的数量、位置和存放条件，特别是设备备品备件，出现临时借用或故障使用的情况后需要立即补充，以避免突发事件发生时缺乏应急物资的情况；二是需要检查应急物资状态完好性，现场应急物资状态需要首次检查验证，并安排定期状态检查，确保状态良好。

（3）应急物资软件配置管理需细化

对于影响行车的信号、车辆系统等需要进行软件配置的关键设备，目前应急物资的管理需要重点改善两方面。一是软件的配置管理流程有待优化，以便应急时快速找到正确版本的软件；二是部分应急物资的操作系统和软件需提前配置和验证好，应急时可直接使用，避免因应急情况下人员紧张发生配置错误的情况。

3. 应急队伍建设标准有待进一步改进

目前应急人员能力要求和应急队伍人数的配置存在进一步优化的空间。由于现场应急预案种类繁多，要求所有人掌握所有应急处置能力是不现实的，需详细研究不同岗位、不同级别的人员重点掌握的应急能力要求。

同时，应急队伍人员配置需综合考虑所辖区域设备的数量和故障率等指标，如果只以管辖车站数量和线路公里数来配置，可能会出现因所辖的设施设备数量和故障率不同，工作量不同，从而导致有些工区员工疲于应对各种故障、有些工区员工则因设备故障率较低而工作不饱和的情况。此外，应急人员能力保持机制需完善，即员工通过上岗考核后，对关键操作和知识点需要进行定期检验，以提高突发事件时的应对能力。

（三）应急准备的方法

应急准备通常是基于历史经验和同行业经验开展的，而基于风险分析的应急准备可以实现精准识别风险点，有针对性地制定预防措施，并确保措施的有效性。以京港地铁为例，2016 年至今，京港地铁通号维修部室将风险管理理论与现场应急管理需求相结合，对地铁 4 号线—大兴线通号维修应急准备工作进行了一系列探索改革，取得了一定成效。

地铁 4 号线—大兴线是北京市轨道交通路网中一条贯穿市区南北的主干线，穿越了人口密集的丰台、西城、海淀、大兴四个行政区，线路全长 50 公里，共设 35 座车站。2011 年起实现了工作日早高峰由南向北方向最小发车间隔低于 2 分钟，是北京市运营最繁忙、拥挤的线路之一。通过将风险管理理论应用于地铁 4 号线—大兴线的现场维修及应急准备后，在 2017 年首次实现了全年 5 分钟以上延误为零、轨旁设备 2 分钟延误为零、人为故障为零、道岔故障为零以及车载故障率降低了 50%的运营表现。

基于风险分析的应急准备主要是从设备和人员的角度进行，设备风险主要从应急组织、应急预案、应急物资、应急能力四个维度开展应急准备工作，并持续进行质量监控。人为风险从人为出错原因分析和人为因素控制措施两方面开展，以下将详细介绍这两方面的应急准备工作开展过程。

1. 基于设备风险的应急准备

以地铁 4 号线—大兴线信号系统为例，根据其设备故障率的高低和故障影响的后果，对信号关键设备进行分析，在明确风险管控对象后有的放矢、有针对性地从应急组织、应急预案、应急物资、应急能力、质量监控等方面开展工作，具体应急准备过程如图 1 所示。

（1）风险分析

风险分析是识别风险的成因并将风险具体化的过程，设备风险需要重点关注故障率高、影响范围大、恢复时间长的设备，通过故障模式、影响及危害性分析（FMECA）方法进行分析，识别需重点关注的关键设备，主要包括单点关键设备、冗余关键设备、隐蔽故障设备和非关键设备故障。

①单点关键设备。对于故障概率高且影响安全和行车的单点关键设备，发生故障（例如器件失效、线缆中断、板块故障等）后影响运营的可能性更大，风险更高。例如，根据北京市 2014～2019 年 5 分钟以上信号系统故障数据统计，其中 80%的故障是由单点关键故障导致的，主要包括道岔/转辙机、部分车载信号设备、继电器、关键车站电源屏/UPS、部分计轴设备等，因此，需重点对以上设备的风险进行管控。

②冗余关键设备。对于故障概率低且影响行车和安全的冗余关键设备，其中一系设备故障时，如不及时处置，另外一系再发生故障影响运营的风险较高，需对该设备风险重点关注。以信号为例，主要的冗余关键设备有列车自动监控系统（ATS）服务器、区域控制器、联锁和网络设备等。

③隐蔽故障设备。隐蔽故障设备是指故障后存在现象不易察觉、无报警提示，或故障后无法快速确定故障点、处置难度大等情况，例如，埋藏在墙体或密闭空间内的电缆、安装在高处不易接近的天线、冗余设备单系故障后无告警的设备等。

④非关键设备。非关键设备故障是指发生故障后对行车不会产生影响的设备，例如信号系统中的维护系统、工作站等。

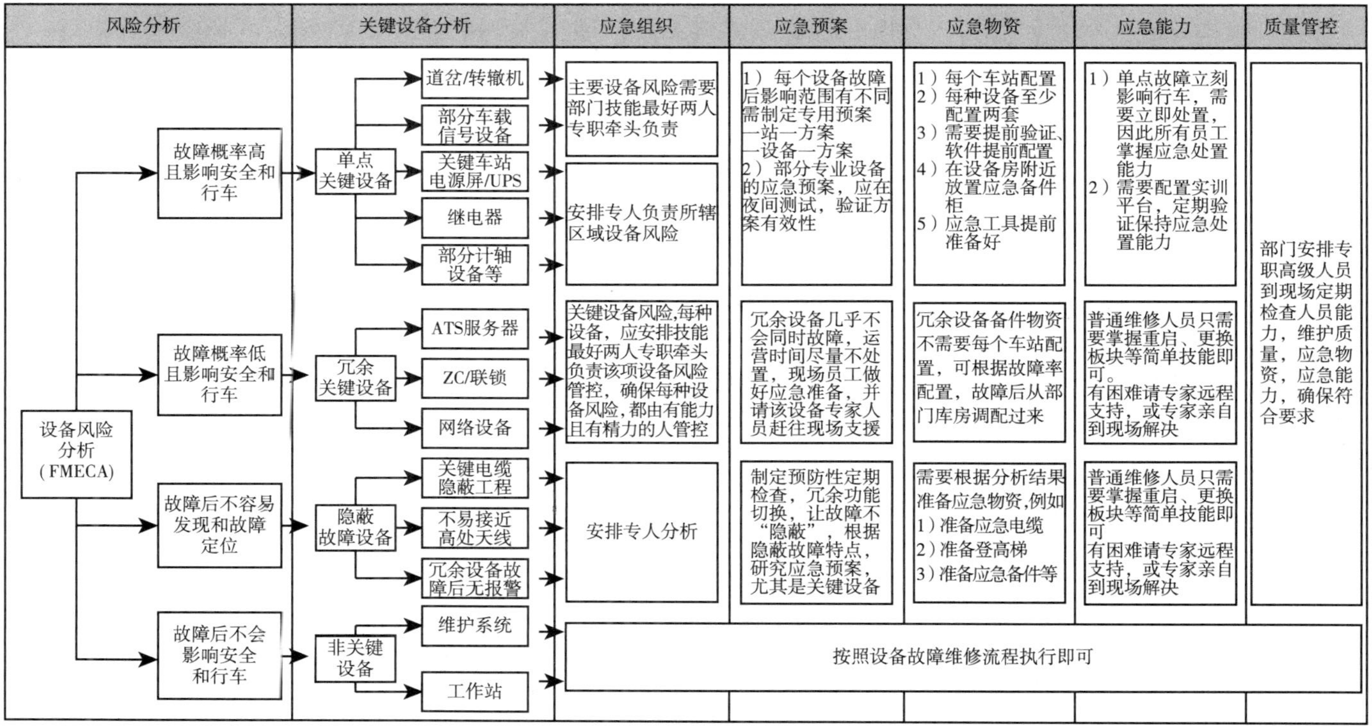

图1　基于设备风险分析的信号系统应急准备

（2）应急组织

在充分了解所管辖设备风险的基础上，建立基于风险分析的应急组织方式，确保组织内的风险都由有能力和精力的人负责管控。

一是对于单点关键设备，可选择最精通该设备的人员，全身心钻研该设备的技术及维修策略。同时跟踪该设备运营表现，分析故障原因，并指导员工现场处置疑难杂症。例如信号系统中的转辙机、部分车载设备等，可安排部门技能最好的人员专职负责该设备维护维修。对于单点关键设备中的其他设备，例如关键车站电源屏、继电器等，可在相应工区安排专人负责所辖区域的设备风险。

二是对于每种冗余关键设备应安排技能最好的人员专职牵头负责该设备的风险管控，并牵头负责编制该设备的维修工作指引和人员培训，确保每种设备风险都由有能力且有精力的人管控。例如信号系统中的联锁、区域控制器等，可安排部门内技能最好的两名人员专职负责该设备的维护维修。

三是对于隐蔽故障设备，可在工区内部成立专项处理小组，对隐蔽工程的风险进行管控，例如，安排专人成立天线状态专项排查小组，进行天线状态检查和故障处置。

四是对于非关键设备，因其故障后不会影响行车和安全，无须紧急处置，按照公司的规章制度流程处置即可。

五是由于安全和风险管理的重要性，同时需专门安排人员牵头负责安全和风险管理，确保管控措施有效落实。

以地铁4号线—大兴线为例，2017年通号维修部室建立了基于风险分析的组织架构，部门内所有安全和设备故障问题，都由专人负责管控，这也是确保风险管控措施有效落地的重要环节（具体分工调整如表1所示）。

表 1 京港地铁通号维修部室高级工程师分工调整

高级工程师	改动前	改动后
人员 1	工区一所辖所有道岔、车载、区域控制器、联锁、ATS、DCS、电源、计轴	工区一行政管辖 技术管理:部门所有道岔
人员 2	工区二所辖所有道岔、车载、区域控制器、联锁、ATS、DCS、电源、计轴	工区二行政管辖 技术管理:部门所有车载
人员 3	工区三所辖所有道岔、车载、区域控制器、联锁、ATS、DCS、电源、计轴	工区三行政管辖 技术管理:部门 DCS/ATS
人员 4	工区四所辖所有道岔、车载、区域控制器、联锁、ATS、DCS、电源、计轴	工区四行政管辖 技术管理:部门区域控制器/联锁/电源
人员 5	工区五所辖所有道岔、车载、区域控制器、联锁、ATS、DCS、电源、计轴	工区五行政管辖 部门安全和风险体系管理

(3) 应急预案

基于设备风险分析，需有针对性地开展适合该区域、该设备的应急预案准备工作，对单点关键设备、冗余关键设备和隐蔽故障设备，需要分类制定与其风险特征相适应的应急预案。

首先，对于单点关键设备，每个设备故障后影响范围有所不同，因此需制定对应的应急预案，确保“一站一方案”“一设备一方案”。同时，对于运营多部门联合处置的应急预案，需在夜间进行行调、车站、司机、维修人员的联调测试，共同验证其有效性。

其次，针对冗余关键设备的故障风险，需分别制定适用于该线路特点的应急预案。由于冗余关键设备几乎不会同时发生故障，预案中应要求现场员工尽快做好人员值守和关键设备物资到位等应急准备工作，如实反馈现场情况，并联系专职人员到场进行处理。

最后，针对隐蔽故障设备的故障风险，由于故障发生概率较低且故障后不易发现，在应急预案中重点突出专项排查小组的工作内容。同时，制定定期检查冗余功能切换测试的预防性维修措施，让故障不

“隐蔽”。

对应急预案相关制度和要求的执行和质量进行持续跟进，及时发现存在的问题，确保应急预案准备工作的针对性和实用性。例如，根据演练结果对应急预案进行验证，发现预案的漏洞和薄弱环节；同时安排对该设备技术能力较强的人员进行预案编制，将积累故障处理经验融入方案中，确保制度的合理性和可操作性。

案例一　基于风险分析制定应急预案

地铁4号线—大兴线计轴设备上/下行的任何一个CPU或CF卡故障后，均会导致整个联锁控区上/下行所有计轴区段受扰。假若故障发生在折返站，如果有非通信列车接近，折返道岔将被系统锁定无法转动、运营列车无法折返，从而将有可能发生运营重大延误事件。

京港地铁从基于风险管理的应急准备角度重新对应急预案进行了回顾，充分考虑各个车站、各个区域计轴设备的特点，有针对性地制定专属应急预案。

2017年，京港地铁通号维修部门联合控制中心分别在正线和场段交界的安河桥北、公益西桥、天宫院控区进行计轴大面积受扰模拟测试，分析故障场景下的影响范围和处置流程，制定折返站计轴区段大面积受扰故障处理应急预案。一是现场存储了提前验证配置好软件的CPU板卡和更换工具；二是现场机柜门上贴有应急处置流程；三是强化工区员工应急处置能力；四是故障后立即监测列车通信状态，一旦发现通信不良的列车及时联系行调处理，避免通信不良的列车靠近；五是上行线路故障后及时提示行调，告知其车辆段的列车需要从下行线路出车。通过实施应急预案措施，有效提升了计轴故障应急处置效率，在2017年发生的同类型故障中，由于应急处置得当，没有出现因计轴故障影响运营的情况。

资料来源：北京京港地铁有限公司提供。下同。

（4）应急物资

应急物资的管理需要结合线路实际情况，从清单、分级管理、状态检查等方面优化应急物资管理，在重点区域、重点部位加强特殊装备配备，提高应急保障能力。

首先，应急物资清单按需制定。应急物资的清单应根据各设备的实际需求进行梳理，因地制宜，编制合理的物资清单。对于单点关键设备，在有该设备的车站尽量配置两套，以防止其中一套损坏或使用后新的物资不能及时补充。同时根据实际情况在各站配备应急准备工具。对于冗余关键设备则按照各设备的故障率进行配置。对于隐蔽故障设备，需根据各设备分析结果进行配置，例如在每站配置电源应急电缆、登高梯或其他应急物资等。

其次，应急物资分级管理。公司级仓务为一级库存，部室级为二级库存，工区级为三级库存。一级库存由公司仓务管理部门所有物资；二级库存管理从仓备借出的单点关键设备、隐蔽故障设备、冗余关键设备和部分非关键设备的物资，由二级库存负责人统一管理物资的分配和返修，当部室库存有消耗或者有物资返修时，二级库存台账随即调整；三级库存由工区专人负责管理，包括单点关键设备、隐蔽故障设备的应急物资。其中对于需安装软件的单点关键设备以及影响全线的物资，提前配置和验证好软件，分系统、分地点存放至设备所在地。同时建立单独的应急物资区域，定期检查和更新，确保应急物资状态的有效性。

再次，应急物资状态检查合理可行。在应急物资储备的过程中，不能以简单的外观检查作为应急物资是否可用的标准，需制定符合应急物资特点的验证措施，并确保措施合理可行。例如对于信号系统继电器的定期轮修和性能测试、转辙机的状态检查等，需通过继电器测试台或转辙机的磨合测试来确保其状态正常。

最后，应急物资台账管理及时有效。针对各级应急物资库存都应安排专人负责盘点，建立标准化物资管控方案，当应急物资有缺失或者消耗时，相关负责人报告当值的工程师，由工程师汇总物资状态并发给全体员工掌握全线物资动态，一旦设备故障，能够第一时间使用应急物资进行更换。

案例二　根据风险严重程度配置应急物资

地铁4号线—大兴线基于风险的应急准备思路，对应急物资进行了系统性的梳理，从以下四个方面进行了调整。

一是提升应急物资配置水平。根据全线的转辙机设备特点和道岔所处位置进行综合分析，有针对性地对不同车站进行了应急物资部署。首先，对于所有关键折返站，提前在线路旁寻找不侵入限界的安全地点存放转辙机，并做好防护，同时在关键折返站的备品间也存放转辙机相关杆件以备应急时使用。其次，对于有道岔但非常规运营折返的车站，在其备品间存放一台转辙机和一套杆件。同时在各站的设备室单独配置一套应急处置工具，并在距离轨行区最近的房间内准备一套轨旁应急处置工具包，一旦故障可立刻使用工器具进行处置。最后，在每个设备房放置了两套完整的转辙机相关的继电器物资。在某日运营前，巡检人员在一个非折返站发现了一个转辙机的表示杆件断裂，此时已接近运营时间，时间较为紧迫，由于提前在该站放置了应急物资，且员工熟悉更换流程，及时对该道岔的表示杆进行了更换，避免影响运营。

二是加强影响运营的单点关键设备应急物资准备。对于急停按钮、继电器、输入输出子架等单点关键故障相关的应急物资均在设备室存储。同时，对于需要安装软件的安全关键设备提前配置好本站的软件，保证故障时更换完即可直接使用。

三是加强应急物资状态保养。此前，现场曾发生新转辙机因为磨合不足导致设备故障的情况。针对以上问题，根据与转辙机厂家进行沟通和前期的运营经验，部门将新转辙机放置在现场前，先到转辙机测试台上进行扳动测试，动作次数达到上千次后确保磨合到位再放置到现场，并安排人员定期检查物资状态，确保状态良好。

四是安排专人负责清单维护。部门和各工区安排专人对应急物资的消耗和状态及时进行确认，应急物资一旦有消耗或状态失效，立即申请补齐。同时及时更新台账情况，确保台账与实际设备情况高度一致。

通过对现场应急物资有针对性地整改，本线路的单点关键设备和安全关键设备故障应急处置效率得到了大幅提高。

（5）人员应急能力

应急能力准备的目标是针对组织内识别出的风险，都有符合要求且配备足够的人员来确保风险管控到位。为有效落实风险管控措施，应根据设备特点，提升风险管控能力，针对已识别出单点关键设备、隐蔽故障设备故障的风险，制定有针对性的人员能力培养和能力保持要求。

首先，对于单点关键设备故障，需要现场员工具备及时修复故障的能力。因此要求现场的各级员工均熟悉其组成、结构和原理等，能够根据故障现象快速分析和判断故障原因，同时熟练掌握所有单点关键设备故障后的应急抢修能力，并能够根据工作指引高质量完成维护维修工作。同时搭建实训平台，制定培训计划，定期开展理论和实操培训，且每一项培训后均有相应考核标准，考试合格后方可上岗。对考试不合格的员工进行反复培训和考试，直到理论和实操成绩达到上岗要求。

其次，对于冗余关键设备，需做好阶梯式的应急能力准备。冗余关键设备故障判断需要一定的技术能力，初级人员很难具备故障分析处置能力，要求其掌握重启、更换板卡等简单技能即可，遇到应急情况，及时通知专家人员远程支持或到场处理。同时需要重点培养部分中级维修人员，熟悉冗余关键设备的组成、结构、原理等，这些人员能够根据故障现象快速分析和判断冗余关键设备故障原因，具备远程指挥低级别人员处置的能力。对于高级别维修人员，要求其应熟悉1~2个子系统的组成、结构、原理，能够处理某个子系统级重大故障或者跨专业接口故障，并处于24小时应急值守状态。

最后，对于隐蔽故障设备故障，要求普通维修人员具备简单更换技能，遇到应急情况，及时通知专家人员远程支持或到场处理。同时选择学习能力强的中级维修人员作为专家培养对象，并制定培养计划。在开通前期，组织该部分人员参加现场施工、系统调试工作，掌握现场实际情况并积累设备调试经验。此外，在试运营质保期内跟随设备供应商处置故障，并随高级别人员共同处置故障，持续提高隐蔽故障设备故障的处置能力。

案例三　根据风险严重程度培养人员应急能力

道岔是列车折返的关键设备，而控制道岔扳动的转辙机和杆件均为单点关键设备，一旦故障会立刻影响运营。故障发生后，人员调动、故障排查、物资运送等各个环节均影响行车恢复时间。通过基于风险的应急准备措施落实，在2017年首次实现了地铁4号线—大兴线全年影响行车的道岔故障为零的运营表现，具体措施如下。

一是调整组织分工、专人专责道岔风险管控。将部门道岔维修经验最丰富的两名专家从原来工区抽离出来，只负责道岔设备的风险管控。这两名道岔专家开展了全线的道岔检查，不仅发现了状态不佳的转辙机，还发现不少轨道专业的病害，联合轨道专业一起解决了存在多年的故障隐患。

二是甄选人才重点培养并提升工作质量。选择各工区有潜能的人才，通过专家的言传身教，培养了一批道岔维护保养人才。这两名道岔专家结合现场实际情况进一步细化了维护指引要求，并到现场检查每个员工的维护技能。

三是要求全员必须具备单点关键设备的故障处置，特别是转辙机故障处置技能。上级主管每天抽查，并安排道岔专家负责所有工区现场更换转辙机的指导培训。最终，全线各工区各班组均有能力独立应急更换转辙机和相关杆件。

（6）质量监控

质量监控是指针对应急准备过程中应急预案、应急物资、应急能力执行的质量进行监控，并回顾以上工作的有效性，有针对性地进行改进。

首先，建立质量监控检查机制。根据城市轨道交通运营的特点，组织成立质量监控工作组并建立定期质量监控制度。工作组由维修部门中对设备熟练掌握的高级别维修人员组成，定期到现场进行维护和应急准备质量监控。

其次，开展质量监控工作。检查现场员工维护技能和应急处置能力，基于现场质量监控的结果形成质量监控报告，上报给部室领导。同时，实际带领工区人员进行设备维护作业，现场把关每一个维护环节，确保现场设备均由相应的高级别人员进行质量监控，从而使工作组成员对各工区人员能力和设备有清晰的认识，以便后续进行有针对性的改进。

最后，及时跟进问题并整改。通过质量监控检查，对发现的问题有针对性地进行整改，形成闭环管理，确保质量监控的合理性和有效性。例如，地铁 4 号线—大兴线为确保三个折返站的关键道岔应急准备工作落实到位，每月都有一名道岔专家到现场进行维护质量检查，对于发现的问题制定解决方案，形成检查报告上报至部室经理，审批完成后形成整改措施并及时推动落实。

综上所述，利用以上质量监控工作，持续检讨和改善应急准备工作的各个方面，确保基于设备风险的应急准备工作顺利开展。

2. 基于人为风险的应急准备

从设备操作角度出发，管控好人为风险的前提是必须识别哪些操作失误会影响安全和行车，以及人为风险出现的原因。在此基础上，有效管控人员容易出错的风险操作，降低人员出错的概率，规避人为风险的产生（见图 2）。

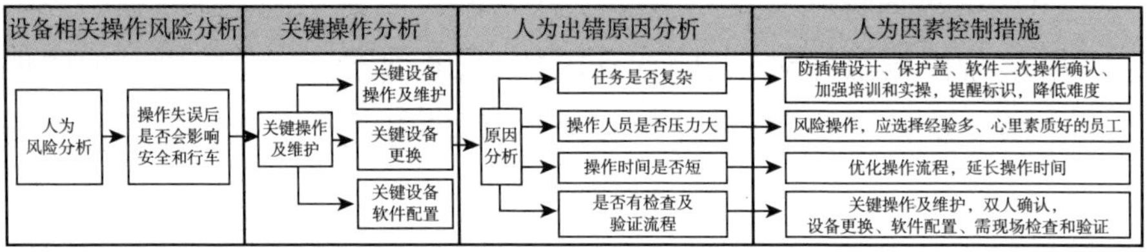

图 2　基于人为风险分析的应急准备

（1）风险分析

分析人员可能存在的人为操作失误，其中影响安全和行车的人为风险主要包括关键设备的操作、维护、更换、软件配置等，因此对以上人为风险的有效管控至关重要。

（2）分析人为风险出现的原因

根据人为出错理论和城市轨道交通现场实际情况，人为风险出现的原因主要为任务复杂度高、操作人员压力大、操作时间短和检查及验证流程缺失四个因素，根据国际人为可靠性理论研究，人为出错概率分析如表 2 所示。

表 2　人为出错概率分析

错误类型	操作类型	人为错误概率
1	非正常错误：无法想象此类错误如何导致的。操作人员无压力影响，容易做出正确的操作	10^{-5}

续表

错误类型	操作类型	人为错误概率
2	常规操作错误:任务简单,操作人员压力小	10^{-4}
3	类似于操作错误按钮或理解不当的错误:任务较复杂,可用时间少,需要必要的提示与引导	10^{-5}
4	记忆不清晰或无提示而导致的错误:任务复杂,操作人员不熟悉	10^{-2}
5	任务很复杂,压力较大,操作时间短	10^{-1}
6	涉及创造性思维的复杂任务,操作时间短,压力大	10^{-1} 或 1

（3）人为因素控制措施

结合人为风险和出错原因分析，从人为出错的主要原因出发对人为风险进行有针对性的管控，避免人为事件的发生。

一是为降低应急准备工作的复杂性，可通过对关键操作制定防错机制，例如增加防护罩/铅封、板块防插错设计、容错设计、粘贴醒目标识等方式。

二是对影响运营的关键应急操作，可安排经验丰富、心理素质好的员工处置，避免新员工处置压力过大。

三是不断优化管理流程，给予现场操作人员足够的处置时间，避免人员紧张。明确各操作人员的职责，应急处置时，需要由统一的应急指挥人员，在有效处置当前故障的基础上，需随时考虑故障进一步恶化后的处置方式，提前调配更多人员支援现场；为做好现场沟通和汇报工作并避免应急处置被干扰，现场应安排专人担任应急联络员，做好沟通联络工作。

四是对于关键设备的操作和状态验证，建立合理的管控措施。关键设备的操作和维护，在条件允许的情况下建立双人操作确认机制。对于关键设备的更换和软件检查，可建立独立安全检查制度，由具备独立安全检查资格的非操作人员进行检查，以确保人员操作的准确性。同时，对于操作和验证的方法，可进行现场测试和验证。例如，更新信号系统防火墙后，需组织列车进行动车测试，验证其更换之后的有效性；对于信号系统转辙机需定期更换的继电器，不能只检查更换完的紧固状态，需实际扳动道岔进行继电器功能和室内外一致性验证。

从以上四个方面开展应急准备工作，能够有效地管控人为风险，提高应急准备的工作质量。

案例四　根据人为风险分析解决车载 VOBC 误操作问题

车载通信设备经常出现车地通信冗余性丢失故障，为保障列车运营不受影响，京港地铁采取运营期间在线上应急重启的方式，恢复设备冗余性，避免列车掉线。

为了有效避免执行过程中人为误操作的情况发生，通过人为因素风险管控理论，制定了如下改善措施。第一，增加标识，降低任务难度。通过现场分析发现，车载设备上按钮众多且无提示标识，人员容易出现操作错误。维修部门对列车上关键操作的按钮粘贴了提醒标识。此外，定期组织人员到列车上实操培训，提高任务熟悉程度，有效地降低了任务难度。

第二，降低人员心里紧张情绪，增加双人互检。经分析，出现失误的大多数是初级员工，执行任务时容易紧张。改善后，要求执行该操作的员工必须是中级维修人员，并采取双人互检的方式进行确认。

第三，增加操作的时间。要求员工提前上车，做好准备工作和确认流程以后，再向行车调度员申请重启。通过采取以上措施，未再出现人员操作失误的情况。

二　应急救援队伍建设

《生产安全事故应急条例》（国务院令 708 号）明确要求城市轨道交通运营单位应当建立应急救援队伍。《城市轨道交通运营期间安全评估规范》（交办运〔2019〕84 号）第八条提出，线网应具备"站点—区域—基地"三级应急点结构，实现人员、物资的统一配套设置；区域应急中心救援人员应在 20 分钟内到达事故现场，应急基地救援人员应在 30 分钟内到达事故现场；同时，相关文件对站点、区域应急中心、应急基地物资配备也提出了明确要求。

调研发现，各地轨道交通运营单位对"站点—区域—基地"三级应急点结构理解有一定差异，主要表现在区域应急救援中心的定位，主要以某个车站或多个车站作为区域应急救援中心，形式上满足文件要求；部分已建立区域应急救援中心的运营单位，在应急指挥方式、应急联动方式、应急救援路线选择等方面也存在一定差异。

（一）应急救援队伍基本情况

1. 专职救援队伍基本情况

从调研情况看，国内轨道交通运营单位均建立了相对完备的应急救援队伍，仅有少数单位（如北京、上海、深圳、南京、苏州等城市轨道交通运营单位）成立了脱岗的专职救援队伍；专职救援队伍规模一般在 50 人左右，配备专用应急抢修车辆、专用应急抢修设备及物资，在运营单位整体应急指挥体系中针对专职救援队伍建立了相应规章制度。以苏州为例，在成立专职应急救援队伍时，苏州地铁在"专职应急救援队组建方案"中明确了专职应急救援队的启动条件、启动时机，并明确了专职救援队与区域兼职救援队、线路兼职救援队的关系。与兼职救援队相比，每年专职救援队新增加约

200 万~500 万元的投入，主要包括薪酬、物资消耗、设备采购及更换等方面。

2. 兼职救援队（区域、线路）基本情况

从调研情况看，兼职救援队主要包括线路救援队和区域站点救援队两种形式。目前，行业内兼职救援队情况总体较完善，各单位一般都建立了线路兼职应急救援队，负责本线路生产运维、日常抢修、突发事故事件处置等。广州、成都等城市建立了区域应急中心，具有固定场所，主要承担本区域范围内（一般是一定里程内）突发事件的应急处置或先期处置职能；建立区域应急中心的运营单位，突发事件发生后基地与区域应急中心能够快速联动，规划最优抢险路线。未建立区域应急中心的，通常没有固定场所，一般将 1 个车站作为某区域中心，或将多个“站点”联合形成救援区域，基本能够满足“站点—区域—基地”三级应急点结构的要求；但是这种方式存在一定缺陷，即个别站点发生突发事件后，由于应急区域划定不够科学、覆盖不够全面等因素，可能无法实现规范中“区域应急中心救援人员应在 20 分钟内到达事故现场，应急基地救援人员应在 30 分钟内到达事故现场”的要求，通常还需通过增设工班、驻点等方式进一步予以补充；同时，由于未设置区域应急中心，各线路驻点中的应急物资相对较少，因此以单个或多个“站点”代替区域应急中心的方式，往往仅能承担先期故障确认或简单故障处理工作，较大突发事件仍需依靠基地派出的线路应急救援队进行处置。

值得注意的是，行业内普遍缺乏针对专职救援队及区域应急中心的应急制度及预案。目前，运营单位以兼职救援队为基础的应急管理制度、应急预案普遍已相对完整，也在实际应急处置、应急演练中进行了检验；但尚未建立针对专职救援队、区域应急中心的专项应急预案或规章制度，在专职救援队、区域应急中心建设过程中需要进一步补充完善。

（二）应急救援队伍管理及运作机制

1. 应急救援队伍管理机制

（1）专职救援队伍

设立专职救援队伍的企业，一般专职救援队伍由运营公司一级部门负责管理（如南京、苏州等），主要管理内容包括人员日常考核管理、应急培训及能力评估等。

以南京为例，南京地铁于 2021 年 8 月成立应急抢险中心，中心抢险队为脱岗专职抢险救援队。专职抢险救援队主要承担车辆、结构和防汛等大型综合应急抢险。当达到预案规定的应急响应等级时，中央调度（NCC）通过调度电话通知专职抢险救援队，抢险救援队第一时间出动。专职抢险救援队按照准军事化标准强化纪律管理，并建立理论培训、体能训练、专业技能训练等日常培训机制；同时加强员工“一岗多能”的多技能发展，在加强脱轨、倾覆等单项训练的基础上，还开展了 B2 驾照、焊接气割等学习取证工作等。

以苏州为例，专职救援队负责Ⅳ级及以上运营突发事件的应急处置，负责与外单位（如大型吊装设备单位）签订合作协议并开展联合训练，负责牵头开展复杂情景（跨专业、跨线路）综合应急演练，负责各级应急预案适用性评价，并指导各兼职区域救援队伍、兼职线路救援队伍的应急处置工作。专职救援队为车间级机构，专职救援队设立队长 1 名（车间主任编制），配备安全工程师 1 名、综合管理工程师 1 名、专业工程师 3 名；专职救援队各班次（甲、乙、丙、丁班）为班组级机构，各设工班长 1 名，共有抢修队员 27 名（含备班人员 3 名）。专职救援队各专业队员采用选拔考试的形式，择优录用，考试通过后确定为专职救援队队员，薪酬职等提高一档。

另外，部分企业还建立了特种消防队，深圳地铁建立了企业消防队。深铁运营企业消防队始建于 2018 年 6 月 6 日，2019 年 6 月 5 日正式挂牌，队伍承担管辖线路抢险救援现场前沿指挥，负责深铁运营管辖范围内火灾、汛情等各类事件的综合性应急处置和各类中断行车的突发事故事件（设备机械类）的现场处置（包括车辆类、弓网类和轨道类等重大事故事件），创造恢复通车条件，统筹各专业抢修队伍有序、安全、高效实行救援工作，对接市属等外部救援力量，引导和配合其开展抢险救灾；同时担负管辖路网安全检查和员工消防应急技能培训职责。

（2）兼职应急救援队伍管理机制

兼职救援队伍一般由各线路设备专业车间进行管理；设有专门区域应急中心的，区域救援中心人一般设立车间级或班组级管理机构进行管理。需特别说明的是，不同城市轨道交通运营企业组织架构差异较大，部分企业有专业维保公司（如上海申通），与运营分属不同分公司，管理、运作方式有一定差异，但具体到各专业救援队伍，行业管理方法基本相同。各救援队伍除了参与日常生产外，主要通过应急能力培训和日常演练，强化应急抢险响应能力，提高应急处置综合水平。兼职应急救援队伍人数方面，由于兼职救援队伍需覆盖车辆、轨道、通信、信号、供电、机电等全部专业，一般配置人数较多，例如西安地铁有1000余名，苏州地铁有1400余名。

2. 专、兼职应急救援队伍运作机制

（1）应急指挥及响应机制

突发事件发生后，由领导机构相应负责人员成立应急指挥部，不同等级突发事件发生后，相应层级领导干部担任总指挥；事故现场成立现场指挥机构，统筹协调现场抢修和应急处置工作。应急救援队伍由现场指挥机构负责指挥，同时应设立后勤保障、舆情应对、专家组等各辅助工作组。

突发事件发生后，中央调度（通常称为OCC、NCC、COCC、TOCC）根据事故事件类型启动相应应急预案，同时通知相关专业各应急救援队伍，各应急救援队伍在现场指挥机构的指挥下开展现场处置工作。具体的信息传递方式、指挥权交接、应急处置流程，各企业均有相应规章制度及应急预案进行规范。

突发事件发生后，专职、兼职应急救援队的应急响应机制基本类似，主要是根据各单位应急预案要求，在现场指挥机构的指挥下开展现场处置工作；专职应急救援队伍一般由控制中心根据实际情况直接指挥或启动，用于应对大型突发事故事件应急处置。

（2）应急区域及驻点分布

应急站点分布一般以线路平均长度每 3~5 公里（2~5 个车站）设立一个工班/驻点，以满足第一时间到达现场的要求。目前，部分企业实现了跨线路应急处置的“区域”应急结构，据调研，少部分企业已设立区域应急中心，大部分企业对于跨线支援方面处在前期调研和规划阶段，具体见表 3。

表 3　调研城市应急区域划分情况

序号	城市	应急区域划分情况	应急中心设立情况
1	长沙	全市划分 5 个救援区域，各设立 1 个应急中心	以场段、车站代替
2	南京	设立一南一北 2 个应急中心	建立了专门的区域应急中心，采取应急设备布点+专兼职救援队伍配合的方式开展应急救援
3	广州	全市划分 5 个救援区域，共设立 22 个应急中心	以场段、车站代替
4	苏州	全市划分 4 个救援区域，各设立 1 个应急中心	以场段、车站代替

资料来源：根据 2022 年中国城市轨道交通协会运营管理专业委员会调研结果整理。

以长沙为例，长沙地铁拟将全市划分为西北、东北、西南、东南和中部五个应急区域，并设立 5 个区域救援中心，以便突发事件发生时救援人员第一时间赶赴现场。

以南京为例，南京地铁将两支抢险救援队分别设置在市区的一南一北，覆盖城区主要线网；计划2023～2024年组建另外两支抢险救援队伍，按照全覆盖、区域化的要求，拟在东南区域和江北地区应急布点。针对宁扬、宁滁等城际线路，采取应急设备布点+专兼职救援队伍配合的方式开展应急救援，达到全线网30分钟应急响应的要求。

以广州为例，根据线路的地理分布、故障下乘坐地面交通工具前往的便捷性，将线网划分为5个应急救援区域。在5个应急救援区域的22个区域应急中心（即车辆段或停车场），由各区域应急中心所属的运营中心进行管理，包括人员、物资的调配。区域应急中心运作方式为：本线的区域应急中心为第一批救援力量；同一应急救援区域内的区域应急中心为第二批救援力量，其他区域的区域应急中心为第三批救援力量。满足跨线支援的需求，实施效果良好。

以苏州为例，苏州地铁将全线网划分为东、南、西、北四个应急区域，各救援区域划分以车辆平均行驶速度30km/h为前提，从驻点到达各车站的时间在20分钟以内为原则进行划分；各专业、各区域救援队安排指定车间进行管理，区域内各线路的工班及驻点人员，在接到控制中心指令（向距离事发地点最近2处驻点发令）后，第一时间赶赴现场；由于不同线路设备往往存在较大差异，其他线路人员先到达现场的，仅对故障现象进行确认，本线路人员或专职救援队到达现场后进行处置。

（三）专兼职应急救援队伍适用性检验情况

专兼职应急救援队伍适用性检验是通过各项应急演练及实际发生的突发事件应急处置，检验现场应急处置效率及专兼职应急救援队应急配合情况，主要包括现场处置时效性、救援路径科学性等。

1. 应急救援队现场处置效率

目前，各应急救援队伍现场处置效率的验证主要依靠应急演练，各企业均建立了应急演练评估制度，对各专兼职应急救援队伍现场处置的时效性、处置结果进行评估。以苏州为例，图3为某次弓网故障应急演练项目的用时情况。

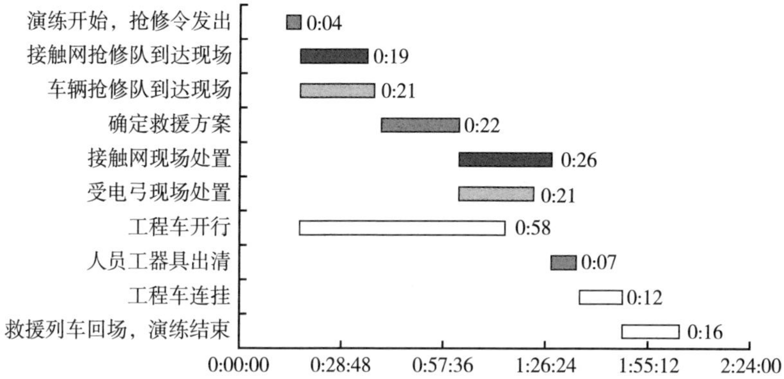

图3　弓网故障应急演练时效性分析甘特图

通过绘制甘特图，精确记录各环节开始、结束时间，直观展现演练总体效率及各环节处置效率。在演练总结"时效性分析"模块中，设置"演练时效性对比"模块，与往次演练情况进行横向对比，客观反映本次演练效率。

在演练成果评审表中，列出演练全部科目、所有执行项目，明确各执行项目具体要求，并制定"满分值"与"不合格值"，对演练执行效果及执行效率进行科学评审。部分演练项目从"时效性"及"执行效果"两个维度进行评审。比如，在先期处置方面，一方面，设置5~8分钟的评分区间，按实际处置效率进行评分；另一方面，对先期处置中的故障初步恢复及是否造成故障扩大进行评分，确保严谨性。

利用上述评估手段，对各应急救援队进行处置评价，评价结果纳入年度考核内容。实际事故事件发生后，利用上述评估手段，切实发现并改进了应急处置流程、应急预案中存在的问题。表4为苏州地铁3次信号系统故障事件处置时间。

表4　苏州地铁信号系统故障事件处置效率改进情况

序号	处置项目	首次发生	第二次发生	第三次发生
1	专业赶赴现场(分钟)	7	9	6
2	确认并重启 UPS 功率模块(分钟)	11	8	9
3	重启令解及释放指令(分钟)	14	7	8
4	计轴预复位及出清(分钟)	18	14	11
5	总体恢复效率(分钟)	50	38	34
6	晚点列次(列次)	3	6	8
7	最大晚点(分钟)	59	27	8

资料来源：苏州轨道交通集团有限公司。

首次信号系统故障事件发生后，分公司完善了“重启令解及释放指令”执行要求，即执行“重启令解及释放指令”无须到站停车，命令发出后，司机现场停车即可，极大地提高了执行效率。计轴预复位方面，处置效率亦有所提高，可见故障处置人员相关经验有所增长。调度中心在首次故障发生后就完善了信号联锁系统故障场景下的行车调整策略要求，处置效率也在逐步提高，最大晚点时间大幅降低。该评估制度在实际处置中起到了一定的指导作用。

2.“站点—区域—基地”三级应急结构评估情况

按照规定，城市轨道交通运营企业需要对各场段、线路工班及驻点赶赴可能发生事故场所的效率进行测算，以苏州为例，运营公司将各场段赶赴线网各车站时间均进行了测算，基本能够满足 20 分钟内到达现场的要求，并明确 3 条救援路线，根据实际路况选择最佳路线；无法满足 20 分钟内到达现场的，通过对区域驻点位置进行优化调整或设置专业驻点的方式，满足 20 分钟到达现场的要求。2022～2023 年度拟新增 1 个综合应急驻点，设于城区中部车站未开发商业区，并设立综合调度，完善“站点—区域—基地”三级应急结构配置（见表 5）。

表 5　苏州地铁太平车辆段赶赴各车站的时间测算

序号	车站	里程(公里)	耗时(分钟)	备注
1	骑河站	0.7	1	
2	富翔路站	2	3	设车辆专业驻点
3	大湾站	2.9	8	设信号专业驻点
4	富元路站	4	8	
5	蠡口站	5.9	14	
6	徐图港站	7.7	20	设高压专业驻点
7	阳澄湖中路站	11	17	设信号专业驻点
8	陆慕站	11	18	

资料来源：苏州轨道交通集团有限公司提供。

（四）专职、兼职救援队建设面临的困难

1. 三级应急结构要求不够明确

政策文件中针对专职、兼职救援队建设的具体要求中，提出了“站点—区域—基地”三级应急结构要求，但对于三级应急结构缺乏具体要求，各轨道交通运营单位对相关要求理解各异，大多数企业均是对原应急救援队伍体系进行增补、完善，缺乏系统化改革应急救援体系的动力。

2. 专职救援队和区域救援中心构成了一定的成本压力

专职应急救援队伍方面，若建立 30~100 人的专职队伍，人力成本较高；在设备、物资成本投入方面，大量设备、物资仅用于培训及演练，甚至闲置，也在一定程度上增加了经济成本。同时，大型突发事故发生概率较低，相关人员业务技能水平仅靠日常培训、应急演练难以保持，事故发生后的实际应急救援能力仍有待考量。

区域救援中心方面，成立区域应急救援中心需在城市中心设立专用区域，且随着新线路不断建设，可能需根据实际运营情况进行调整，场地搬迁、设备转运等情况也会产生不小费用。

三 应急资源配置情况

对设备、工器具等应急资源进行合理有效的配置、存储、管理和调用，对突发事件的应急处置具有关键性作用。

（一）"站点—区域—基地" 三级应急点资源配备情况

《城市轨道交通运营期间安全评估规范》（交办运〔2019〕84号）中对于站点、区域应急中心、应急基地应配置的应急救援设备、工器具、资源等方面有明确要求，调研发现，多数城市轨道交通运营单位能够依照文件要求，根据自身运营生产实际进行应急资源配置，具体如下。

1. 站点应急资源配置

为有效预防各类突发事件发生，以最快速度开展应急救援，车站作为一线应急响应点都应具备抵御一定风险和处置一般突发事件的能力。规范中明确站点应配置应急手持台、手提便携灯、便携式扶梯等通用应急救援设备、工具。

根据调查，在站点应急资源配置方面，应急手持台和手提便携灯的配置率较高，便携式扶梯的配置率较低。便携式扶梯配置率低的主要原因与应急使用场景密切相关，该设备主要使用场景是发生突发情况需要在区间疏导乘客时，在确保接触轨停电后，架设便携式扶梯（或绝缘落轨梯），携带抢险器材进入区间疏导乘客。便携式扶梯主要用于抢险人员进入区间以及乘客从区间疏散进入站台，然而大多数车站在站台应急疏散门附近均建设有楼梯进出区间，能够满足应急疏散的需要，因此，便携式扶梯的使用率不高和必要性不强是配置率较低的主要原因。

部分城市轨道交通运营单位根据实际需要，在站点还配置了如便携式水泵、潜污泵、异物处理杆、吸水膨胀袋、防水薄膜、安全绳、救生衣、挡水板、防寒工业盐等通用性较强的应急物资和工器具。

2. 区域应急中心资源配置

区域应急中心能够以较为专业的能力应对较大事件处置，在应急资源配置的种类、数量以及规模等方面较站点更为全面，以处置各类突发事件专用的抢险工具为主，资源数量一般根据所服务的需求点数量以及资源备品房容量限制设定。规范中明确区域应急中心应配置尖轨、钢轨、防洪沙袋和水泵等小型救援设备及应急资源。

尖轨、钢轨、防洪沙袋和水泵主要用于轨道、区间漏水等情况，根据调查，在区域应急中心资源配置方面，防洪沙袋和水泵配置率较高，尖轨、钢轨的配置率较低。分析尖轨、钢轨配置率不高的原因，一方面，尖轨、钢轨对区域应急中心存放空间要求高，通常放置在轨行区；另一方面，尖轨、钢轨的配置、维护、管理成本也是各运营单位需要考虑的主要因素。

部分城市轨道交通运营单位根据实际在区域应急中心优化配置了多种应急设备，以提升对严重水灾、消防破拆、快速救援、支援周边站区等处置能力，具体如表 6 所示。

表 6　部分城市区域应急中心资源配置情况

序号	城市运营单位	应急资源配置情况
1	西安地铁	将线网应急区域划分为 8 个区域，每个区域设置 1 个应急资源库：①至少放置 2 台大型水泵，每台水泵配置 300 米接水带；②1 台汽油发电机；③2 个线盘；④2 个手推车；⑤2 台强光工作灯
2	成都地铁	在各个站区设置应急资源库，主要配置：①自吸增压泵，②吸尘吸水机，③“L”形可伸缩防洪板，④吸水膨胀袋，⑤救援气囊，⑥破门器，⑦电钻，⑧车辆、接触网专业工具
3	洛阳地铁	除尖轨、钢轨、防洪沙袋和水泵外，区域应急中心还配置了：①轻便式移动工作灯，②伸缩式防洪挡板

续表

序号	城市运营单位	应急资源配置情况
4	昆明地铁	除尖轨、钢轨、防洪沙袋和水泵外，区域应急中心还配置了：①转辙机，②起复设备
5	长沙地铁	除尖轨、钢轨、防洪沙袋和水泵外，区域应急中心还配置了：①转辙机，②道岔

资料来源：根据 2022 年中国城市轨道交通协会运营管理专业委员会调研结果整理。

3. 应急基地资源配置

应急基地一般以车辆段和停车场为基础，具备对特别重大、重大事件的处置能力，满足辖区内较大救援需求及较高应急响应的资源及服务，还能够支援其他因条件局限、情况特殊而不能独立完成救援任务的站点。除基本的应急设施设备外，应急基地需配备大型的事故救援设施设备、抢险车、工程车和专门的演练场地，建设用于储备大量应急资源的仓库和用房等。规范中明确应急基地应配置专用工程抢修车、轨道车、通信设备、接触网抢险设备、车辆起复等大型工器具及应急资源。

专用工程抢修车、车辆起复设备、轨道车等大型救援设备主要用于列车脱轨、冲突、撞击、挤岔等应急处置，通信设备、接触网抢险设备主要用于接触网断裂或塌网、大面积停电等应急处置。从调查结果来看，城市轨道交通运营单位在应急基地基本配置了专用工程抢修车和车辆起复设备，通信设备、轨道车和接触网抢险设备的配置率也较高。部分运营单位还配备了符合某一线路需求的专业设备以及针对线网和线路快速应急支援的设备，如表 7 所示。

表 7　部分城市应急基地资源配置情况

序号	城市运营单位	应急资源配置情况
1	成都地铁	①大型排水设备,②挖掘机,③轨道吊车,④便携式抽水泵,⑤全方位泛光灯,⑥区间平板小车,⑦起道器,⑧运轨器,⑨救援枕木,⑩挂梯
2	广州地铁	①液压动力站,②大型水泵,③发电机,④车辆救援设备
3	沈阳地铁	①复轨器,②液压站,③复轨桥,④索具,⑤横移小车,⑥千斤顶,⑦横担,⑧垫板
3	苏州地铁	①移动式水泵、大型排水设备,②4 辆 LUKAS 应急救援车,③各专业标准化成套配备物资,装于厢式货车内
4	长沙地铁	①LUKAS 应急救援设备

资料来源：根据 2022 年中国城市轨道交通协会运营管理专业委员会调研结果整理。

（二）专职救援队设备、工器具、资源配备情况

国内成立专职救援队的城市轨道交通运营单位较少，在应急资源配置的研究和实际使用上仍处在探索起步阶段，尚未形成科学完整的配置标准。目前，深圳、南昌、西安和南京等城市轨道交通运营单位成立了专职救援队。深圳地铁运营公司成立消防专职救援队，队伍承担管辖线路抢险救援现场前沿指挥工作，配置消防综合救援器材装备 14 类 195 种 2046 件，专业类抢险救援器材装备 186 种 1639 件。

南昌地铁设有 1 支专职消防队，原则上按线路进行属地管辖，以中心为依托，以专业为划分，以班组为基础进行建设，以车辆起复和接触网、工务专业抢险队伍为主，配备专业抢险工具；各场段配备工程抢修车辆、列车起复设备、接触网抢险设备、发电机组等大型应急物资；各车站落实属地管理，配备防洪挡板、防汛沙袋、抽水设备、消防灭火器、专业工器具、急救箱等应急物资。

西安地铁建立了市级城轨车辆专职起复救援队，主要是开展车辆

起复救援，救援队主要配备 LUKAS 城轨车辆起复救援设备 6 套、复轨器 10 套、箱式救援车 6 辆，救援设备较为齐全。

（三）兼职救援队设备、工器具、资源配备情况

从调研情况看，多数城市轨道交通运营单位组建了区域、线路兼职救援队，按照应急救援需要配置相关应急设备、工器具等，具体如表 8 所示。

表 8　部分城市运营单位兼职救援队应急资源配置情况

序号	城市运营单位	兼职救援队应急资源配置情况
1	成都地铁	应急物资方面设置有 30 余个站区库、20 余个基地库，配置有排水泵、破拆、列车起复、轨道救援装备、接触网故障应急装备等设备设施，人员、物资均由下属单位调动，需快速支援情况下，由线网指挥中心统筹调配
2	广州地铁	配置了小型通用抢险工器具及专业抢险工具，液压动力站、大型水泵、发电机、车辆救援设备等大型抢险工器具。在应急抢险状况下，在本站点物资、装备不满足的情况下，在附近站点或车辆段调配物资、装备到场支援
3	无锡地铁	配备了应急救护器材、工具及防洪防汛、防寒抗冻等应急物资共 6 万余件，配备了进口 LUKAS 复轨器救援设备 4 套、国产 A 型复轨器救援设备 8 套、工程抢险车 8 辆、发电机 4 台等大中型应急抢险专业设备
3	天津地铁	配备有通用物资（含照明、通信、广播、警戒、劳动防护、人员救助等）、专业抢险物资（含车辆、通信、信号、机电、工建等），各部门指定专人负责应急物资存储、建账、检查、维护、补充等管理工作
4	徐州地铁	37 支兼职应急抢险队均配置了相关应急资源（物资、设备、工器具），每条线路救援器材均有 300 余件
5	合肥地铁	配备应急抢险车、起复设备、照明、通信装备、水泵、发电机等应急抢险设备和物资共计 2899 项
6	青岛地铁	配置专业生产工器具、灭火器、防汛沙袋、防淹挡板、融雪剂、防滑垫等应急工器具和应急物资 1000 余项，累计 10 万余件
7	苏州地铁	车辆、房建结构、接触网 3 个专业建立应急救援物资标准成套配备相应物资，各救援队配备应急救援设备、工器具 1400 余套

资料来源：根据 2022 年中国城市轨道交通协会运营管理专业委员会调研结果整理。

（四）应急资源管理

应急资源管理是指在特定的应急保障机制下，通过科学方法或手段合理地为处理突发事件来调配人力资源、应急物资和应急技术平台等行为的过程。当前，应急资源配置和管理已成为城市轨道交通应急救援工作的重要组成部分，应急资源合理配置是减少突发事件响应时间、提高应急救援效率、充分利用应急资源的基础。在网络化和多制式运营的大背景下，应急资源的管理也对各轨道交通运营单位提出了新要求。

从调研情况看，在应急资源库建设和专业管理机构设置方面，上海地铁、成都地铁、西安地铁等单位单独设置应急资源库，建立资源清单，设有管理机构和专职管理人员。北京地铁、长沙地铁和南昌中铁穗城设有应急资源库，并建立资源清单，无对应管理机构和专职管理人员。广州地铁和郑州地铁设有管理机构和专职管理人员，未设置单独的应急资源库及清单。

（五）季节性应急资源配置情况

《城市轨道交通运营应急能力建设基本要求》（JT/T1409-2022）规定有汛期的城市轨道交通地下车站和地面应配备防汛应急物资；可能遭遇严寒天气的城市轨道交通车站应配备防寒应急物资。根据调查，部分轨道交通运营单位防汛物资和防寒物资配置情况如表9、表10所示。

表9　部分城市运营单位防汛应急资源配置情况

序号	城市运营单位	防汛应急物资配置
1	广州地铁	防洪应急设备物资包括水泵、沙包、膨胀袋、防水膜、防洪挡板等，部署大功率水泵的车辆段将大功率水泵、发电机、沙包等主要防洪物资搬运到抢险车上，便于应急情况下快速出动
2	合肥地铁	防洪沙袋、吸水膨胀带、水泵等

续表

序号	城市运营单位	防汛应急物资配置
3	苏州地铁	防汛物资包括水泵、排水带、防汛沙袋、挡水板等
4	沈阳地铁	各场段、车站、主变电均已配备沙袋、排水泵、苫布等防汛物资
5	洛阳地铁	共配置防洪沙袋 320 包、吸水膨胀沙包袋 100 只

资料来源：根据 2022 年中国城市轨道交通协会运营管理专业委员会调研结果整理。

表 10　部分城市运营单位防寒应急资源配置情况

序号	城市运营单位	防寒应急物资配置
1	成都地铁	在地面、高架线路和场段内设有信号、工务、接触网等专业人员，并配备了相应的除雪物资，如除冰剂、除冰棒、热水壶、防滑垫、酒精喷灯等，气温低于 0℃时将组织场段提前出车、提前轧道，专业人员添乘列车确认设备状态，保证运营安全
2	沈阳地铁	各场段均已配备除雪铲、吹雪机等除雪设备
3	南京地铁	动态化管理防寒物资库存，提前检验工器具性能，并做好相应人力配套，及时清点消耗量，更新物资数量
4	合肥地铁	防冻液、融雪剂、清雪工器具等物资储备，及时查缺补漏
5	苏州地铁	配置了铁锹、扫把、融雪剂、防冻液、彩条布等防寒应急物资及工器具

资料来源：根据 2022 年中国城市轨道交通协会运营管理专业委员会调研结果整理。

（六）信息化手段使用情况

应急资源具有使用率低、分散设置、门类众多等特点，为减少应急资源储备庞杂无序、归属不清、分类混乱等问题，有必要采用信息化手段进行管理，实现应急物资信息有效获取、统计以及共享，提升应急资源管理效能。

根据调查，应急资源管理方面主要分为三种情况，第一种是已采用信息化手段，包括北京地铁、天津地铁、广州地铁、上海地铁、西安地铁、成都地铁等；第二种是尚未采用信息化手段，正在建设应急物资信息化平台，包括苏州地铁、南京地铁、徐州地铁等；第三种是仍采用传统台账报表等手段管理应急资源，包括昆明地铁、重庆地铁、洛阳地铁等。

案例五　广州地铁“三防”管理系统

随着广州地铁线网发展，为进一步做好运营总部防洪涝、防汛情、防台风（简称“三防”）管理工作，需开发信息化管理系统，重点开发了应急动态管理和“三防”管理子系统。2020年8月启用应急动态管理系统，实现启动响应、特殊天气情况下各类风险点提示，人员值守、应急抢险签到，现场数据上传、报表生成等功能，为应急情况下的人员安排、信息汇报、动态管理大幅缩减常规操作耗时，有效提升工作效率。2021年5月启用“三防”管理系统，实现应急队伍及物资、防风防汛台账的导入、查询功能，增加地铁站点联防联控负责台账，明确防洪分区、防洪点、防洪部位的关系，同时规范日常数据录入及管理；完成“地图功能”调试，优化线网图显示等。

通过“三防”管理系统和应急动态管理系统实施，广州地铁解决了应急管理工作的若干问题。一是解决了台账预案多、查找耗时耗力、信息收发效率低的难题，实现数据网络化、数据标准化、管理信息化和调度精细化，以及“三防”预案可视化，加大了线网防汛物资调配力度。二是解决了人工收集环节烦琐、耗时较长、容易出错等问题，实现数据实时录入、后台同步显示、数据自动汇总、人员漏签提醒等功能，加强了现场人员管理。

资料来源：根据2022年中国城市轨道交通协会运营管理专业委员会调研结果整理。下同。

四　协同应急机制建设情况

随着城市轨道交通线网规模日趋复杂，运输组织形式多样化，城市轨道交通突发事件救援不仅涉及轨道交通运营单位，还需要应急、公安、消防、医疗、交通、水务等城市管理部门以及社会力量、专业救灾力量的广泛参与，对轨道交通运营单位应急处置工作提出了很多新要求。《城市轨道交通运营应急能力建设基本要求》（JT/T 1409-2022）中明确运营单位应与城市公交企业、医疗机构、与管辖线路存在换乘站的铁路、机场、客运场站的运营单位、本市城市轨道交通其他运营单位建立信息沟通和协调联动机制，宜与专业抢修和应急救援单位、工程施工单位、供电公司、燃气公司、通信公司等建立协调处置机制。

通过建立健全跨领域、跨部门的应急协调联动机制，能够有效整合各类应急资源，快速汇总事件信息，发挥各部门专业优势，制定更加合理的应急处置方案，形成救援合力，实现救援力量的有机融合，节约应急救援成本，全面提高城市轨道交通应急救援处置效能。轨道交通运营单位与城市管理部门、其他运营单位以及社会力量建立协同应急机制已成为应急管理工作的方向。

（一）与城市管理部门的联动

1. 与公安、消防、医疗部门的联动机制

在发生突发情况时，通常由一线人员对现场情况进行查看和确认，依照应急预案中有关信息报告规定，视应急突发事件的性质、影响范围和紧急程度，及时报告行车值班员、控制中心调度，报请驻站公安、119、120 参与救援。

从调查结果来看，城市轨道运营单位都同 110、119、120 建立了

联动机制，但不同运营单位的联络责任主体有所差异（具体见表11），主要分为三种情况。一是现场人员作为应急联络责任主体，优势是现场人员能够迅速掌握信息、准确判断，在先期处置阶段报告110、119、120等部门及时介入，最大限度减少信息传递带来的延迟和误差，提升响应效率。二是由控制中心调度负责对外联络，该方式能够统一明确联动机制中的指挥调度主体和对外信息出口，确保统一应急、联合行动、对外信息一致。三是由控制中心调度和现场人员同时联系，该方式在响应效率方面具有一定优势，但易出现多头指挥、对外信息不一致、应急联动机制不顺畅等问题。

表11　部分城市运营单位110、119、120联络情况

序号	联络主体	代表城市/企业
1	由现场人员负责联系	西安、成都、广州、上海、深圳、天津、徐州、无锡、长沙、郑州、重庆、宁波、昆明、南昌、南昌中铁穗城
2	由控制中心调度负责联系	苏州、南通、淮安有轨
3	由控制中心调度和现场人员同时联系	北京、合肥、洛阳、南京、青岛、沈阳

资料来源：根据2022年中国城市轨道交通协会运营管理专业委员会调研结果整理。

2. 与属地相关单位的联动机制

目前，广州地铁、上海地铁、苏州地铁等运营单位与公交派出所、属地派出所、属地水务工作站、社区工作站、运管办等建立联动机制，在车站紧急疏散、突发公共卫生事件、地铁公交接驳等突发事件时进行应急联动，形成合力。

案例六　西安地铁钟楼站区域应急联动工作机制

西安地铁钟楼站位于古城中心，车站周边有钟楼、鼓楼以及回民街等知名旅游景点，附近大型商场较多，商业氛围浓厚，节假日、大型活动期间车站日均客流达到22万人次。2021年西安市承办“第十四届全运会”，车站客流疏导、紧急情况下客流疏散面临巨大挑战和考验。

为落实《国务院办公厅关于保障城市轨道交通安全运行的意见》（国办发〔2018〕13号）中关于“属地管理，综合治理，构建多方参与的综合治理体系”的要求，西安地铁钟楼站根据车站特点和周边情况，结合大客流应对措施，深入推动建立区域联动机制，从客流组织、安全保障、秩序维护等方面出发，积极协调南大街派出所、地铁分局北大街派出所等单位以及钟楼地下通道、新世界百货等周边物业管理单位，于2021年6月30日共同签订了“西安地铁钟楼站区域应急联动协议”。建立了钟楼站与周边单位日常例会制度和节假日通报机制，对可能出现的应急突发事件提前组织应对、商议工作布置，明确各方应急管理职责，建立应急联动工作机制。2021年9月，西安地铁与南大街派出所、北大街派出所、开元商城、世纪金花、钟楼景区等联动单位共同开展了钟楼站中秋节暨第十四届全运会大客流情况下突发事件应急演练，检验了区域应急联动成效。全年共组织开展日常信息通报例会10余次，“国庆”“中秋”双节期间启动区域应急联动机制1次，各单位累计参与应急响应工作21人次，全面提高了大客流突发事件的应急救援和处置能力，在联防应对突发事件方面开展了积极探索。

3. 与城市其他管理部门的联动机制

由于地铁突发事件具有突发性强、发展速度快、影响范围大和应急处置困难等特征，仅凭城轨企业自身力量无法做到妥善处置，而政府相关管理部门对于应急协同的组织动员、资源调用、信息共享和指挥决策具有较强力量，因此，这种优势对于突发事件应急处置是非常必要的。

成都地铁根据线网应急工作实际需求，与政府相关管理部门建立值班联络、培训、应急技术支援、信息共享、救援指导等协作机制，在开展应急演练时，邀请其参与指导，磨合协作机制；在运营线路出现事态严重、影响较大突发事件时充分协商，快速调用相关抢险救援资源。

合肥地铁各车站与市排管办建立应急排水联动机制，各站点均有市排水部门联络电话，车站附近积水较深时，及时联系相应负责人进行排水工作，保障车站汛期安全。根据调查，部分城市轨道交通运营单位同城市相关部门建立协同应急机制，理顺应急协同中的政企关系，构建相互适应、相互协调的协同应急管理体系，具体如表 12 所示。

表 12　部分城市运营单位协同应急机制建立情况

序号	城市运营单位	与城市相关部门协同应急
1	成都地铁	①市交通、水务、交管、疾控等部门
2	合肥地铁	①市排管办，②市防洪办
3	苏州地铁	①市水务局
4	宁波地铁	①市交通局，②市公路与运输管理中心，③市应急管理局，④市排水公司管网运营分公司，⑤市交通运输综合行政执法队，⑥市城市管理行政执法局
5	京港地铁	①市交通委防汛应急指挥部办公室，②医疗卫生机构
6	上海地铁	①市交通委，②市安监局，③市卫生局，④市水务局，⑤市政府新闻办
7	天津地铁	①市防汛抗旱指挥部市内分部

资料来源：根据 2022 年中国城市轨道交通协会运营管理专业委员会调研结果整理。

（二）与其他单位的联动

1. 运营单位之间的协同应急机制

纺织城站是西安地铁 1 号线和 9 号线的换乘站，分别由西安地铁与西安中铁轨道交通集团有限公司共同运营维护、管辖，双方于

2020年11月签订了“应急联动协议书”，对信息传递、客流组织、应急处置等进行了明确，定期组织召开应急联动会议，针对应急联动暴露出的问题进行研究讨论，制定措施。同时，两家单位于每年底下发下一年度应急演练计划，分别对演练预案、演练地点、演练形式进行明确，效果良好。

2. 与公交公司的接驳联动机制

城市轨道运营单位普遍同当地公交公司建立了公交接驳联动机制，主要分为直接联动和间接联动两种运作类型，其中直接联动是由运营单位控制中心、安全管理部门、总值班室或车站通过公务电话直接联系公交公司调度启动公交接驳，深圳、苏州、天津、西安等城市轨道运营单位目前采用此方式。间接联动通常由运营单位上报市交通局、市应急局等城市管理部门，再由城市管理部门负责联系公交公司启动接驳，广州、上海、合肥、南京等城市轨道运营单位采用此方式。

据调查，北京、天津、广州、深圳、上海等城市的公交接驳车到达现场的时间在10（含）至30分钟，苏州、洛阳、重庆、南昌等城市的公交接驳车到达现场的时间在30（含）至60分钟。

成都地铁与成都市公共交通集团签订了“地铁公交应急接驳车辆运输服务协议”，就成都地铁突发运营中断或大面积晚点等情况，应急接驳公交车转运地铁滞留乘客。当启动公交应急接驳预案时，成都地铁线网指挥中心负责以录音电话方式通知乙方营运调度中心，并同时向乙方传递书面协作函，乙方应急车辆应在收到正式接驳通知后，10分钟内做出应急响应。

3. 与社会力量的联动

郑州地铁与某隧道局签订了“应急救援抢险协议”，应急项目包括隧道严重渗漏水、涌水涌沙、隧道击穿、结构变形、道床隆起等。当发生上述情形时，郑州地铁供建中心负责联络，乙方接报后1小时应携带抢险装备到达现场。

重庆轨道交通已与某电气化局签订了“重庆轨道交通运营线路电气试验车及绝缘梯车安全应急合同”，应急项目为在重庆地铁各运营线路发生突发事件时，乙方负责及时排除轨道交通所辖各线路的供电线路、供电设备、通信、信号系统故障。乙方接到抢险通知以大渡口区剑桥A区银桥路9号为服务基点，从接到甲方通知到应急抢险车辆到达事故现场时间，按照40公里以内不超过2小时，40~100公里不超过3小时的原则（发生不可抗力除外），组织抢险设备及人员到救援现场。

青岛地铁与某供应商签订了“液压防汛泵、大流量防汛泵车租赁服务合同书”，与青岛水务集团有限公司排水分公司签订了“地铁防汛应急救援合作协议”，应急项目均为应急排水；当发生运营水淹等突发情形时，青岛地铁运营公司负责联络，供应商公司及水务集团接报后1小时应携带抢险装备到达现场，装备为液压防汛泵或大流量防汛泵车。

五　思考与建议

城市轨道交通运营应急管理体系包含法律法规、组织架构与领导力、防灾减灾、应急准备、应急处置以及灾害恢复等内容，我国城市轨道交通普遍重视火灾及设施设备故障等导致的灾害事件，对暴雨、台风等极端天气灾害的应急管理相对薄弱，需要规划设计、工程建设和运营维护全过程进行系统性改善。

《河南郑州“7·20”特大暴雨灾害调查报告》指出：这次暴雨灾害集中暴露出郑州市预警发布能力、应急指挥能力、抢险救援能力、社会动员能力、科技支撑能力不足等诸多短板。这些问题一定程度上反映了我国应急管理工作系统治理不强，尚未建立起一整套系统化的制度和能力体系，基层基础尤为薄弱，还难以做到科学高效响应、分层分级处置、有力有序应对，应急管理体系和能力现代化建设任务仍然艰巨繁重。

（一）要持续完善应急管理体系和应急能力建设

从城市轨道交通运营应急管理体系来看，2019 年至今国家出台了相关法规和制度文件，初步构建了应急管理体系的顶层设计，但是地方政府和运营单位在落实方面仍存在不小差距。主要表现在应急准备工作不细致、不系统，主要依赖应急预案，对于风险分析、监测预警和应急响应等缺乏深入分析，尚未形成系统化的应急能力，遇突发事件时可能面临缺乏统一权威高效的预警发布机制、预警与响应联动机制不健全以及谁响应、如何响应不明确等问题。整体来看，行业管理部门、地方政府和运营单位应持续完善应急管理体系，通过多种手段增强应急能力。

（二）深入开展应急管理体系运行情况评估

《河南郑州“7·20”特大暴雨灾害调查报告》提出：要深入开展应急管理体制改革及运行情况评估，系统查找指挥机构设置、部门职责界定、专业人员和机构支撑、运行机制等方面与实现机构职能优化协同高效的差距，以坚持和加强党的全面领导为统领，建立健全统一权威高效的应急指挥机构，发挥好应急部门的综合优势和各相关部门的专业优势。从城市轨道交通运营应急体系来看，涉及应急、公安、交通等多个部门，在突发事件报告、应急指挥、综合协调、资源调度、人员救助等方面，需要系统调查和评估规章制度的完整性、有效性和可操作性，确保应急管理体系能够真正运行、切实发挥作用。

（三）建立运营企业应急能力评估制度

突发事件应急处置是一项复杂的系统工程，既涉及组织机构和领导力，又涉及应急预案等规章制度以及人员、物资等软硬件条件，确保这个复杂系统有效运转高度依赖过硬的应急能力。要以突发事件和应急预案为牵引，系统评估应急能力，检验相关制度是否可以有效执行，相关人员是否具备必需的能力，相关体系是否可以有效运转。预警信息能否及时发布，应急预案能否按规定启动响应，人员能否及时行动，信息报送和指挥体系的反馈是否正常。要逐步建立应急能力评估制度，确认应具备的人员、物资、预案等基本条件，在此基础上检验应急体系的有效性，确保关键时刻管用顶用。

监测预警与应急处置篇

Monitoring, Early Warning and Emergency Response Part

B.4
极端天气情形下城市轨道交通运营监测及预警

摘　要： 暴雨、暴雪、台风等气象灾害危及城市轨道交通运营安全，可能造成设施设备损毁与人员伤亡。本文通过调研国内城市轨道交通运营单位发现，自然灾害监测预警手段主要包括常规天气预报、专业气象预报、实时动态监视与专业设备监测四种方式，但在监测手段先进性、监测预警信息精准性、气象监测类专业服务及专业设备等方面仍存在短板。研究提出运营单位应当建立健全监测体系，根据自然灾害发生特点和分布规律，加大监测力度，提高预警精度，落实安全风险评估，健全风险防控措施。

关键词： 城市轨道交通　自然灾害　运营监测

一　自然灾害对城市轨道交通运营的影响

（一）暴雨天气对城市轨道交通运营的影响

依据中国气象网发布的信息，全国汛期主要集中在5~10月，而暴雨天气在不同地区集中发生时间略有不同，华南地区集中在4~6月，长江中下游地区集中在6~7月，北方地区集中在7~8月。根据中国气象局相关规定，24小时降水量为50毫米以上的强降雨称为"暴雨"，暴雨预警信号分四级，分别以蓝色、黄色、橙色、红色表示（见表1）。

表1　暴雨预警信号标准

序号	暴雨预警信号	预警标准
1	蓝色	12小时内降雨量将达50毫米以上,或者已达50毫米以上且降雨可能持续
2	黄色	6小时内降雨量将达50毫米以上,或者已达50毫米以上且降雨可能持续
3	橙色	3小时内降雨量将达50毫米以上,或者已达50毫米以上且降雨可能持续
4	红色	3小时内降雨量将达100毫米以上,或者已达100毫米以上且降雨可能持续

资料来源：中国气象局官方网站，http：//www. cma. gov. cn/。

暴雨天气对城市轨道交通运营的影响主要有以下几点。

1. 大量乘客滞留影响车站正常运作

暴雨天气会导致大量乘客长时间滞留车站，影响车站运作，如大量乘客在出入口、扶梯处滞留，可能发生群伤事件，需要车站组织人员疏导客流，当滞留乘客过多时，甚至需要列车在该站不停站通过。

2. 运营线路局部或全部中断

暴雨导致积水倒灌进入地下车站，可能造成人员伤害、设备损坏、车站关站、局部或全线停止运营。近几年，曾发生多起因暴雨导致车站关闭的案例，例如，2021 年 7 月 18 日北京地铁 6 号线金安桥站、2021 年 9 月 16 日重庆地铁 1 号线沙坪坝站等。

3. 设备受损或人员触电伤亡

排水不畅造成水淹道床、轨道，接触轨防护罩或电缆架损坏而影响接触轨送电。电气设备受潮，影响设备使用。如车站标识柱、路灯等电气设备漏电导致人员触电伤亡。

案例一　“7·20”郑州特大暴雨事件

根据国务院公布的《河南郑州“7·20”特大暴雨灾害调查报告》：2021 年 7 月 17 日至 23 日，河南省遭遇历史罕见特大暴雨，发生严重洪涝灾害，特别是 7 月 20 日郑州市遭受重大人员伤亡和财产损失。7 月 20 日，地铁 5 号线 04502 次列车行驶至海滩寺站至沙口路站上行区间时遭遇涝水灌入、失电迫停，经疏散救援，953 人安全撤出，14 人死亡。

这是一起典型的暴雨灾害影响地铁运营的事件，积水冲垮出入场线挡水墙进入正线区间，致郑州地铁 5 号线五龙口停车场及其周边区域发生严重积水，一列车在沙口路站至海滩寺站区间迫停，500 余名乘客被困。

资料来源：《河南郑州“7·20”特大暴雨灾害调查报告》。

（二）暴雪天气对城市轨道交通运营的影响

暴雪发生时段一般集中在 10 月至翌年 4 月，在黄河中下游及其附近地区，全年最大降雪量往往是在春季的“雨水”节气。根据中国气象局规定，暴雪是指在 24 小时内降雪量超过 10 毫米的雪，暴雪天气预警信号分四级，分别以蓝色、黄色、橙色、红色表示（见表 2）。

表 2　暴雪预警信号标准

序号	暴雪预警信号	预警标准
1	蓝色	12 小时内降雪量将达 4 毫米以上，或者已达 4 毫米以上且降雪持续，可能对交通或者农牧业有影响
2	黄色	12 小时内降雪量将达 6 毫米以上，或者已达 6 毫米以上且降雪持续，可能对交通或者农牧业有影响
3	橙色	6 小时内降雪量将达 10 毫米以上，或者已达 10 毫米以上且降雪持续，可能或者已经对交通或者农牧业有较大影响
4	红色	6 小时内降雪量将达 15 毫米以上，或者已达 15 毫米以上且降雪持续，可能或者已经对交通或者农牧业有较大影响

资料来源：中国气象局官方网站，http：//www.cma.gov.cn/。

暴雪天气对城市轨道交通运营的影响主要有以下几点。

1. 可能造成作业人员或乘客意外伤亡

暴雪天气时，车辆段、地面或高架线路等露天场所容易出现积雪结冰的情况，且气温较低，可能造成施工、维修、值班等户外作业人员滑倒摔伤或冻伤等意外伤害；乘客在露天的站台或者地面出入口等位置，也存在滑倒摔伤风险。因此，需做好防寒、防滑等措施。

2. 地面或高架线路露天设备受损

温差过大或温度过低可能造成部分设备受损，如地面或高架线路的道岔、接触网出现积雪结冰时会直接影响行车安全，需要做好铲雪除冰措施；气温下降造成排水管、空调机组水管等管道内水体结冰，造成管道破裂，影响设备安全，需要提前做好排水、防结冰等措施。

3. 桥梁或隧道结构变形引发灾害

桥梁或隧道结构因低温冷缩变形，隧道补强、结构堵漏处的补漏结构因温差变化产生空隙而脱落，轨道轨缝因低温冷缩导致空隙变大而超出标准范围，影响行车安全。

案例二　长沙市轨道交通遭遇持续低温雨雪天气

2018 年 1 月 25~31 日，长沙地区出现持续低温雨雪天气。根据信息收集和调研情况，此次低温雨雪天气对长沙市轨道交通主要造成的影响如下：在地铁方面，1 号线尚双塘车辆段至中信广场站和 2 号线黄兴车辆段至光达站等露天区段，接触网、轨道、道岔均受到寒潮影响，发生 3mm 至 8mm 的覆冰情况，道岔出现无法操作、失表等情况，严重影响正常运营。其中，1 月 27 日凌晨，长沙突降冻雨，2 时至 2 时 20 分仅 20 分钟时间，便造成接触网、钢轨覆冰达 8mm 厚，道岔冻住无法正常使用，列车取流困难，轨面光滑，导致 1 号线 2 列列车（含 1 列救援列车）在尚双塘车辆段至尚双塘站区段的高架段出车过程中无法运行，省政府站—尚双塘站区间采取公交接驳临时措施疏导客流。在磁浮方面，受长沙冻雨天气影响，为确保运营安全，磁浮公司于 2018 年 1 月 26 日通过官方媒体发布相关信息，采取临时停运的计划性防范措施。1 月 31 日，经采取除雪、除冰等应急保障措施后恢复运营。

资料来源：根据 2022 年中国城市轨道交通协会运营管理专业委员会调研资料整理。

（三）台风天气对城市轨道交通运营的影响

我国把南海与西北太平洋的热带气旋按其底层中心附近最大平均用力（风速）大小划分为 6 个等级，其中，风力达 12 级或以上的，统称为台风。每年生成约 26 个台风，台风天气集中在 6~10 月，其中 8 月最多。国家级台风预警信号分四级，分别以蓝色、黄色、橙色、红色表示（见表 3）。

表 3　台风预警信号标准

序号	台风预警信号	预警标准
1	蓝色	24 小时内可能或者已经受热带气旋影响,沿海或者陆地平均风力达 6 级以上,或者阵风 8 级以上并可能持续
2	黄色	24 小时内可能或者已经受热带气旋影响,沿海或者陆地平均风力达 8 级以上,或者阵风 10 级以上并可能持续
3	橙色	12 小时内可能或者已经受热带气旋影响,沿海或者陆地平均风力达 10 级以上,或者阵风 12 级以上并可能持续
4	红色	6 小时内可能或者已经受热带气旋影响,沿海或者陆地平均风力达 12 级以上,或者阵风达 14 级以上并可能持续

资料来源：中国气象局官方网站，http：//www. cma. gov. cn/。

广东省气象局在国家级台风预警信号之外增加白色预警作为戒备信号，表示 48 小时内当地可能受热带气旋影响。

台风天气对城市轨道交通运营的影响主要有以下几点。

1. 影响列车运行安全

地铁列车被强风吹袭危及行车安全，导致脱轨、倾覆等事故，并可能造成人员伤亡；或因雨水影响轮轨关系，导致列车空转滑行。地面或高架线路，需要列车限速运行或线路停运。

2. 异物被台风吹入限界导致侵限

地面或高架线路旁的建筑物、树木等被强风吹袭倒塌或其他外部物品，侵入轨行区限界，影响行车安全。例如，2016 年 7 月 7 日受台风“尼伯特”影响，一块彩钢板被吹到上海地铁 11 号线上海汽车城站往安亭站的区间，影响行车安全。

3. 影响户外作业或造成抢险人员伤亡

户外作业人员未及时撤离，或户外抢险人员进行抢险时遭受台风吹袭，造成人员被吹倒、摔伤、刮走等风险。

4. 设备设施因台风破坏无法正常工作

地面或高架线路旁的声屏障、AP 天线、地铁电视，车辆段内的板房、停车库顶棚、脚手架、起重吊装设备等存在被台风吹倒、掀起的风险，停靠在开放式停车库的列车可能被大风刮起的杂物破坏。需要提前做好强化固定措施，确保设备设施状态牢固。

案例三　台风“山竹”对广州地铁的影响

2018 年 9 月 7 日第 22 号台风“山竹”生成，9 月 15 日在菲律宾北部登陆后继续向广东沿海靠近，广东省防总决定将防风二级应急响应提升至一级。广州地铁集团启动防台风一级响应，成立指挥部。9 月 16 日 9 时许，4 号线新造—广隆高架段停运；12 时许，5 号线高架段滘口—坦尾、6 号线高架段浔峰岗—坦尾、14 号线知识城线高架站新和站停运；12 时 30 分 1 号线西朗—花地湾停运。台风于 16 日 17 时在江门台山海宴镇登陆，登陆时中心附近最大风力 14 级，中心最低气压 955 百帕，广州港区最大阵风达 14 ~ 15 级。台风造成广州地铁高架及地面站点从 16 日 9 时许陆续停运至运营结束，17 日运营首班车起，上述所有停运线路（区段）均恢复正常运营。

二　自然灾害情形下城市轨道交通运营监测及预警

随着全球气候不断变化，气象灾害日益多发，台风、暴雨、暴雪等极端天气对地铁安全运行构成威胁，运营单位针对自然灾害采取了多种监测手段，并做好相应的预警措施。

（一）监测手段

1. 主要监测手段分类

目前各城市轨道交通对于天气情况监测的手段分为外部、内部两种形式共 4 种类型，外部包括常规天气预报服务和气象专项预报服务两类，内部包括实时动态监视和专业设备监测两类。

（1）常规天气预报服务

常规天气预报服务包括气象网站（见图 1），通过查看网站可监测 24 小时预报、预警信号、卫星云图、台风路径等信息；气象软件（见图 2），主要包括墨迹天气、彩云天气或政府部门牵头开发的手机 App 等软件，通过手机端可监测预警信号、台风路径等天气信息；气象台或三防官方微信号（见图 3），通过微信端实时接收天气预警信息或启动响应的公告通知。

图 1　广州气象网站

（2）气象专项预报

包括与气象部门或机构合作，针对地铁提供气象专项预报（见图 4），例如，提供各站点未来 3 小时天气预报功能；气象短信业务，向相关站点管理人员发送本区域的专业天气信息，供管理人员做好防御决策。这一类监测手段可根据地铁运营单位的需求定制专项气象服务，为运营单位提供精准化气象信息。

（3）实时动态监视

主要通过在关键口部安装视频监控，由值班人员值守监控，现场设置警戒线由现场人员巡视或驻守。如在车站出入口、车辆段或正线洞口等安装视频监控，由值班人员实时查看各口部的积水情况；在出入口设置水位警戒线（见图 5），作为摆放挡水板及关闭出入口的依

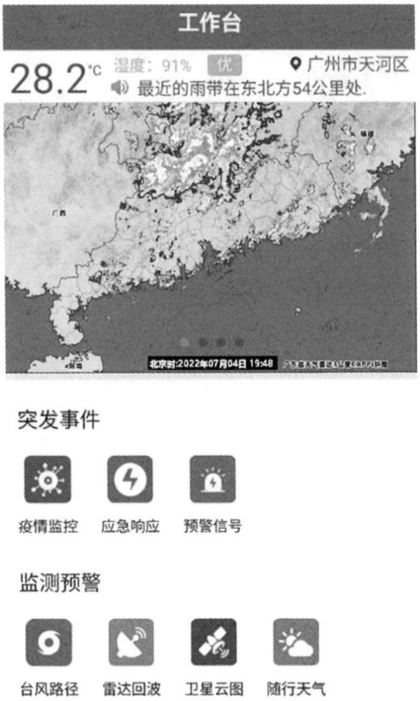

图 2　广东应急一键通

图 3　广州三防官方微信号

据，在暴雨预警生效的情况下，组织现场人员加密巡视或驻守，监控积水是否达到警戒线。

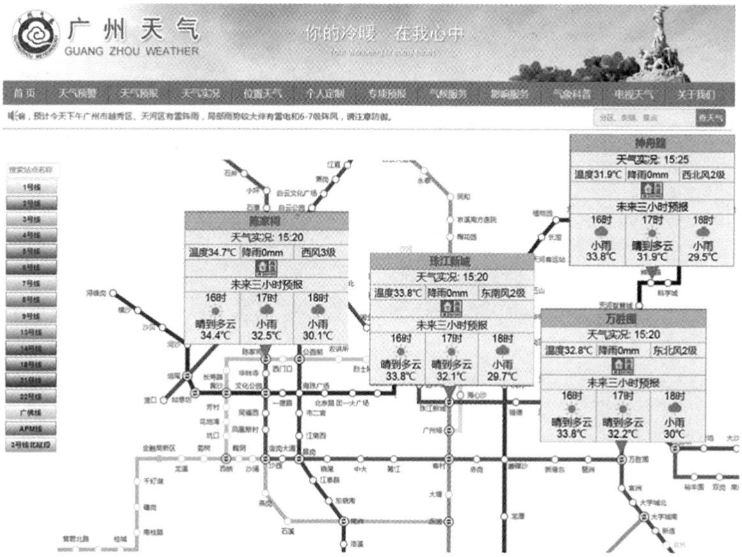

图 4　广州市气象局针对广州地铁提供的专项预报

图 5　车站出入口水位警戒线

（4）专业设备监测

主要指在车站、区间、车辆段等区域设置测风仪、雨量计及水位计（见图 6）等专业设备。雨量计可实时监测现场降雨情况，协助现场人员监测雨量变化；水位计可监测现场积水情况，当到达警戒值时，该装置将报警信息直接传达至车控室、控制中心等，有利于现场人员及时接收异常信息并第一时间组织人员处置，大幅提高抢险效率。

图 6　翻斗式雨量计及水位计

2. 监测手段应用情况

据不完全统计，根据各地实际情况，行业内对暴雨、降雪、台风等气象灾害监测手段的应用有所差异，具体情况如表 4 所示。

（1）暴雨天气监测

各地铁运营单位以天气预报服务类监测手段为主、以气象专项预报类监测手段为辅，动态监视以及专业设备监测的应用尚未普及，对暴雨天气监测的精准性和可靠性仍有待提升。

（2）降雪天气监测

与暴雨监测相似，天气预报服务类仍为业内主要监测手段，受降雪天气影响较大的城市轨道交通运营单位，还会采用气象专项预报及动态监视等手段，但采用专业设备监测手段的较少。目前，具备专业设备监测的主要有北京、天津、南京、无锡、重庆、南昌、合肥等城市轨道交通运营企业。

（3）台风天气监测

受台风天气影响的主要是沿海城市的轨道交通运营单位，以广州地铁为例，基本采用了各类台风监测手段，包括公共服务的天气预报、与气象部门建立专项合作、在车站/区间/车辆段等设置警戒线、人工巡视及驻守、增设雨量计和水位计等设备。宁波、南京、南昌等城市轨道交通运营企业也非常重视，通过多种手段加强对台风天气的监测。

表 4　行业内各类监测手段应用情况

序号	暴雨监测手段		暴雨监测应用情况	降雪监测应用情况	台风监测应用情况
1	常规天气预报	气象网站（公共服务）、气象软件	广泛应用	广泛应用	广泛应用
2		微信公众号	较常应用	较常应用	较常应用
3	气象专项预报	气象短信业务	较常应用	较少应用	较常应用
4		与气象部门或机构合作项目	较少应用	较少应用	较少应用
5	实时动态监视	视频监控系统	较常应用	较常应用	较常应用
6		车站、区间、车辆段等区域设置警戒线	较常应用	较少应用	较常应用
7		人工巡视、驻守进行收集	广泛应用	较常应用	较常应用
8	专业设备监测	车站、区间、车辆段等区域设置雨量计、水位计等专业设备	较少应用	较少应用	较少应用

资料来源：根据 2022 年中国城市轨道交通协会运营管理专业委员会调研结果整理。

目前，针对台风天气，行业内部分单位已具备专业监测手段，以广州、南昌、南京、上海、苏州、深圳等城市轨道交通运营单位为例，监测手段覆盖的线路情况及具体措施详见表 5。

表 5　台风灾害专业监测手段的应用情况

单位：条，公里

序号	城市	覆盖线路	覆盖线路里程	具体监测手段
1	广州	6	121	由气象局为高架区段提供专业的气象服务
2	南昌	1	22.85	在沿线车站出入口、风井以及场段设置测风仪
3	南京	11	427	在部分防台重点地段附近加装风速风向站,实时接收风速风向数据
4	上海	20	831	运用上海城市轨道交通气象辅助决策系统,实现实时监测、风险预警等功能
5	苏州	5	210	在地铁沿线重点车站布置自动气象站,实时监测风力、天气状况等
6	深圳	15	544.93	实时接收深圳市气象局发布的台风、暴雨、大风、冰雹、地质灾害、能见度、雷电、风暴潮、海啸、高温、寒冻等预警信息,为车站、车辆段、停车场、主变电所、区间风井与地面线路提供精准气象服务

资料来源：根据 2022 年中国城市轨道交通协会运营管理专业委员会调研结果整理。

根据以上数据分析，目前，行业内对暴雨、降雪、台风的监测手段包括普遍使用气象网站、使用气象软件以及现场人员巡视、驻守或通过视频监控实时查看等，气象专项预报及专业设备监测的应用尚属少数。

3. 典型案例分析

天气预报是气象部门提供的公共服务，城市轨道交通行业的防灾、避灾需要指导性更强的预报信息，为此，行业内部分单位已运用信息化手段完善监测手段，典型监测手段使用情况如下。

（1）上海轨道交通气象辅助决策系统

2020 年上海城市轨道交通与上海市气象服务中心共同研发完成了上海城市轨道交通气象辅助决策系统（见图 7），2021 年正式投

图 7　上海城市轨道交通气象辅助决策系统

用。该系统利用上海市基础地理数据、前期试点安装的自动气象站及上海市气象局既有的气象站监测资料，实现了对气象灾害的实时监测、风险预警等多项数字化功能。该系统分为六大板块，分别为地图显示、风险预警、气象实况预报、影响区域分析、预警信息和极端天气统计。在抵御 2021 年第 6 号台风“烟花”、第 14 号台风“灿都”过程中，通过系统提前预警，增加了应急准备时间，使预警响应整体前移，也为极端天气下城市轨道交通线网运营指挥提供了更准确的决策依据。该系统还将继续探索应用场景，以大数据、云计算等科技手段为基础，探索智能化、数字化与防灾、减灾相结合，推动城市轨道交通气象风险管控能力和水平提升。

（2）沈阳地铁气象灾害预警平台

2021 年，沈阳地铁在车站、场段设置气象灾害预警平台，用云计算、大数据、图像识别等技术，自主研发气象灾害预警系统，主要包括移动端天气图、预警线路图、降水及车站险情实时预警等功能，实现对线网全部车站、场段、主变电所 1 公里范围内的精准降水预警。

（3）苏州地铁自动气象站

2020年，苏州地铁在地铁沿线重点车站及车辆段布置自动气象站（见图8），用于实时监测风力、温湿度、雨雪量等天气状况，通过苏州市气象局实现数据报送及报警，提醒车站人员加强巡视或提前做好应对措施。目前，苏州地铁正积极与苏州市气象局协商优化自动气象站分布。

图8　苏州地铁自动气象站

（4）广州地铁雨量计及气象信息显示终端

自2021年起，针对暴雨天气，广州地铁在线网各车站加装雨量计，用于实时监测降雨情况，实时接收雨量数据，实现数据报送及报警，当达到预警值时报警，提醒车站人员加强巡视或提前做好应对措施，雨量数据也可用于数据分析，为应急决策和现场处置提供数据支持。气象局开发了广州地铁气象信息显示终端，该系统利用广东省气象台既有分布在4号线高架段周围14个自动气象观测站、5号线高架段周围4个自动气象观测站、14号线高架段周围10个自动气象观测站、21号线高架段周围6个自动气象观测站的实时气象信息采集点，为广州地铁高架线路提供专业的气象服务，满足高架线路的特殊天气预警需求，使广州地铁能有效应对暴雨、台风天气。

（5）深圳地铁精准气象服务系统

深圳地铁利用精准气象服务系统实时接收深圳市气象局发布的台风、暴雨、雷雨大风、冰雹、地质灾害、能见度、雷电、风暴潮、海啸、高温、寒冻等气象预警信息。利用插值算法、风险评估和气象预报预警技术等进行精准气象预报和风险预警。基于一张图的思路，叠加显示地铁线路、实况监测、天气预报、灾害预警和灾害防御等多源信息图层，同时结合各地铁线路及其站点的告警阈值，实现系统自动针对台风、风暴潮等专项预警，为地铁运营指挥中心提供有效的气象灾害辅助决策依据，提升气象灾害应急管控能力。

以上 5 个典型案例表明，行业内相关单位已开始研究与利用新设备、新技术开展气象灾害监测，通过技防、人防相结合，提高本单位监测水平，有效应对各类天气灾害。

（二）预警手段

1. 主要预警手段分类

城市轨道交通应对暴雨、降雪、台风天气的预警手段主要有以下 4 类。

①网站或社交媒体信息（公众信息），指天气网站、微信、微博等面向公众推送的预警信息。

②气象专业设备、系统预警信息，指通过使用专业设备、系统实时监测天气情况，当达到预警情况时及时推送信息到现场人员，如广州地铁的突发事件预警信息广播系统，由气象局根据气象变化推送预警信息，并通过声光报警提示。

③气象部门或机构报道信息，指气象部门或各市、区级三防部门向地铁提供预警信息，包括手机短信、微信和钉钉等群信息，如广州地铁与气象部门合作，实现地铁车站联防联控现场负责人接收工作区

图 9　广州市突发事件预警信息广播系统

域的气象预警信息。

④企业内部信息上传下达，指的是线路控制中心或线网指挥中心等运营指挥部门在收到预警信息后，通过企信通、微信、钉钉或内部通信系统等向企业内部各层级发布预警信息或传达指令。

据不完全统计，行业内针对暴雨、降雪、台风天气预警手段的应用情况详见表 6。

表 6　行业内各类预警应用情况

序号	预警手段	暴雨预警	降雪预警	台风预警
1	网站或社交媒体信息（公众信息）	广泛应用	较常应用	较常应用
2	气象专业设备系统预警信息	较少应用	较少应用	较少应用
3	气象部门或机构报道信息	广泛应用	较常应用	广泛应用
4	企业内部信息上传下达	广泛应用	广泛应用	广泛应用

资料来源：根据 2022 年中国城市轨道交通协会运营管理专业委员会调研结果整理。

2. 预警分级设置情况

（1）暴雨、暴雪灾害预警分级

多家单位针对暴雨、降雪天气预警设置了一至四级预警，一级最高，四级最低。多数单位的预警是以政府部门启动的响应、气象台发布的预警信号或降雨量作为启动条件，如苏州、上海、广州、天津等城市轨道交通运营单位。部分单位除以上启动条件外，会增加地铁线路受天气影响的范围作为启动条件，如徐州、南通、南宁、无锡等城市轨道交通运营单位。

（2）台风灾害预警分级

受台风影响的地铁运营单位，均根据政府部门的启动响应情况，结合本单位实际情况制定了一至四级响应，一级响应最高。相关单位均以气象台发布的台风预警信号作为启动响应的依据，分别是蓝色预警对应四级响应，黄色预警对应三级响应，橙色预警对应二级响应，红色预警对应一级响应。

部分单位除以气象台发布的预警作为启动条件外，会增加多个启动条件，包括政府部门启动响应、线路受台风的实际影响、公司决定启动、线网指挥中心决定启动等。只要符合其中的一个条件地铁运营单位即启动响应。如徐州地铁以台风影响中断的时间及人员伤亡情况作为启动条件；苏州地铁以苏州市城市轨道交通运营突发事件应急指挥中心发布的预警或三防部门启动响应作为启动条件；南昌地铁、广州地铁均以市启动响应、公司决定启动、线网指挥中心决定启动作为启动条件。四个级别响应启动条件如表 7 所示。

表 7　台风灾害预警级别启动条件

序号	预警级别等级	启动条件
1	一级响应	气象台发布台风红色预警、政府部门启动一级响应、地铁内部三防部门决策启动一级响应、运营线路实际受影响情况
2	二级响应	气象台发布台风橙色预警、政府部门启动二级响应、地铁内部三防部门决策启动二级响应、运营线路实际受影响情况

续表

序号	预警级别等级	启动条件
3	三级响应	气象台发布台风黄色预警、政府部门启动三级响应、地铁内部三防部门决策启动三级响应、运营线路实际受影响情况
4	四级响应	气象台发布台风蓝色预警、政府部门启动四级响应、地铁内部三防部门决策启动四级响应、运营线路实际受影响情况

资料来源：根据2022年中国城市轨道交通协会运营管理专业委员会调研结果整理。

（三）对监测、预警的响应及分析

1. 监测、预警的响应

响应程序一般由指挥中心接收信息并内部发布，组织各单位根据预警级别做好人员、物资统筹及相关应急防御。当接收到天气预警信息后，区域指挥中心或线网指挥中心会及时通过企信通、微信、钉钉或内部开发的指令系统向运营各单位发布预警响应，包括预警时间、区域，要求各单位做好值守、巡视及集结，准备防御措施和物资等。同时，区域指挥中心或线网指挥中心将不间断监测天气动态，根据天气变化情况，及时调整预警响应的级别。

各单位根据预警响应级别，做好人员值守、巡视、集结等工作，并及时汇报现场情况。现场人员摆放好三防物资，包括沙包、防洪挡板、防洪薄膜等；三防专业队伍按时集结，合理调配动力站、大型水泵、发电机等应急物资；管理人员分片包干，到达现场靠前指挥，严格执行保障制度，全面落实领导带班值守。

2. 存在的不足及提升方向

总体来看，自然灾害的监测、预警手段及应急响应，主要存在三方面的不足。一是监测手段的先进性不足。部分单位主要依靠人工监控、现场巡视驻守等方式，再由现场将情况向上报告。此种方式主观性较大、时效性较弱，同时需要耗费大量人力物力，达不到高效、快捷、精准监测的目的。二是监测预警信息精准性不足。当前，运营单位主要依赖气象部门公共数据，针对轨道行业的气象数据分析不足，对城市轨道交通行业三防工作的指导作用不强，难以保障应急决策。三是气象监测类专业服务及专业设备不足，专业气象监测点的设置不够密集，专业服务未能广泛普及，难以有效应对各类天气灾害。

针对以上问题，可以通过以下三种方式提升。一是与气象部门等相关机构加强合作。如广州地铁与本地气象局合作，试点安装积水内涝实时监测及预测预警系统，实现积水内涝实时监控（1 小时实况雨量）、风险预测及预警功能；获取高架线路周边 34 个气象监测点气象服务信息，实现高架段突发性天气预报、台风天气预报、短时及短期天气情况预报等功能。二是落实暴雨预警的区域精准度。如成都地铁为实现网格化降雨监测，全面提升降水预报的精细化水平，运营公司依靠网格化降水监测数据，从而实现“精准预报、精准预警、精准调度、精准处置”的目标。三是增设新设备，建立并优化新平台。如上海申通地铁通过上海城市轨道交通气象监测系统研究，提高气象站点布局的密度和科学性，进一步提升城市轨道交通气象监测系统的精准度；宁波地铁依托防台防汛应急指挥平台，借助数字孪生技术，有效整合各类系统，对接外部的风情、雨情、水位等实时信息，对接各方应急资源数据，结合地铁站点标高数据，形成相应的防汛预警体系，切实提高城市轨道交通防灾减灾能力；广州地铁在车站、区间加装水位监测设备，在车站加装雨量计，研究雨量与积水的关系，细化内部工作流程，提高人员、物资的调配效率。

3. 监测、预警新技术应用情况

目前，行业内正在尝试运用新技术手段开展气象灾害监测预警，包括与气象局深度合作，安装专业监控设备，建立针对城市轨道交通行业的气象系统。具有代表性的如上海申通地铁、西安地铁等。

（1）建立气象灾害监测预警辅助决策系统

继续探索应用场景，以大数据、云计算等科技手段为基础，探索智能化、数字化与防灾、减灾相结合，推动城市轨道交通气象风险管控能力提升。上海使用轨道交通气象辅助决策系统，利用基础地理数据、前期试点安装的自动气象站及上海市气象局既有的气象站监测资料，实现了对气象灾害的实时监测、风险预警等多项数字化功能。

（2）与当地气象部门合作建立气象服务系统平台

西安地铁建设具有“预警信息”“累计降水”“气温实况”“风向风速”等功能模块的服务系统，实现线网重点车站（含部分防汛重点站、高架车站及换乘站）气象精准服务，气温、风速、降水实况监测及未来 3 小时预报，同时可实现 1~24 小时累计降水数据统计功能，对运营隐患研判提供有效依据。可实时观察重点车站气温、降水、风速的动态变化，为应对恶劣天气下运营安全提供保障。

（3）与气象信息公司合作建设信息平台

对车站周边 2 公里范围天气情况进行预报，或按区域推送气象预警信息，实现区域灾害天气精准预警，提前做好人员、物资部署；安装水位视频监控，实时监测水位线和现场积水情况，提醒工作人员加强巡视，实现预警信息实时监控提醒，确保做好应对准备。

三　思考与建议

城市轨道交通运营受城市地理位置、站点建设布局、线网建设规模等因素影响，各类极端天气均可能对运营造成破坏，建立健全应对极端天气的监测和预警体系尤为重要。

（一）完善监测手段，实现监测数据精细化

随着线网的不断发展，出现多条线路跨越多个行政区，甚至跨越两市的情况，线路分布广、站场数量多，实现精准监测的难度大。地下、临近江河沿海的车站可能面临暴雨或台风天气产生的积水内涝、倒灌等影响，导致关站、线路中断运营等。地面、高架车站受台风天气影响较大，需根据风力变化，降低列车运行速度或停止服务，同时要关注周边树木、声屏障等风险点，避免因大风吹倒树木侵入限界，影响运营安全。使用气象专项预报及专业设备对极端天气进行监测是保障运营安全的重要措施，还应结合实际情况采用各类自动化监测手段提高气象灾害监测的精细化程度。

（二）通过多种预警信息实现应急响应高效化

城市轨道交通运营单位往往依靠气象部门发布的预警信息作为应急响应的依据，在预计可能发生气象灾害时，气象部门会提前发布相关预警信息，运营单位在接到相关预警信息后，使用企信通、微信、钉钉或内部开发的通信软件发布预警信息。目前，应急响应仍然以气象部门预警信息为主，应不断强化专业服务信息或监测设备预警信息作为补充，全面统筹各类预警信息，实现高效的应急响应。

（三）强化主动防御措施应对极端天气

城市轨道交通运营单位采用气象部门的常规气象信息服务不需要支付费用，但受制于城市行政区划、地理位置、气象设备布局等客观因素影响，气象信息不可能精准到城市轨道交通每一个站点；采用专业气象服务则需要投入一定费用，加装专业监测设备也需要一定的费用投入。在现有监测预警条件下，运营单位应不断强化主动防御措施应对极端天气，对车站出入口、U 形槽、风亭、线路洞

口等重点部位进行加高或围挡；在车站出入口安装防洪挡水板，或使用新型防洪设备，如使用水动力自动挡板；采购大功率水泵、动力站、橡皮艇等抢险工具；同时做好隐患排查及风险防控，与社区、街道和合建单位建立应急联动机制，开展联合演练等，从而增强主动防御能力。

B.5

极端天气情形下城市轨道交通运营应急决策与处置

摘　要： 极端气象灾害频发，威胁城市轨道交通运营安全，加强应对气象灾害是城市轨道运营安全的一项重要课题。本文调研了国内部分城市轨道交通运营企业气象灾害的应对模式，分析了应急决策程序与处置机制，尤其是2021年郑州地铁“7·20”暴雨灾害事件后相关城市轨道交通运营企业规章的调整情况。最后，围绕规划设计、协同联动和现场应对提出了应对极端气象灾害的思考，为城市轨道交通运营行业研究和企业生产提供参考。

关键词： 城市轨道交通　气象灾害　应急决策　应急处置

城市轨道交通运营会遇到台风、暴雨、洪涝等多种气象灾害，处置不当可能导致严重后果。《河南郑州“7·20”特大暴雨灾害调查报告》指出，郑州地铁“7·20”暴雨灾害事件是一起由极端暴雨引发严重城市内涝，涝水冲毁五龙口停车场挡水围墙灌入地铁隧道，造成重大人员伤亡的责任事件。事件发生后，城市轨道交通运营企业立即结合自身运营情况开展自查整改，加强预案内容审核和预案衔接把关，增强预案体系整体性、协调性、实效性，全面优化、完善本企业的短板，建立健全极端天气和重大风险研判机制，量化预警和应急响应启动指标，规范预报预警信息发布。本文对“7·20”事件发生后城市轨道交通运营应急决策和处置机制进行了调查，重点分析了城市轨道交通运营企业设置水位警戒线和关站水位线情况，以及关闭车站、线路停运等相关应急决策机制情况。

一 气象灾害应急机制优化完善情况

（一）应急规章制度补充完善情况

城市轨道交通运营企业在贯彻落实国家及本地相关规章政策的基础上，补充完善了相关气象灾害专项预案与现场处置方案。以深圳地铁为例，深圳地铁运营集团有限公司贯彻落实国家及省市相关要求，并根据市轨道办 2021 年 9 月印发的《深圳市地铁运营线路极端天气应急安全工作指引（试行）》通知与上级要求，结合原有规章制度，补充修订了《气象灾害专项预案》《恶劣天气车站应急处置疏散及关站指引》《线路积水（区间水淹）现场处置方案》《车站水灾（水淹）突发事件现场处置岗位指引》《恶劣天气及区间水淹疏散应急指引卡》等相关制度，并于 2021 年 8 月至 2022 年 1 月陆续发布实施，补充修订内容具体见表 1。

表 1　深圳地铁运营集团有限公司规章制度补充修订情况

序号	规章制度名称	修订内容（要点）
1	《气象灾害专项预案》	极端天气下，关闭车站出入口、关闭车站、列车限速、区段停运、线路停运、线网停运等应急处置指引。涵盖启动条件、决策机制、信息发布及通报、停运相关工作指引等规定
2	《恶劣天气车站应急处置疏散及关站指引》	水位警戒线、水位关站线的现场设置原则。涵盖积水到达相应处置线时的处置指引以及关闭车站出入口、关闭车站的启动时机与决策机制等规定

续表

序号	规章制度名称	修订内容(要点)
3	《线路积水(区间水淹)现场处置方案》	运营线路区间积水漫过轨面且水位持续快速上涨,列车迫停区间无法动车,即将危及乘客生命安全的情形。涵盖区间疏散启动及处置程序、疏散方向选择、现场疏散条件、疏散注意事项等相关处置方案
4	《车站水灾(水淹)突发事件现场处置岗位指引》	根据《气象灾害专项预案》《恶劣天气车站应急处置疏散及关站指引》等相关要求,针对车站各相关岗位人员制定的细化指引。涵盖事发站与换乘站值班站长、行车值班员、客运值班员、站务员、售票员、保安保洁、安检人员、维保人员、连通物业店铺人员等岗位处置指引
5	《恶劣天气及区间水淹疏散应急指引卡》	根据《气象灾害专项预案》《恶劣天气车站应急处置疏散及关站指引》《线路积水(区间水淹)现场处置方案》等相关要求,针对极端天气下,关闭车站出入口、关闭车站、列车限速、区段停运、线路停运、线网停运应急指引卡。涵盖研判条件、启动时机、相关涉及单位等规定

资料来源：根据深圳地铁运营集团有限公司相关气象灾害应对规章制度整理。

（二）应急决策机制优化情况

城市轨道交通运营企业在修订完善规章制度时，针对气象灾害导致需关闭车站出入口、关闭车站、区段停运、线路停运、线网停运等应急处置措施，结合企业原有规章制度，重点调整或新增应急决策机构（岗位）与启动条件，简化汇报审批环节，充分授权一线岗位，综合判断及果断决策执行车站现场、区段、线路、线网等关闭停运处置措施。

在优化修订前，相关城市轨道交通运营企业决策程序通常需逐级报告审批，流程烦琐、耗时较长，可能导致无法根据现场灾情发展及时应对；优化修订后，决策程序主要量化了预警和应急响应启动指标，简化了沟通审批环节，提升了应对极端气象灾害的综合判断及果断决策能力。例如，车站现场人员根据积水情况，按照应急预案启动条件，即可判断并决策执行关闭出入口、关闭车站等应急处置程序；企业调度指挥机构或企业应急指挥机构根据现场汇报情况，按照应急预案启动条件，即可判断并决策执行区段停运、线路停运、线网停运等应急处置程序。

以徐州、西安、深圳、苏州、成都等城市轨道交通运营企业为例，关闭车站出入口、关闭车站、区段停运、线路停运、线网停运等应急处置措施决策项目，其应急决策机制的优化情况见表2。

表2　城市轨道交通运营企业应急决策机制优化情况

应急处置措施决策项目	城市轨道交通运营企业(代表)	优化前	优化后	主要变化
		决策机制与决策机构	决策机制与决策机构（岗位）	
关闭车站出入口	徐州地铁	启动时机：车站发现车站出入口受较大影响 处置措施：车站向企业调度指挥机构申请关闭受影响较大的出入口，同时通知做好出站乘客引导 决策机构：企业调度指挥机构	启动时机：车站发现车站出入口受较大影响 处置措施：车站当班值班站长视现场情况关闭受影响较大的出入口，并安排张贴告示，同时报企业调度指挥机构 决策机构（岗位）：车站当班值班站长	决策权限变更。由原先需沟通审批流程变为由车站当班值班站长根据现场实际情况判断，并快速决策执行
关闭车站	西安地铁	启动时机：车站发现站外积水可能造成车站水淹或发生积水倒灌等紧急情形时 处置措施：车站逐级汇报企业调度指挥机构、线网指挥中心申请关闭车站，经线网指挥中心批准后，逐级下达关站指令 决策机构：线网指挥中心	启动时机：当车站不能满足2个出入口运作条件或车站有雨水倒灌情形时 处置措施：车站当班值班站长立即执行关站程序，并上报信息 决策机构（岗位）：车站当班值班站长	决策权限变更。由原先需沟通审批流程变由车站当班值班站长根据相应启动条件，快速决策执行关闭车站

续表

应急处置措施决策项目	城市轨道交通运营企业(代表)	优化前	优化后	主要变化
		决策机制与决策机构	决策机制与决策机构(岗位)	
区段停运	深圳地铁	启动时机:当发生区间积水、地面线路风速影响等情形时 处置措施:现场逐级汇报企业调度指挥机构、企业三防应急指挥部申请区段停运,经企业三防应急指挥部批准后,下达企业调度指挥机构组织实施,停运后报市轨道交通管理部门 决策机构:企业三防应急指挥部	启动时机:当发生高架段风速达到停运级别及瞭望不足10米、积水超过轨面、道路积水进入轨行区、相邻线路区间水淹、沿海区段海水接近海堤最高警戒水位线、设备设施损坏影响区段安全运营等情形之一时 处置措施:企业调度指挥机构当班值班主任立即组织实施区段停运 决策机构(岗位):企业调度指挥机构当班值班主任	决策权限变更。由原先需沟通审批流程变由企业调度指挥机构当班值班主任根据相应启动条件,快速决策执行区间停运
线路停运	苏州地铁	未具体制定相应决策机制	启动时机:当线路出现暴雨导致3个及以上不相邻的车站关站、存在外部大量积水涌入正线高危风险且该线路其他车站水位持续上涨、存在企业调度指挥机构相关系统失能、供电系统或信号系统大面积瘫痪高危风险且无法控制、其他有必要情况等情形之一时 处置措施:经企业分公司应急领导小组批准后,下达企业调度指挥机构组织实施线路停运 决策机构(岗位):企业分公司应急领导小组	增加决策机制。企业分公司应急领导小组根据相应启动条件,决策下达指令企业调度指挥机构组织实施线路停运

续表

应急处置措施决策项目	城市轨道交通运营企业(代表)	优化前	优化后	主要变化
		决策机制与决策机构	决策机制与决策机构（岗位）	
线网停运	成都地铁	未具体制定相应决策机制	启动时机：当线网至少5条线路因为水淹导致停运时 处置措施：企业调度指挥机构当班值班总调组织实施线网停运 决策机构（岗位）：企业调度指挥机构当班值班总调	增加决策机制。企业调度指挥机构当班值班总调根据相应启动条件，快速决策执行线网停运

资料来源：根据中国城市轨道交通协会运营管理专业委员会调研资料整理。

二　应急机制建立情况

应急机制是指企业应对各类突发事件的先期预防及事发后的应急处置措施。相关城市轨道交通运营企业为应对各类突发事件，普遍建立了应急响应、应急资源配备、应急联动、应急管理专家库等机制。

（一）应急响应机制

1. 应急组织架构

发生突发事故事件时，城市轨道交通运营企业普遍遵循“以人为本、科学决策”“先期处置、分级响应”“统一指挥、分工协作”的原则进行响应，主要包含以下措施：成立应急领导小组，统一领导及协调突发事故事件总体处置；在事故事件现场安全区域设立现场应急指挥机构，组织各专（兼）职应急队伍采取有效处置措施，防止事故事件蔓延扩大、组织救援力量控制危险源、抢救遇险人员、综合协调现场救援等；负有应急职责的职能单位，根据职责分工成立相应工作小组，综合协调现场应急处置并提供资源保障服务工作。这些措施通常在企业的《应急处置综合预案》中进行规定。

以深圳地铁为例，根据《深铁运营突发事件应急处置综合预案》，在应对突发事故事件时，深圳地铁运营集团有限公司成立应急领导小组、现场指挥部（设现场指挥官），全面研究、决定、布置突发事故事件应对工作；调度指挥中心结合实际情形及相关应急预案，综合研判并向各单位下达应急指令；负有应急响应职责的客运公司抢险队、车辆中心抢险队、维修中心抢险队、通号中心抢险队以及协同作战的企业消防队组成应急抢险组，到达现场后立即向现场指挥官报告，并在现场指挥官指挥下配合完成抢险方案制定、危险源控制、遇险人员救助、设备设施故障修复等应急抢险工作；负有应急职责的职能单位组建综合协调组、行车保障组、客服保障组、资源保障组、新闻信息组、后勤保障组、技术专家组等，到达现场后立即向现场指挥官报告，在现场指挥官指挥下配合完成综合协调现场应急抢险。深圳地铁应急组织架构具体如图1所示。

2. 应急响应指令发布

城市轨道交通运营企业管辖区域内发生突发事故事件时，通常由事发现场工作人员将信息上报至企业调度指挥机构，再由企业调度指挥机构按照应急预案要求，下发相应的应急指令。在突发应急事故事件处置过程中，企业应急指挥机构，如线网指挥中心、运营总值班室、防汛应急指挥部、现场指挥部等决策机构，根据事故事件类型及事态发展情况，向应急抢险队和救援人员发布应急指令。

企业应急响应指令普遍以电话（含手机、固定电话、直通电话、无线调度台、无线便携台等）、信息（含短信平台、企业内外部通信软件等）、传真等通信方式及现场指挥部和现场指挥官发布。以深圳地铁为例，应急响应指令发布方式有七类，其中由调度指挥中心下达

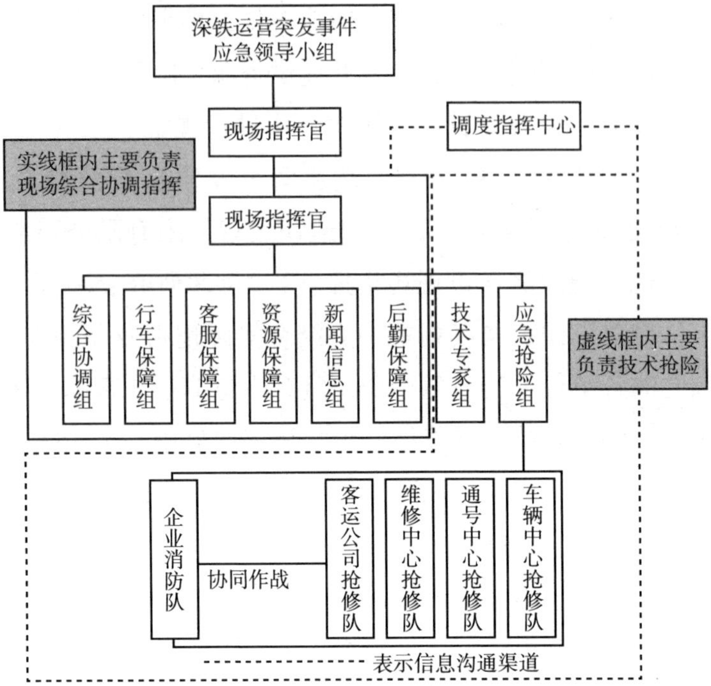

图 1　深圳地铁运营集团有限公司应急组织架构

指令或共享信息的有四类，由现场指挥官下达指令的有一类，通过通信软件群组下达指令或共享信息的有两类。

①由调度指挥中心下达指令或共享信息（四类）：将指令通过直通电话传达至事发车站、各下属单位综合值班岗或 24 小时值班岗；将指令通过无线调度台传达至事发列车司机；将指令通过无线便携台下发至现场应急抢险队；将指令或事故事件跟进信息通过运营短信平台发送至领导班子、下属单位相关管理人员、下属单位综合值班岗或 24 小时值班岗。

②由现场指挥官下达指令（一类）：将指令通过现场口头或借助无线便携台等通话工具传达至事发现场应急抢险队。

③通过通信软件群组下达指令或共享信息（两类）。一类是通过企业内部通信软件建立的应急指挥群，以运营领导班子成员为主，下

达相关应急指令、紧急通知等。由运营领导班子成员、下属一级单位负责人及运营总值班室组成，群组内信息互通互达，相关指令发布后，由各下属一级单位负责人、运营总值班室负责信息传达，并组织落实。另一类是通过企业内部通信软件建立的应急通信联络群，以运营总值班室为主，根据相关应急指令或紧急通知，传达至各相关单位落实执行；由运营总值班室、下属单位综合值班岗或 24 小时值班岗组成，群组内信息互通互达，相关指令发布后，各下属单位综合值班岗或 24 小时值班岗负责信息传达并组织落实。（见表 3）

表 3　深圳地铁运营集团有限公司应急响应指令发布方式及流程

序号	应急响应指令发布方式	应急响应指令发布流程
1	直通电话传达	由调度指挥中心将指令通过直通电话（视情况通过固定电话、无线便携台、传真）传达（通知）至相关车站、各下属单位综合值班岗（或 24 小时值班岗）
2	无线调度台传达	由调度指挥中心将指令通过无线调度台（视情况通过无线便携台）传达（通知）至相关列车司机
3	无线便携台传达	由调度指挥中心将指令通过无线便携台（视情况通过手机）传达（通知）至相关现场应急抢险队（处置人员）
4	现场指挥部传达	由现场指挥官将指令通过现场（视情况通过无线便携台、手机）传达（通知）至相关现场应急抢险队（处置人员）
5	应急指挥群传达	应急指挥群是通过企业内部通信软件建立的群组，由运营领导班子成员、各下属一级单位负责人及运营总值班室组成，群组内信息互通互达，相关指令发布后，由各下属一级单位负责人、运营总值班室负责信息传达（通知）、组织落实
6	应急通信联络群传达	应急通信联络群是通过企业内部通信软件建立的群组，由运营总值班室、各下属单位综合值班岗（或 24 小时值班岗）组成，群组内信息互通互达，相关指令发布后，由各下属单位综合值班岗（或 24 小时值班岗）负责信息传达（通知）、组织落实
7	运营短信平台传达	由调度指挥中心将指令或事故事件跟进信息通过运营短信平台发送（通知）至运营领导班子成员、各下属单位相关管理人员、各下属单位综合值班岗（或 24 小时值班岗）

资料来源：根据深圳地铁运营集团有限公司资料整理。

3. 气象灾害应急响应流程

城市轨道交通运营企业通常由企业调度指挥机构接收气象预警信息，按照应急预案要求，下发相应应急指令，相关单位根据应急响应指令，做好应急防护、应急物资、应急队伍和人员值守等防御准备工作，同时要保障应急信息时效性、真实性，根据现场情况及时准确上报各类信息。以深圳地铁为例，当发生水淹、台风等气象灾害时，调度指挥中心根据气象预警信息，按照应急预案下达指令，启动应急处置程序，应急响应级别划分为五级，由轻到重依次为关注级、Ⅳ级（一般）、Ⅲ级（较重）、Ⅱ级（严重）、Ⅰ级（特别严重），分区域发布气象灾害预警信息时，启动相应区域的灾害应急响应，负有应急响应职责的客运分公司及专业中心按照预案执行应急值守、应急抢险出动、防汛物资运输、重点部位巡查、重要区域与设备设施监控、关站停运时机判断与启用、人员撤离组织等措施，负有应急职责的职能单位协调、督办落实情况，应急响应期间相关单位按相应预警级别规定时间逐级上报现场处置信息，直至灾害结束。具体如图 2 所示。

（二）应急资源配备机制

城市轨道交通运营企业普遍建立了以车辆段（停车场）、正线车站等为驻点的专（兼）职应急队伍，并结合队伍应急职责，配备了相应的应急物资装备，涵盖且不限于三防、火灾、社会安全、突发公共卫生等综合类突发事故事件应急救援，以及车辆、信号、通信、供电、轨道、土建、票务等专业突发事故事件应急救援。

城市轨道交通运营企业为满足线网运营应急处置需求，根据自身应急救援业务需求配备现场救援和抢险装备、器材，建立相应的操作、维护、保养、巡视及调用等规章制度，并建立应急物资装备信息数据库，当应急物资装备数量、联系人、存储地点等发生变化时，应急装备物资管理单位应及时更新数据，保障应急调用的准确性。针对

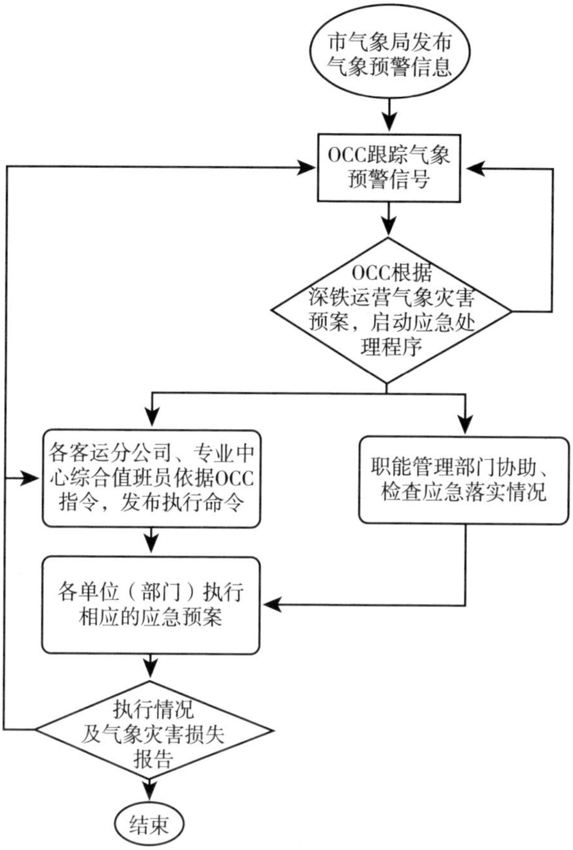

图 2　深圳地铁运营集团有限公司气象灾害应急响应流程

综合类突发事故事件应急救援情形，普遍配备了防淹挡板、沙袋、大功率水泵、灭火器、防刺背心、防割手套、防护服等应急物资装备；针对专业类突发事故事件应急救援，普遍配备了车辆起复机、备用转辙机、备用电子板卡、验电器、钢轨急救器、金刚石钻孔机、电源线盘等物资装备。

发生突发应急事件时，由事发单位现场工作人员利用现场储备的应急物资装备（如防淹挡板、沙袋、灭火器等）进行先期处置，并将信息上报至企业调度指挥机构，企业调度指挥机构接报后，按照应急预案下达指令，启动相应应急处置程序，立即通知区域内相应应急队伍出动，所属专（兼）职应急抢险队伍接到指令后，根据应急预案处置程序，针对不同处置场景携带相应储备物资及抢修器材工具（如大功率水泵、金刚石钻孔机等）前往现场支援抢险，队伍到达现场后，根据职责分工进行应急抢险救援；当突发事件超出单支应急队伍处置能力时，应急响应级别抬升，应急响应范围扩大，企业调度指挥机构通知多支应急队伍携带器材装备进行支援抢险。

（三）应急联动机制

大部分城市轨道交通线路处于地下空间，环境封闭，人员密集，通风和疏散都受到极大限制。一旦发生意外事故，容易造成人员伤亡和财产损失。城市轨道交通运营企业普遍与各类应急抢险力量建立联动机制，统一指挥、联合行动，为乘客、市民提供应急救援服务，为轨道交通安全运营提供保障。在许多城市轨道交通运营企业，应急联动已成为应急处置不可或缺的部分。

城市轨道交通运营企业普遍与属地水务工作站、属地社区工作站、属地公交派出所、运管办、公交集团等救灾力量建立应急联动机制，共同应对气象灾害、公共安全、运力保障、公共卫生等突发事件。

①当发生涉及车站周边道路明显积水、车站出入口积水达到警戒水位线等防汛情形时，联动属地水务工作站安排人员到现场进行积水抽排工作。

②当发生涉恐事件、可疑人员搜寻、人员冲突等情形时，联动属地公交派出所安排人员到达现场进行事件核实、人员搜索、冲突调解等执法工作。

③当发生涉及城市轨道交通运营中断需启用地面公交接驳时，联动公交集团安排地面车辆到达相应线路开展公交接驳工作。

④当发生涉及车站疫情防控类突发公共卫生事件时，联动属地社区工作站安排工作人员，在疾控中心指导下协助进行事件核实、人员转运、现场消杀等处置工作。

⑤当车站周边举行大型活动时，联动属地社区工作站安排人员协助车站进行客流引导、乘客解释等工作，同时联动属地公交派出所安排人员到现场维持秩序、开展联防联控等工作。

⑥当发生涉及地铁安全保护区内违规施工导致站外设备设施被破坏等事件时，联动运管办安排人员到现场进行责令停工、取证等处置工作。具体如表4所示。

表4　城市轨道交通运营企业应急联动机制

与外部应急联动机制（示例）		联动内容	城市轨道交通运营企业（代表）
政府或专业救灾力量相关方	属地公交派出所	配合车站紧急疏散、现场维持秩序、处理涉恐事件、可疑人员搜寻、人员发生冲突等管控工作	上海地铁 重庆地铁
	属地社区工作站	配合车站客流引导、处理疫情防控类突发公共卫生事件等	京港地铁 宁波地铁
	属地水务工作站	车站周边道路明显积水、车站出入口积水达到警戒水位线等积水抽排工作	昆明地铁 徐州地铁
	运营管理办公室	处理地铁安全保护区内违规施工导致站外设备设施被破坏事件等	苏州地铁 无锡地铁
	公交集团	城市轨道交通运营中断需启用公交接驳工作等	广州地铁 深圳地铁

资料来源：根据中国城市轨道交通协会运营管理专业委员会调研资料整理。

随着城市轨道交通线网规模扩大，企业自有应急力量已无法满足应急处置要求，与企业外部相关力量建立联动机制是保障应急处置的有效手段。以苏州地铁为例，苏州地铁建立了与市水务局等部门的联动机制，2021年7月26日，苏州市吴江区启动防台风Ⅱ级响应，苏州市气象台发布台风、暴雨黄色预警信号，苏州市气象台14时发布天气预报信息：预计未来三小时本市阴有阵雨或雷雨，短时雨量大。车站已准备沙包、防淹挡板等防汛物资，机电专业携带水泵在现场保障，工务专业尝试疏通排水道。20 时 21 分许，吴江汽车站报 4 号口路面积水较多，且即将漫至车站出入口台阶。现场及时与 119 和市水务局联络协调，组织抢险救援队伍进行支援处置，次日 6 时 30 分许，吴江汽车站 4 号口路面积水清理完毕。苏州地铁在发现事态不可控时，及时联动 119 和市水务局响应出动抢险，有效防止了因积水上升漫入地铁车站内，导致车站、区间等重要区域水淹的后果。

以成都地铁为例，成都地铁与公交集团建立应急联动机制，签订了“地铁公交应急接驳车辆运输服务协议”，应急项目包括成都地铁突发运营中断或大面积晚点等情况，应急接驳公交车转运地铁滞留乘客。当启动公交应急接驳预案时，成都地铁线网指挥中心负责以录音电话方式通知乙方营运调度中心，并同时向乙方传递书面协作函，乙方应急车辆应在收到正式接驳通知后，10 分钟内做出应急响应。公交接驳作为轨道交通中断运营或大面积晚点时的补充手段，有效保障了乘客出行需要，能快速疏散滞留乘客。

（四）应急管理专家库机制

城市轨道交通运营企业为完善安全生产体系，通常设有应急管理专家库，主要职责包括对运营突发事件（事故）救援工作提供技术支持、参与应急抢险、安全生产议题审议、规章制度评审等。部分城市轨道交通运营企业已建立应急管理专家库，如上海、广州、北京、成都、苏州、长沙、合肥、无锡、徐州、昆明、南昌、青岛、深圳等。以长沙地铁为例，其设有“轨道交通安全生产技术专家库”，对于企业安全生产重要议题，需通过公司安全生产委员会审定，提前通过专家库相关专家审议，收集不少于 5 位专家意见，再由安全委员会根据专家意见，对安全生产议题进行决议；企业安全规章制度、各级应急预案编制完成后，编制部门报专家库相关专家进行初审，根据意见进行修改、完善，修订完毕后组织评审，专家对文本内容形成统一意见并签字确认，作为制定/修订安全规章制度和应急预案的依据。

三　思考与建议

近年来，“厄尔尼诺”和“拉尼娜”等异常气象频现，极端气象灾害趋于常态化，社会各界对城市轨道交通的关注度越来越高，各级政府部门高度重视城市轨道交通运营安全监管，保障极端天气时的运行安全是城市轨道交通运营企业的重要任务。

（一）城市建设规划应重视轨道交通防洪能力

城市建设规划方面需要关注城市轨道交通防洪薄弱环节，合力化解城市轨道交通洪涝风险。一是城市更新改造规划要更多兼顾城市轨道防洪能力，景观美化等不能削弱城市轨道交通防洪涝能力，沿线绿植的选种要兼顾地面线路列车运行安全限界；二是市政道路改造要统筹考虑既有城市轨道线路的防洪基础标高，防止路面抬升而降低城市轨道防洪能力，或将城市轨道防洪基础设施纳入改造计划；三是城市轨道规划、设计选址要充分论证防洪涝、风暴潮等影响，从源头规避洪涝风险区，特别是填海区、大型城改区域的线路要重点关注，这些区域可能存在新规划调整而提高了场地原标高的情形，降低了先期规划建设的地铁车站防洪标高，形成防洪涝风险点。

（二）强化与连接建筑物管理方的应急联动机制

从制度层面明确公园、停车场等场所以及商业、物业建筑群，土木工程场地等单位的属地防洪责任与管理要求，为城市轨道交通运营安全保驾护航。随着城市发展进程加快，城市轨道交通网络规模快速扩张，城市轨道交通线路与各行各业设施交集融合，形成了一个庞大的地下空间网络，各关联环节的防洪涝短板势必威胁城市轨道交通安全，而城市轨道交通运营企业约束相关方的力度有限。结合当前情况，可以采取以下措施：一是推动既有合建口的防洪问题整改，合建口主要包括地铁车站与周边商业、物业等外部建筑相连接的区域，含关联建筑物的地面出口、风井、采光井、下沉式广场等；二是制定并严控后续新合建口的防洪标准与准入制度，防洪标准要不低于地铁车站出口的防洪设计标准，在连通接口协议签订、工程设计阶段及开通验收环节严格把关；三是推动相关部门制定城市轨道交通关联物业建筑的防汛设施标准与管理规范，明确属地防汛安全管理责任，协助指导地铁合建口防汛安全，关联的物业建筑主要包括地铁车站周边商业城、公共交通枢纽（汽车站、火车站）、过街通道等，通过接口管理协议、日常工作例会等措施建立防汛联动责任。

（三）推进现场应急决策与乘客自救互救能力建设

车站、车辆段等现场人员是应急响应的最前线，要推进现场应急决策能力建设，充分利用各类监测预警信息，及时进行应急响应，避免危害乘客安全的事件。针对极端天气灾害早期预警，现场和控制中心等应及时研判监测预警信息，及时做出关闭车站出入口、关闭车站以及线路停运等应急决策，提升城市轨道交通极端天气灾害的应对能力。针对乘客避难指引，要具体到进站、站台候车、车内遇险、紧急疏散等应急场景，通过风险地图、疏散路线等直观方式持续做好安全宣传，通过多种媒介做好预警信息和避难指引发布，积极配合属地街道、学校等单位开展宣传与应急演练，不断提升乘客应对极端天气灾害的自救互救能力。

借 鉴 篇

Reference Report

B.6
国外城市轨道交通自然灾害事件分析

陈绍宽　李 昊　杨 帆　王禹兮

摘　要： 本文归纳整理了水淹、飓风和暴雪灾害造成的城市轨道交通运营事件，从基本情况、处置措施、启示等方面对案例进行分析，总结了城市轨道交通自然灾害事件的预防措施和应急处置建议。在水淹灾害方面，应重点加强防水设备设施建设，同时建立健全水灾预测、预警和救援管理体系；在气象灾害方面，应提高气象预警信息发布的准确性和防御体制的牢固性，加大卫星通信应用和电力设备维护、修复的力度。高度重视自然灾害事件应急管理工作，对城市轨道交通各个阶段的安全风险进行综合性评估，进而有效防范、降低自然灾害造成的影响。

关键词： 城市轨道交通　水淹灾害　气象灾害　应急处置

一　概述

近年来，城市轨道交通以其高效率、大容量、低污染等优势，成为许多特大城市缓解交通拥堵、提升交通服务水平的首选。然而，大量乘客聚集使城市轨道交通车站和列车较为拥挤，当突发自然灾害时，可能会造成严重后果。城市轨道交通遭受自然灾害的案例多为各类气象灾害（如水灾、风灾、雪灾等）引发的影响正常运营的事件。此类事件通常难以进行有效防控，在应对方面需要极大的人力和物力投入。

随着全球气候变化以及城市化进程加快，由水淹和气象灾害导致的城市轨道交通事故给交通部门和民众正常出行造成的影响正在扩大。20 世纪 90 年代至今，中国、日本、美国、西班牙、德国、英国、韩国等国家“地铁水淹”事件频出。例如，2002 年 8 月布拉格 19 个车站被水淹没；2014 年釜山 1 号线、2 号线和 4 号线部分路段被水淹没。又如，2021 年 6 月底，俄罗斯莫斯科地铁在暴雨后被水倒灌；7 月初，强降雨导致美国纽约地铁被淹；7 月底，伦敦发生暴雨，地铁站检票处甚至形成翻滚的漩涡，导致乘客被困。在气象灾害引发的事故方面，2017 年新加坡地铁一列车被闪电击中，在勿洛站附近发生故障，导致全线延误；2021 年飓风“艾达”登陆美国路易斯安那州，在风暴潮侵袭下地铁系统几乎瘫痪，无法继续运行；同年美国芝加哥暴雪持续 10 余天，部分地区降雪量达 20 厘米，导致地面轨道线路故障，部分地铁线路被迫中断。上述案例暴露了地铁系统面临自然灾害事件时的脆弱性。

地铁属于地下空间，城市水灾往往会导致地铁倒灌、内涝等灾害，不仅会造成通信故障、电力设备受损等直接经济损失，还可能会引发人员伤亡、地铁排水系统瘫痪、地下水渗入等一系列次生灾害，造成难以估算的间接损失。同时，地铁复杂紧凑的空间布局会增加救援和恢复难度，造成愈发严重的后果。飓风、暴雪、雷电等极端天气对城市轨道交通基础设施、正常运营、行车安全等方面的影响不断加大，且气象灾害种类繁多，对轨道交通的影响不尽相同。因此，应制定详尽的应急措施，对不同类型的自然灾害事件进行预警和防治。

二　案例分析

（一）水淹灾害

1. 日本地铁水淹灾害

（1）基本情况

日本国土面积较小，多山，大部分城市位于平原。在雨季或台风季节，平原城市极易遭受水灾侵袭。过去10年，日本97%以上的城市均经历过水灾。据日本国土交通省统计，2009~2019年，全国1741个城镇和村庄中，仅有48个没有遭受水灾。建于1927年的日本东京地铁曾多次在大雨中被淹。另外，2000年9月，在14号台风影响下，名古屋单日降雨量高达428mm，新川决堤，名古屋地铁被淹。根据历史降雨记录，日本城市规划部门设计的东京防水能力每小时可承受高达50mm的降水。在人口和建筑密集地区，如果小时降雨量超过50mm，路面极易产生积水。1976~2021年日本1小时降雨量超过50mm的降雨次数统计如图1所示。

与其他城市相比，东京的地下设施密度较高，发生水淹事故的频率更高。东京1999~2001年共发生17次地下水淹事件，多发于夏季7~9月的雨季和台风期。其中1999年6次，2000年7次，2001年4次。在此类事件中，小时最大降雨量变化较大，分布于44~131mm/h，

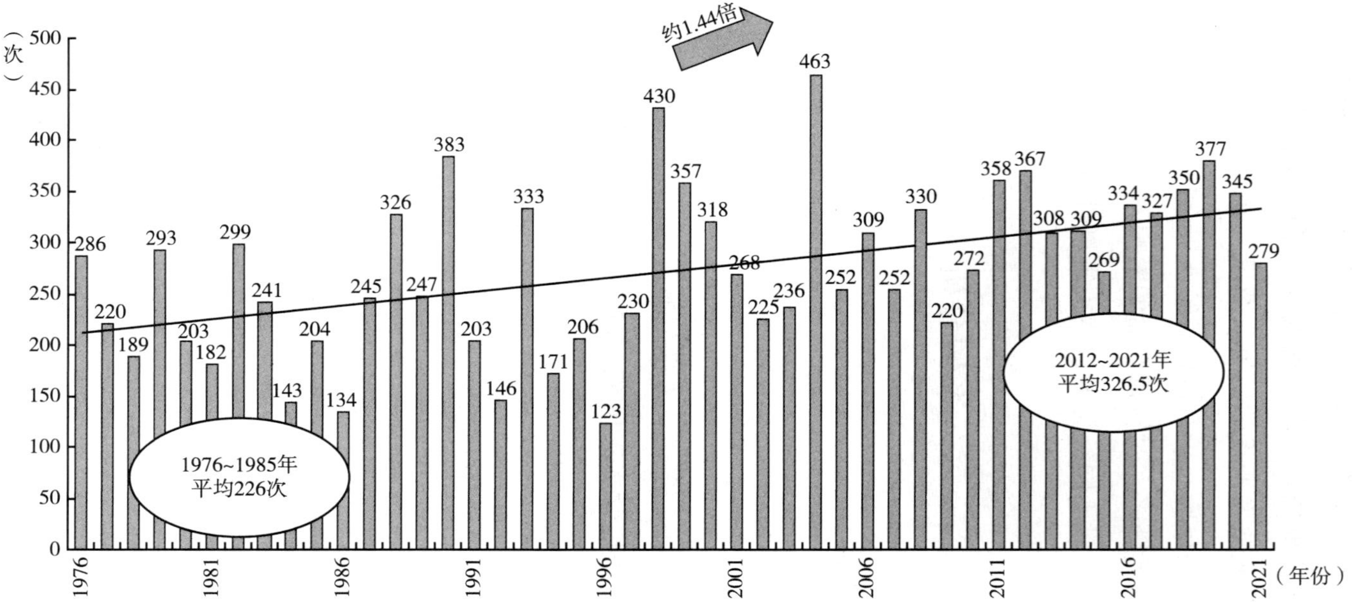

图1　1976~2021年日本每年1小时降雨量超过50mm的降雨次数

资料来源：https：//www. mlit. go. jp/river/pamphlet_ jirei/pdf/suigai2021. pdf。

平均约为60mm/h①。1999年和2003年，日本福冈的同一地区均发生了较严重的地铁水淹事故，本案例选取2003年在日本福冈发生的地铁水淹事故进行分析。

2003年7月18~19日，福冈市发生大规模城市水灾，逐时雨量如图2所示，其中福冈站和太宰府站的降雨强度较大。7月19日，福冈站3：45~4：45最大降雨强度为83mm/h，太宰府站3：50~4：50最大降雨强度为104mm/h。两车站均位于福冈市的上游。福冈市洪水由三笠河溢流引起，由于上游强降雨导致雨水入流，博多站水淹于7月19日5：30开始，此次地铁水淹的范围和高度均大于1999年，进入地铁系统的总水量约为10000m^3，是前次事件的5倍。观测到地铁线路水淹高度为1m，是前次事件的2倍。上午6：20起，中须川端站和福冈国站之间的地铁服务暂停。在此次地铁水淹事故中，三笠河溢流后，未采取阻止水流进入地下设施的保护措施，水流在短时间内进入地铁系统，造成了经济损失和服务中断。

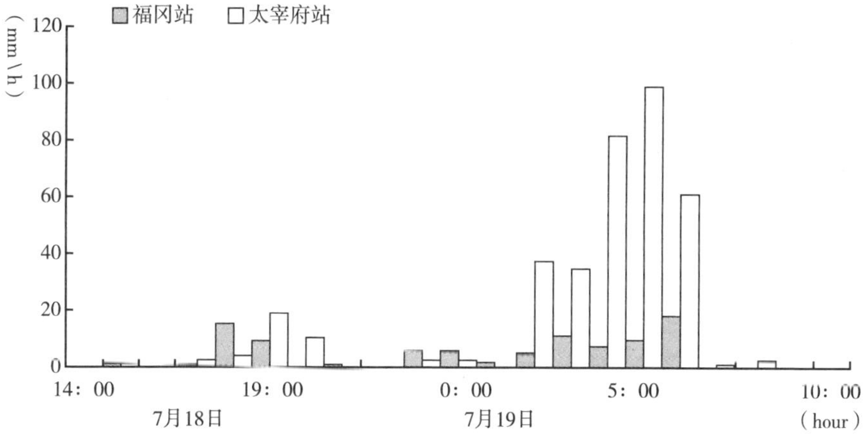

图2　2003年7月18~19日福冈站和太宰府站逐时雨量

资料来源：Herath S.，Dutta D. Modeling of Urban Flooding Including Underground Space. 2004。

① Herath S.，Dutta D. Modeling of Urban Flooding Including Underground Space. 2004.

近年来，日本各地地铁遭受的较为严重的水淹事件统计如表 1 所示，事故情况如图 3 所示。

表 1　日本地铁严重水淹事件统计

时间	地点	概要
1999 年 6 月	福冈市博多站	福冈市中心底层建筑和地铁相继发生水淹事故，地下一层被完全淹没，造成 1 名餐饮店服务员死亡
1999 年 8 月	东京涩谷站及周边地铁	东京地铁半藏门线、涩谷站内地铁银座线以及溜池山王站出现大量积水
2000 年 9 月	名古屋地铁	暴雨造成新川决堤，整个城市的地铁和地下空间都被淹没
2004 年 10 月	东京麻布十番站	东京地铁麻布十番站被淹、横滨车站周边地下商场被水淹没，市中心大面积区域损毁
2013 年 9 月	京都市地铁御陵站	安胜寺川河水泛滥，沿京阪电车线流入京都市营地铁，御陵站被淹没。全市地铁停运四天，对交通网络运行造成了严重影响

资料来源：https：//www.mlit.go.jp/river/bousai/main/saigai/jouhou/jieisuibou/bousai-gensai-suibou01-kako.html。

2000年名古屋市地铁平安站被淹

2003年福冈地铁博多站再次被淹

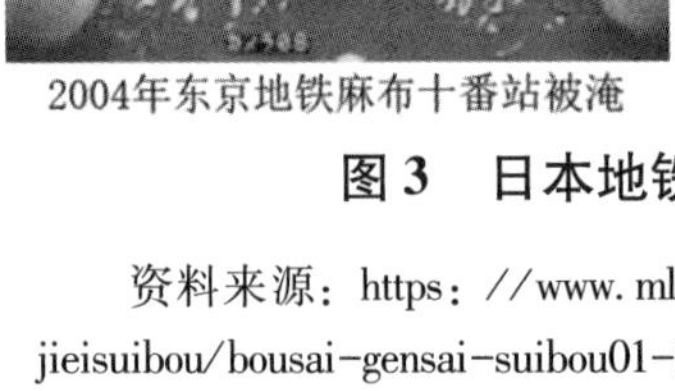

2004年东京地铁麻布十番站被淹

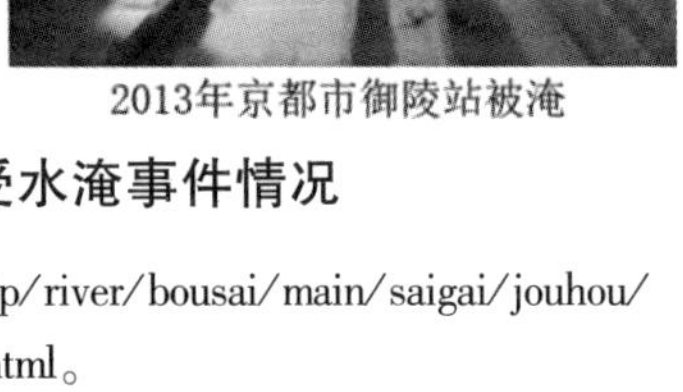

2013年京都市御陵站被淹

图 3　日本地铁遭受水淹事件情况

资料来源：https：//www.mlit.go.jp/river/bousai/main/saigai/jouhou/jieisuibou/bousai-gensai-suibou01-kako.html。

（2）处置措施

①预防设施。发生水淹灾害时，挡水工程措施是防止地铁被淹的基石，以东京地铁为例，主要进水口为车站入口、通风口和井口（轨道线路地上和地下的分界口），针对上述三处主要进水口的防水设施如表 2 所示。除部分位置较高的车站外，所有车站出入口均设有挡水板（铝合金材质，高度 35cm，2 段，合计高度 70cm）。如果车站地表水超过 1m，挡水板高度不够，地铁站还配备全密封防水门，防止暴雨入侵。近年来，日本发明了折叠防水门和卷帘式防水门，以解决挡水板面积过大的缺陷，东京地铁站设有 500 余个。

通风口是另一个隐藏的危害。例如，名古屋站和龟岛站等旧地铁站之间有通风口。每个通风口都配备了防浸水测试仪。若水压超过 2m，可按说明关闭闸门。日本国土交通省称，东京都市区低洼地区的 370 个地铁站已建设防水工程，其中包括为东京地铁的通风机安装遥控开关设施。当大雨侵袭时，这些地铁站入口处的防潮板和线路上的防水设施将会启动。

针对井口所处地势的高低，会采取不同的防水措施。所处地势较高的，在前方一定距离内设置一定高度的挡水墙可有效防止水流倒灌。所处地势较低的，需要设置防水门。不同于地铁站出入口的防水门，设置在井口的防水门巨大，且关闭时需要提前终止列车运行、停电、处理架线等，因此通常提前一个小时开始准备。

地铁隧道内的暗埋段外侧浸水防范至关重要。日本地铁线路采用 U 形挡土墙结构，顶部两端设有钢筋混凝土制墙。如果地铁隧道在河流下方，必须在隧道内设置防水闸门。一旦积水达到一定程度，地铁站内的水泵将会开启，自动排水。

表 2　日本地铁防水设施设置

挡水位置	防水设施
车站出入口	设有挡水板(铝合金材质,35cm×2,高度 70cm);如果车站地表水超过 1m,挡水板高度不够,地铁站还配备全密封防水门(折叠防水门和卷帘式防水门)
通风口	每个通风口都配备了防浸水测试仪,若水压超过 2m,可按说明关闭闸门;设置通风塔
井口(轨道线路地上和地下的分界口)	所处地势较高的,在前方一定距离内设置一定高度的挡水墙;所处地势较低的,设置防水门

资料来源：https：//www. bousai. go. jp/kaigirep/chuobou/senmon/daikibosuigai/4/pdf/shiryou_ 5. pdf。

暴雨前的预警工作极为关键。《日本水防法》规定，发生极端天气时，政府应提前发布天气预警，暂停地铁运营，引导乘客撤离。例如，东京在发生灾害时的基本联络系统，由警察署、消防署等相关单位组成，如图 4 所示。对此，地铁公司制定了应对重大水淹灾害的行动时间表（灾害响应计划）。该计划从预测灾难初期的时间计算，规定了确定列车应提前多长时间停止运行以完成乘客疏散。通过制定计划，将地铁服务的中断影响降至最低。

②事前措施。日本气象厅发布恶劣天气信息与避难公告，以防止或减轻暴雨和风暴造成的泥石流灾害。为支持灾害管理相关机构的活动和居民对安全的判断，气象厅在严重灾害发生前发布“公告”，并在危险加剧的每个阶段发布紧急警告。当暴雨或泥石流灾害预警信息发布时，民众可通过实时风险地图查看风险预计在何时何地增加，充分意识到即将发生的危险，确保自己的安全。恶劣天气发布的等级如表 3 所示。

国土交通省发布灾害和防灾信息时，防灾信息分为 5 级警告，居

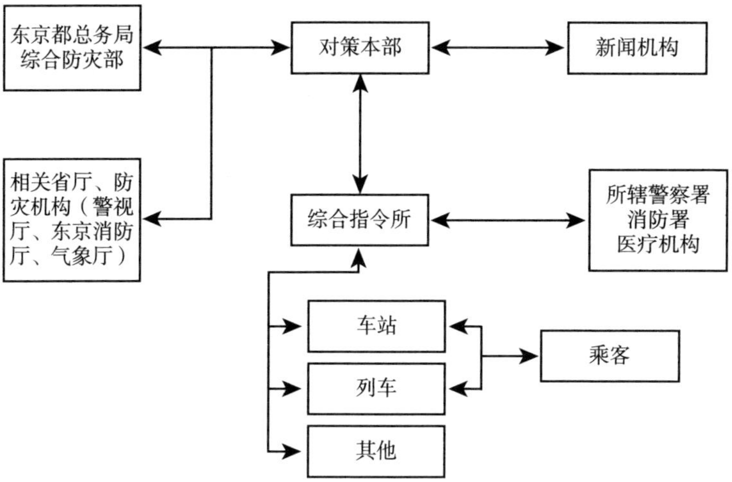

图 4　东京灾害时基本联络系统

资料来源：https：//www. bousai. go. jp/kaigirep/chuobou/senmon/daiki bosuigai/4/pdf/shiryou_ 5. pdf。

表 3　恶劣天气信息发布等级

类型	类别	警告级别
紧急警报	暴雨(泥石流灾害、洪水)、风暴、暴风雪、大雪、巨浪、风暴潮	如果有极大可能发生严重灾害,则发布
警告	暴雨(山体滑坡、洪水)、风暴、暴风雪、大雪、巨浪、风暴潮	如果有可能发生严重灾难,则发布
提示	大雨、洪水、大风、大风雪、大雪、大浪、风暴潮、雷暴、融雪、浓雾、干燥空气、雪崩、低温、霜冻、积冰、积雪	如有可能发展为严重的恶劣天气状况,则发布
天气公报	• 实时风险地图 • 暴雨天气公告 • 台风信息 • 危险风向表 • 异常强降雨的公告 • 警告的可能性 • 长期高温天气预报	• 每 10 分钟发布一次,显示何处灾害风险正在上升,作为警告的补充 • 根据需要在警告前几天发布以引起注意,并在持续警告中根据需要说明现象的进展和预测以及灾害管理需要考虑的要点 • 根据需要发布以显示非警告但可能对社会产生重大影响的天气状况

资料来源：https：//www. bousai. go. jp/kyoiku/pdf/h30_ tebikisho_ english. pdf。

民可直观地了解要采取的行动。其中地方自治体发布避难劝告（4级警戒）、避难准备或老年人避难（3级警戒）时，要求立即采取行动。

实时水灾风险图表示水灾风险水平（划分为五个层次），在地图上用不同的颜色表示，如图5所示。由于每10分钟会更新预报，因此，当灾害警告公布时，民众可清晰了解不同河流的水灾风险等级。

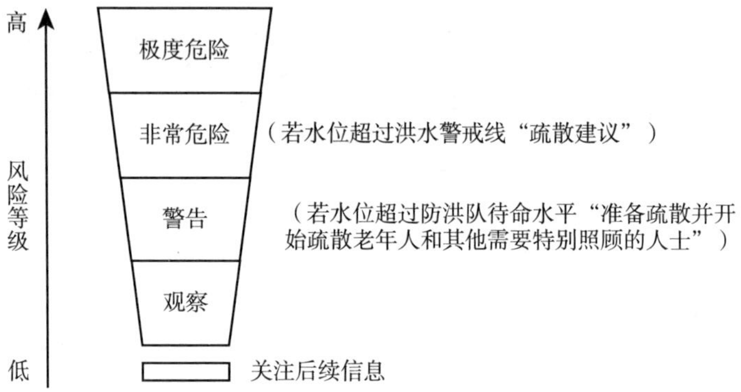

图5　实时水灾风险

资料来源：https：//www. bousai. go. jp/kyoiku/pdf/h30_ tebikisho_ english. pdf。

灾害图通过对洪水、泥石流等自然灾害造成的破坏进行预测，显示预期的破坏区域，如受灾地区、受灾程度和疏散路线、地点等信息。但是，破坏亦可能发生在灾害图上没有指定为危险区域的地方，或者发生的规模大于灾害图显示的信息。

③事后措施。1999年福冈市博多站发生地铁水淹事故后，日本开始更加重视地下空间的防水工作，主要从以下方面完善了地下空间的防水淹机制。[①]

修订法律，完善地下空间防水的法律保障。第一，《灾害对策基

① 熊淑娥：《日本灾害治理的动向、特点及启示——2018年版〈防灾白皮书〉解读》，《日本研究》2019年第2期。

本法》将水灾暴发时地下空间的防水工作纳入其中，从法律保障、财政制度等方面予以保障。第二，日本先后修订了《日本水防法》和《日本消防法》，要求地下空间所有者必须制定避难和防水的措施计划，并按要求安装挡水设施，确保发生水灾时人员可以迅速逃离。

构建综合防灾体系。日本通过加强组织建设，构建了防灾体系。第一，建立各层级综合防灾中心。日本各级政府建立了跨部门、跨地区、跨领域的综合防灾减灾中心，协调政府各部门和动员社会力量，为开展科学减灾和加强重大灾害紧急救助能力提供组织保证。第二，实施防灾会议制度。从中央到地方建立起严密的防灾组织体系，形成了规范的由政府负责的防灾领导机构。针对地下空间防水工作，国土交通省成立了地下空间淹没对策审查委员会，对地铁和地下空间被淹事件进行深刻反思，并指导制定防水对策。各地方（大阪市地下空间淹没对策协议会、涩谷地下城等浸水对策计划协议会）分别组织建立相应会议制度，将管理者、地下空间拥有者和周边单体建筑拥有者全部纳入其中，联合制定适合当地的应对措施。第三，制定防灾基本计划。中央和地方涉及灾害治理的部门制定防灾业务计划，形成上下分工明确、责任清晰、相互衔接、多方协作的防灾计划体系。

发布多种指南，统筹指导各方做好地下空间防水工作。国土交通省先后制定发布了《地下空间淹没对策制定指南》、《地下空间防淹没设备设施使用指南》、《地下街·地下铁防灾工作计划》、《地下空间安全避难计划制定指南》（依据《海啸防灾区建设法》制定）等指南；东京都政府也发布了《东京都地下空间淹没对策指南》，当地下空间进水时，不同阶段可采取的应对措施如图 6 所示[①]。

（3）启示

除了涉及工程建设的结构性措施，还可以采取非结构性措施降低

---

① 日本国土交通省：《地下空间淹没对策制定指南》。

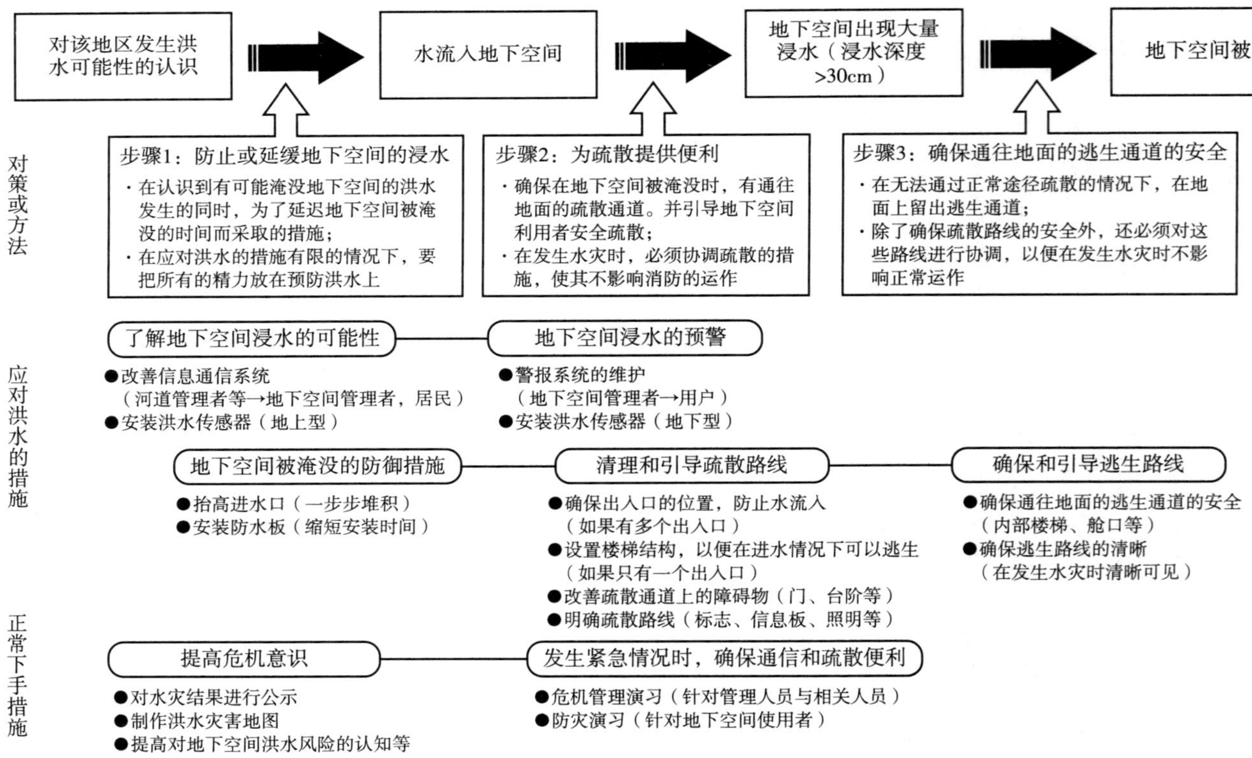

图 6　地下空间进水时不同阶段可采取的应对措施

资料来源：https：//www. mlit. go. jp/river/shishin_ guideline/bousai/saigai/tisiki/sinsui_ tebiki/pdf/tebiki_ h. pdf。

水灾风险，包括预报预警、土地使用规定、防水补充措施、灾害应急准备和响应机制，保持“与水灾共存”的理念，以及加强公众教育以增强其防水意识。

日本对于自然灾害防治工作相当重视，从中央到地方都制定了完善的自然灾害防治规划和政策体系，其中水淹灾害的防治工作是其中重要的一项。日本气象防灾减灾规划包括按照灾害发生顺序编制的规划体系，即灾害预测、灾前对策、灾害应急对策、灾后重建、恢复等内容，明确了国家和地方公共团体在灾害对策中的责任，根据城市化、老龄化和信息化的发展特点，加强了城市防灾规划，并对灾害弱势群体的防灾和救济工作等作了详细规定。

政府各部门都设有专门的防灾机构，在发生重大自然灾害时，日本气象厅负责提供气象灾情预报和警报。消防人员、警察和自卫队组成的救援队可根据各级政府的要求，立即投入紧急救灾活动。电力、煤气、自来水公司、通信和交通等部门都有各自的防灾减灾机制。

2. 英国伦敦地铁水淹灾害

（1）事故基本情况

伦敦地铁于1863年建成使用，是世界上第一条地铁线，然而历史悠久意味着设备陈旧老化，伦敦地铁有一部分暴露在地上，使得运营易受降雨影响。伦敦为确保城市轨道交通的运营安全，成立紧急情况处理小组，该小组的专家负责处理地铁中发生的所有重大事件。此外，伦敦消防队接受伦敦地铁紧急情况处理小组提供的安全和救援技术训练。

2021年7月21日上午，英国气象局发布了覆盖整个东南地区“黄色”风暴警告。在事故发生前一天又向英国东南部大部分地区发布了黄色雷暴警告，部分地区预计降雨量为75~100mm（3英寸至4英寸），黄色预警将至少持续至25日晚上。7月25日下午风暴期间，由于从萨里郡东北部到埃塞克斯郡西部有暴雨和雷暴，英国气象局将天气警告升级为“琥珀色”。

英国环境署向大伦敦以及英格兰南部地区发出水灾警告，另向19处地区发出轻微水浸警告，覆盖了大部分首都和周边县地区。伦敦交通局发布最新的道路信息，可在伦敦交通局官网的状态更新页面找到，其中包括地铁延误、公交停运、道路封闭等相关信息。

当地时间7月25日下午开始降雨，天气预报表示从平均数值上来看，伦敦7月的降雨量将达到47mm，但根据英国气象局提供的数据，位于伦敦东部的雷德布里奇在3小时内就迎来了51mm的降雨量，相当于该地一个月的降雨量。暴雨之下，英国首都很多地区被水淹没，克拉珀姆和坎伯韦尔以及伦敦西南部的金斯敦均是灾区。伦敦东部，包括莱顿和沃尔瑟姆斯托也受到影响。伦敦多条地铁线受到影响，至少8座地铁站与1座地面线路的车站因水浸关闭，包括 Covent Garden、Edgware Road、Gants Hill、Kennington、North Greenwich、Pudding Mill Lane、Stepney Green、Stockwell 和 Surrey Quays 车站。横跨泰晤士河要道黑墙隧道、进城要道 A12 公路与伦敦北环路快速路部分路段封闭。具体受影响的地点及原因如表4所示。

表4　伦敦地铁2021年7月25日受影响的地铁车站

事件类型	开始日期	开始时间	事件持续时间(分钟)	事件地点	原因
水淹	2021-07-25	20:49:01	510.03	甘茨山站	水管爆裂导致水淹
水淹	2021-07-25	20:48:18	510.50	莱顿斯通站	售票大厅区域水淹
水淹	2021-07-25	20:46:58	527.87	斯特拉特福列车	列车乘务人员住处的水淹
水淹	2021-07-25	20:45:00	512.68	收费公路站	车站进水
水淹	2021-07-25	20:43:24	520.27	LUCC	LFB 宣称发生重大事件
水淹	2021-07-25	20:42:29	514.88	斯托克韦尔站	车站被洪水淹没
水淹	2021-07-25	20:41:51	515.20	维多利亚路站	车站被水淹没
水淹	2021-07-25	20:41:26	521.92	利物浦街路站	水淹导致东行列车不停站
水淹	2021-07-25	17:15:43	379.05	黑墙公路隧道	黑墙隧道因水淹关闭
水淹	2021-07-25	17:11:48	725.02	伦敦地上铁	服务暂停
水淹	2021-07-25	15:56:49	806.13	萨里码头站	因水淹向北方向关闭

续表

事件类型	开始日期	开始时间	事件持续时间(分钟)	事件地点	原因
水淹	2021-07-25	15:24:31	1201.52	LUCC	由于水淹,车站和服务被影响
水淹	2021-07-25	15:23:04	61.65	考文特花园站	—
水淹	2021-07-25	15:13:13	71.53	利物浦街路站	—

资料来源：https：//www.london.gov.uk/questions/2021/3276。

（2）处置措施

①事前措施。英国气象局在 7 月 25 日的暴风雨前发布了“黄色”天气预警，预测了覆盖整个东南地区的降雨强度。英国环境署曾在英国南部发布了 5 次水灾预警。泰晤士水务公司按照标准，在发出天气警告时，与运作团队召开积极的“不利”天气会议，评估对服务、客户和环境的风险。根据预期的情况准备了行动，然而整个伦敦的降雨量远远超过预测。环境署、英国气象局和伦敦恢复小组召开合作伙伴电话会议，评估主要和次要严重性影响，确定响应等级。

②事后措施。伦敦各区建立了多机构联动小组，检查水淹前后恢复改善情况。泰晤士水务公司经委托对伦敦地表水泛滥进行独立评估，并对其运营和事故响应进行内部评估，在水淹热点地区采取防水措施。“伦敦恢复”具体的行动及时间节点如表 5 所示，恢复联络系统如图 7 所示。

表 5　事后不同责任人的应急措施

行动	负责人	时间节点
召开防水能力伙伴关系电话会议,帮助多机构在响应水灾警报时共享信息	伦敦恢复小组 英国气象局 环境署	完成

续表

行动	负责人	时间节点
在应对地表水/污水系统水淹事件时，保障地方当局与泰晤士水务公司之间的快速沟通	当地政府 泰晤士水务公司	完成
回顾伦敦水灾战略响应框架，包括警告和触发级别，以及响应组织应采取的行动	环境署 英国卫生安全局 伦敦恢复小组	2022 年 6 月
对多机构防水计划（MAFPs）进行审查，以借鉴 2021 年 7 月水淹事件的经验教训	地方韧性论坛组织（BRF） 泰晤士水务公司	2022 年（实际审查日期由 BRF 安排）
发展全伙伴关系以快速整理有关水浸影响位置和程度的信息	TBC 与更广泛的涉众合作	2022 年 4 月完成
确认角色、职责和安排，包括识别相关资产并协调维修计划	当地政府 伦敦排水工程师集团 泰晤士水务公司 伦敦交通局 环境署	正在进行，将于 2022 年 3 月开始
根据伦敦恢复小组应急框架，制定地表水淹灾害应对方案	伦敦恢复小组	完成
提高接线员的专业性	泰晤士水务公司	完成
泰晤士水务独立专家评论	泰晤士水务公司	2022 年春季
为防水及公路管理当局提供足够资金，以便实施防水风险管理措施	大伦敦政府	完成

资料来源：Flooding Progress Report，https：//www. london. gov. uk/sites/default/files/flooding_ progress_ report_ final_ 1. pdf。

为解决长期的风险，环境署、大伦敦管理局、伦敦议会、伦敦排水工程师集团、泰晤士水务公司和伦敦交通部门，准备建立地表水水淹风险管理战略集团担当领导职能，统一目标并制定实施战略和计划。

（3）启示

①健全水灾的管理体系。英国的水淹风险管理主要分为国家、区域及地方三级。

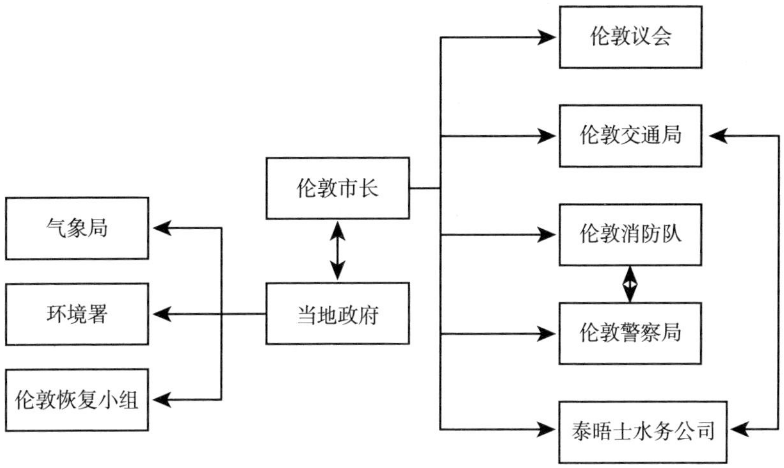

图 7　伦敦恢复联络系统

在国家层面上，主要有 3 个部门负责水淹风险管理相关工作，第一，国家环境事务部，主要负责确定水淹和海岸侵蚀风险管理的政策方向，在应对水淹紧急情况时发挥主导作用；第二，社区及地方政府部门，主要负责空间规划类政策的制定、监督与实施，同时主导水灾灾后恢复工作；第三，内阁办公室，主要负责制定紧急灾害事件的应急规划和恢复规划。除上述部门，如交通部、卫生部、能源和气候变化部等部门也会在水淹风险管理中发挥重要作用。

在区域层面上，主要由区域水灾及海岸委员会、区域恢复论坛、水务公司、内部排水委员会负责水淹风险管理相关工作，分别负责各区域内的水淹评估、风险管理协调、供水与污水处理以及区域内低洼地区的水位管理等工作。

在地方层面上，各自治区、郡、区以及郊区和镇的地方政府会成立地方的防水机构和规划机构，伦敦由于其政治地位的特殊性，分为大伦敦地区以及 32 个区，每一个区都是独立的自治区。防水机构负责辖区内的各类地表、地下水体日常管理，水淹风险评估以及各类防水政策规划的具体实施；规划机构负责辖区内的土地规划利用以及规划相关的水淹风险评估工作。

伦敦整个防水的体系是合理的，但是职责划分较为分散，应该建立统筹工作的部门，在防水应急救援过程中有统一的应急指挥。

②健全水淹风险的管理措施。英国的水淹风险管理措施主要有以下五种。

一是预防型措施，通过空间规划以及多功能的土地利用等方式，尽量减少居民及重要财产暴露在水灾易发区域，以此来降低水灾可能造成的损失；二是防御型措施，包括防潮闸、防水堤坝、防水墙等工程，伦敦的防御型措施主要依靠泰晤士河口防潮体系；三是缓解型措施，通过适当地排水、截留、蓄滞等措施减缓水灾的发生强度，是水淹风险管理中的重要一环；四是应对型措施，主要包括水灾预测、水灾预报预警系统以及水淹发生时的紧急预案及各种应对措施，英国已经建立起广泛的水灾预警体系，在出现水淹危险时通过电话、手机短信、网站向人们发布警告。英国国家天气预报也会发布水灾预警，预警信息可在官网和 Wet Office Weather Forecast App 查询；五是恢复型措施，主要包括水灾保险、政府紧急财政支持以及各地方和社区等的灾后重建工作。对于遭受水灾的家庭来说，保险可以在危机时刻提供重要帮助。

（二）飓风与暴雪灾害

1. 美国飓风“桑迪”

（1）事故基本情况

2012 年 10 月 23 日，“桑迪”在牙买加金士顿南偏西大约 600 公里的加勒比海海面生成，25 日加强为二级飓风，中心附近最大风力达到 15 级。随后，“桑迪”穿过古巴东部进入大西洋，向美国东北部沿海靠近。10 月 30 日，“桑迪”以一级飓风的强度在美国新泽西州大西洋城附近沿海登陆后，向西北转偏北方向移动，给美国中东部地区特别是东北部各州带来了狂风暴雨天气，在转向东北方向移动进入加拿大境内后，强度明显减弱，随后消失①。

“桑迪”的生成路径曲折多变，呈蛇形路径前进，是迄今为止北大西洋史上最大风圈的飓风。其在登陆美国之际，带来了强风、强降雨及降雪。8 级以上的风圈半径一度覆盖了 110 万平方公里的美国各州，共有 13 个州观测到降雨量超过 100 毫米的大暴雨。田纳西、北卡罗来纳州及以北共 8 个州出现降雪，其中马里兰州、北卡罗来纳州、田纳西州、弗吉尼亚州、西弗吉尼亚州等地部分山区积雪超过 50 厘米，田纳西州盖特林堡积雪厚度达 86.4 厘米②。

飓风“桑迪”的影响涉及美国东部 17 个州，其中，纽约州和新泽西州受灾较为严重③。

一方面，“桑迪”影响了城市的公共基础设施和交通④。飓风强度较大，伴随着风暴潮和特大暴雨，因此，“桑迪”进入纽约后，风暴潮摧毁了海滨的建筑物，机场、公交车、地铁和铁路等公共交通系统受到较大程度的破坏，其中纽约地铁被水淹没，几乎瘫痪。除强风暴雨外，在距离其中心数百公里的地区还产生了暴风雪。降雪加重了“桑迪”对交通运输及电力保障的不利影响，导致大规模停电、网络和电信系统中断、火灾肆虐、树木倒伏，至少有 190 亿美元的损失。停电地区的高层楼房抽水系统遭到破坏，无法进行正常工作，严重影

---

① 张建忠、杨堒、缪旭明等：《飓风“桑迪”的致灾影响分析》，《中国应急管理》2012 年第 11 期。

② 张建忠、杨琨、缪旭明等：《飓风“桑迪”的致灾影响分析》，《中国应急管理》2012 年第 11 期。

③ 朱贵伟：《从桑迪飓风看美国的卫星应急通信》，《卫星与网络》2013 年第 Z1 期。

④ 王江波、苟爱萍：《桑迪飓风后纽约的城市韧性规划策略及其启示》，《安徽建筑》2019 年第 6 期。

响到人们的正常生活。部分污水处理厂将未经处理的污水排放到城市下水道，且飓风走后很长一段时间内，城市仍然积水，影响着交通。水岸边的货运码头也遭到飓风的破坏，由于停电，炼油厂、燃料运输管道关闭，汽油供应链因此中断，引发了强烈的连锁反应。由于燃料短缺，救护车响应紧急事件、市政工人抢修电力设施、救援人员前往城市重灾区等活动都遭受了严峻考验。

另一方面，“桑迪”危及民众的人身安全。由于飓风导致的大面积停电及建筑物毁坏，医院的医疗和公共卫生系统压力急剧增大，纽约多家医院由于电源问题停诊或需要将重症患者转移到周边医疗机构，据统计，纽约市有6500名病人因飓风灾害从医院和疗养院撤离，且26个医院关闭，近9万幢建筑物被淹没。此外，道路被淹也极大影响了居民的正常生活，严重时可能危及生命安全，居民需要攀附建筑物以防被水冲走。截至11月4日，飓风导致较大的人员伤亡，共113人在狂风暴雨中死亡，而受飓风影响时，大多数美国居民没有任何洪水保险。

飓风“桑迪”自然灾害事件导致美国金融、能源、通信和交通皆受到影响，预计经济损失超过500亿美元。飓风过后，美国东北部地区的手机、电视、固定电话和互联网服务故障频发。在受灾较为严重的地区，25%的地面移动通信基站脱网，部分911呼叫中心无法正常运转，市民对外发布信息和求救通道有限，证券交易所的服务器也宕机。

（2）处置措施

①政府积极防范，协调多个部门进行救灾行动。10月29日，奥巴马赶到联邦应急管理局，召集内务部、国土资源部等部长召开内阁会议，商讨应对措施。政府部门协助地方政府开展救灾行动，协调包括卫生部、国防部、交通部、能源部和内务部在内的多个部门共同参与医疗救助、抢险救灾、灾情跟踪和灾后恢复工作。应急管理局集成了从中央到地方的救灾体系，其组织架构如图8所示。

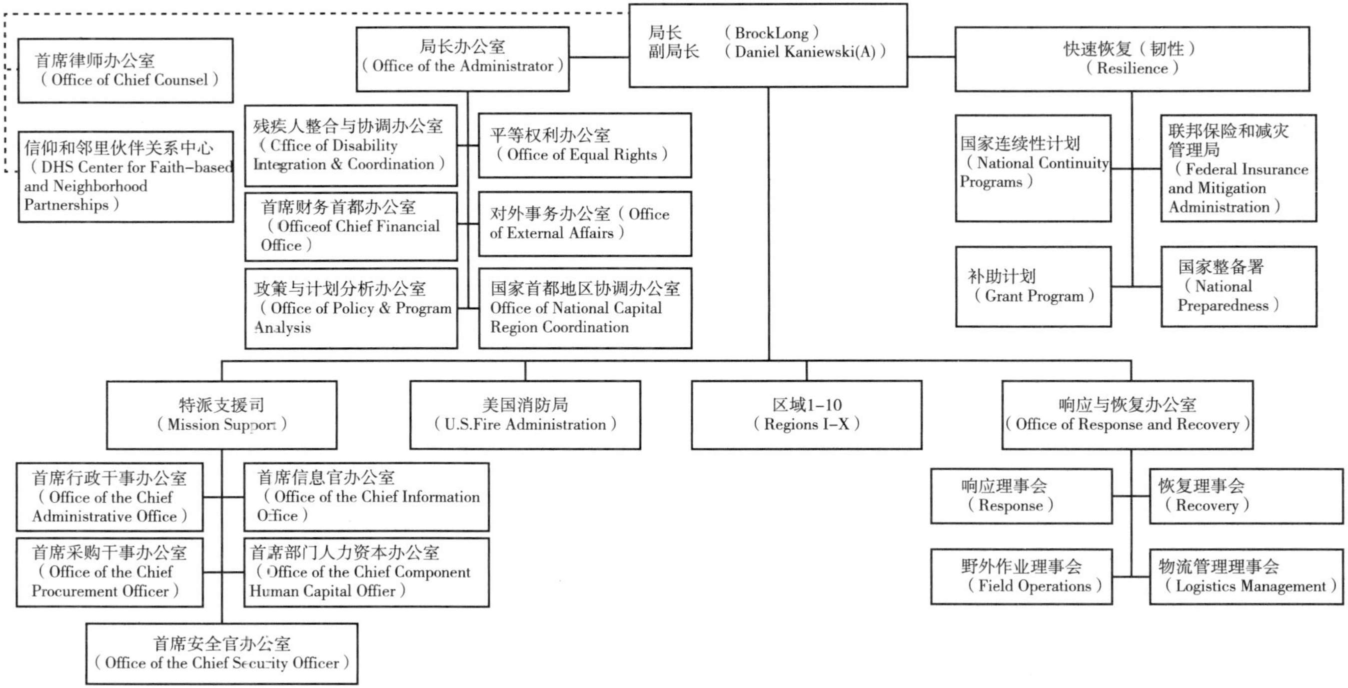

图 8　FEMA 组织架构

资料来源：https：//mp. weixin. qq. com/s? _ _ biz = MzA4Nzk3MTUyMg = = &mid = 2650370799&idx = 1&sn = 3b9dd4bbb1b1b1a818a885a34789edf3&chksm = 883c9142bf4b185489f639945647f9439a86727997b71a88fae73e3b9109a7a02990baf539de&scene = 27 # wechat _ redirect。

包括纽约和新泽西在内的10个州宣布进入紧急状态，政府敦促市民积极储备受灾期间的生活必需品，提前疏散地势不利地区的居民。飓风来袭当天，纽约市政府下令疏散37.5万居民，开放76所学校作为紧急避难所。在避难所的附近，可以看到用多种语言书写的告示，为有需要的市民指明方向，并且提醒他们需要注意的事项①。

有关部门关闭了纽约的公交、地铁和地区铁路系统，肯尼迪国际机场和拉瓜迪亚机场进出港航班大规模取消。考虑到人身安全，纽约中小学全部停课，政府非应急部门放假一天，包括纽交所和纳斯达克在内的美国市场全面休市。同时，派遣上千名国民警卫队驻扎到纽约市和长岛的多个地点进行灾害援助。

②政府与商业运营商全力保障救灾通信。美国联邦通信委员会在灾前发布应急通信指导，包括限制非紧急呼叫次数以减缓网络拥塞，缩短通话时间，仅传达重要信息，非紧急呼叫尽量使用文本短信，尝试用固定电话、手机、互联网等多种通信方式，充分利用电视和无线电广播设备，提前充电，保证电源供给等。

此外，联邦通信委员会启动了灾害信息报告系统，以统计通信设施受灾及恢复情况。商业电信运营商也采取了各种措施，依靠应急设备和队伍保证灾后通信网络的正常运行。例如，Verizon公司启动了全美和地区指挥控制中心，实时监控飓风行进和通信网络运行情况；AT&T配备了应急救灾装备和队伍，T-Mobile补充了基站发电机、微波技术设备和移动基站，以增强网络的稳定性②。

③飓风过后的交通恢复。伴随飓风“桑迪”而来的强风暴雨导致7条地铁线路以及多个公交站被淹没。“桑迪”过后，即使积水排净，地铁能否立即恢复运营仍需评估。从法拉盛到市中心曼哈顿，地

① 《纽约百年地铁多处浸水》，《都市快轨交通》2012年第6期。

② 朱贵伟：《从桑迪飓风看美国的卫星应急通信》，《卫星与网络》2013年第Z1期。

铁7号线是最主要的交通工具，该线中断给市民的日常出行带来极大不便。地铁修复期间，交通部门增加了大量的公交车班次，并在道路上增设了公交专用车道，以便市民出行①。

（3）启示

①重点关注城市给排水系统。飓风对城市排水给水系统的破坏极大程度影响着人们的正常生活，因此，政府应提前建设隔离设施，保留备用电源，保护污水处理设施免受风暴潮影响，提高污水处理厂在电网中断期间可靠运行的能力②，为城市断水区域或者水源受到污染的区域提供临时供水服务。对于城市内的大量积水，组建高效的抽水队伍迅速赶赴积水地点进行抽水工作，第一时间处理险情。此外，还应为水厂和泵站配备应急电源。城市输配水系统通常为压力供水系统，如果发生断电事故，需及时启用应急电源，以降低停水风险，尽量保证供应③。

②加强卫星通信应用。飓风引发的断电问题，使地面通信网络，固定电话、移动电话、广播、互联网等多种通信网络均受到不同程度的影响。发生灾害时，进行电话及网络联络的需求剧增，通信出现问题会导致救援的不及时，使人们陷入恐慌与危险中，因此，通信网络的韧性至关重要。卫星通信对地面设施的依赖程度低，受地面灾害的影响小，具有较高的可移动性和灵活性，且易实现大范围的信息广播，在应对重大自然灾害和应急事件时具有得天独厚的优势，可加强对卫星通信的应用，避免发生通信中断问题。

③提高群众应急能力及防范意识。加大飓风灾害的宣传力度，提高

① 罗奇峰、李琳：《飓风“桑迪”给我们的启示：关注地下空间防洪安全》，《生命与灾害》2012年第11期。

② 《纽约百年地铁多处浸水》，《都市快轨交通》2012年第6期。

③ 赵子威、李树平：《飓风“桑迪”的影响及启示研究》，《环境科学与管理》2013年第9期。

群众的灾害应急防范能力，使其认识到在灾害来临时如何科学地开展自救、互救和逃生。制定并实施公众安全文化建设，规划公众的安全文化教育、培训和演练，有序推动社会基层应急准备能力的不断提高。

2. 法国巴黎暴雪

（1）事故基本情况

暴雪定义为 12 小时内降雪量大于 6.0mm、24 小时内降雪量大于 10.0mm 或积雪深度达 80mm 的降雪过程①。暴雪严重影响甚至破坏交通、通信、输电线路等生命线工程，对人民生产、生活影响巨大。

2010 年 12 月 8 日，法国首都巴黎及其周边地区突降大雪，积雪厚度达到 11 厘米到 13 厘米。暴雪当天，法国北方多个城市同时遭到暴雪袭击，巴黎由于城市规模较大，雪后交通状况受到严重影响并迅速瘫痪。

受暴雪天气的恶劣影响，巴黎的数百架航班取消。大雪后路面结冰，私车出行困难，交通意外发生概率加大。同时，暴雪使巴黎绝大部分地区和周边 15 个外省的交通瘫痪，成千上万的受困司机被临时安置在市政厅和巴黎各所学校的运动场馆内。高速公路在暴雪侵袭下发生严重堵塞，车龙延绵 420 公里，隧道因积雪和车祸封闭，大部分驾车者弃车而逃，去往紧急救护中心。仅在通往巴黎市区的各条高速公路上，至少就有 6000~8000 人被迫在临时收容中心躲避暴雪②。

暴雪严重影响市区公共交通。暴雪天气诱发道岔挤岔、车载和轨道线路等设备故障，造成异物侵限、设备故障等情况，积雪、冰冻严重时列车无法正常上线。因无法保证列车安全运行，车站临时关闭，造成巴黎地铁线路的局部运营中断甚至整条线路运营中断。包含公交车和地铁快轨在内的 50 多项公交服务受到影响，

① 舒骏：《极端天气下的地铁应急处置方案研究》，《郑州铁路职业技术学院学报》2019 年第 1 期。

② 李钊：《大雪后，巴黎停摆》，《科技日报》2010 年 12 月 14 日。

部分城市快线地铁完全停开或半数停开，市中心巴士停驶，里昂火车站约有 400 人滞留在车厢内过夜。此外，数万户家庭在暴雪的侵袭下被迫断电，活动受限。

（2）处置措施

①相关部门暂停公共交通运行服务。暴雪期间，因路面拥堵，且有积雪和冰坡，为了车辆及人员安全，巴黎地铁和公交车公司下令停止公共汽车的运行，仅东北、南部和西南方向的少数几条线继续运行。因连接巴黎和城郊的快线地铁主要路段为露天路段，受暴雪天气影响严重，当日 B 线地铁和 C 线城际地铁班次大量减少，A 线城际地铁西部路段完全停开[①]。

②政府和警方积极采取措施。政府下令建立数千个临时收容点，以接收驾车被困在外的司机。警方派出了 2000 名警力维持交通秩序，有关部门还派出了撒盐车进行积雪消融的工作。

③解决机场滞留人员过多问题。因积雪覆盖跑道，巴黎地区两大主要机场——戴高乐机场、奥利机场均采取临时关闭措施，影响了数百架次航班的起降。因数千名乘客滞留机场，客流量大，人群拥挤，极易发生意外。戴高乐机场在关闭半小时后重新评估天气情况，于傍晚 5 时 15 分重开一条跑道。奥利机场也在关闭一个半小时后，于傍晚时分重开多条跑道，在保证安全的情况下解决了机场人流量的问题。

（3）启示

①应建立完备的暴雪应对体系。暴雪对交通的影响最大，极易导致交通堵塞。因此各部门应做好防范准备工作，避免暴雪后出现大规模的交通瘫痪问题，影响民众的出行。运营生产部门应确定雪天除雪重点位置、各级除雪负责人和联络人员信息、各区域除雪应急物资数

---

① 李钊：《大雪后，巴黎停摆》，《科技日报》2010 年 12 月 14 日。

量等相关信息。各运营区域责任管理部门加强对车辆段、停车场内的道岔、站后折返区域、高架线路、露天线路等重点部位的日常管控，随时做好开启道岔融雪装置的准备。各车站根据预警信息提前做好防滑、除雪工作，不间断监控客流变化，做好大客流响应工作[①]。各专业抢险队24小时待命，针对雪天除雪重点位置，准备应急除雪的扫雪车、除雪剂等除雪工具。暴雪到来之前在道路上撒除雪剂，以保证交通畅通。各级政府可建议当地居民在暴雪袭击之前，将汽车停放在远离主干道的场所，以便于扫雪人员迅速清理主要路面积雪[②]。

②完善相关法规。出台相应的法律法规，提高公众配合除雪的积极性。将市区及周边乡镇的道路按照重要程度和路面冰雪的危险程度分为三个等级，降雪后按等级进行道路清扫，人手短缺或扫雪进度缓慢时，危险系数较低道路的清扫可以适当延后等[③]。

③确保降雪时的电网安全。暴雪可导致居民区大规模停电，因此，应关注降雪时电网的安全问题[④]。有关单位要加强输电线路和低压配网线路巡视检查，密切监视线路覆冰情况，必要时果断采取除冰融冰措施。对降雪和冰冻造成的线路和设施受损要及时抢修，防止发生停电事件，影响居民正常工作、生活。

三　思考与建议

极端天气对城市轨道交通运营影响较大，关键在于预测预警等预防工作，并提前做好各种应急准备。

① 舒弢：《极端天气下的地铁应急处置方案研究》，《郑州铁路职业技术学院学报》2019年第1期。

② 张庆阳：《国外应对雪灾经验及其借鉴》，《中国减灾》2013年第1期。

③ 张庆阳：《国外应对雪灾经验及其借鉴》，《中国减灾》2013年第1期。

④ 白明辉：《积极应对暴雪天气确保电网安全》，《国家电网报》2010年12月17日。

（一）加强水淹灾害的预测和预警

建立水灾预测预警机制。水淹风险图、水淹预报预测等措施在水灾来临时能够发挥巨大作用。随着监测技术和计算机技术的发展，提高预报预警的准确度，可为水淹灾害的到来做好预防准备工作，将水淹造成的损失降至最低。建立地铁公司内部天气预警机制，与气象部门、水利部门建立紧密联系，及时获取天气预警信息，建设地铁暴雨水淹监测预警系统。开发与地铁安全管理体系高度融合的暴雨水淹灾害监测预警产品，在乘客信息显示系统、地铁 App 上发布基于地铁站点的实时暴雨水淹灾害预警信息。

建立完善的防水措施。在地铁站出入口、通风口和井口等位置建立相应的防水措施。出入口防水措施可选择可移动型设施，如沙袋、挡水板、片式伸缩门等，应对较小水量；建立固定性设施，如固定挡水板、防水门，用于阻挡较大水量。通风口防水可设置防水感应和挡水装置。井口防水措施可针对井口所处地势高低进行设置，建立挡水墙和设置防水门。

（二）加强轨道沿线气象预报预警能力建设

气象灾害预报业务系统发出的天气预警信号通常针对特定时间和区域，由于城市轨道线路覆盖区域范围较大，该系统不能准确、实时地反映轨道交通沿线的气象情况，无法为突发气象灾害下的行车组织提供依据。若根据天气预报或预警信号进行地铁的运营组织，易导致过早限速、停运地铁的情况。因此，应完善气象灾害预测预报体系，通过轨道交通沿线实时自动站的数据预测气象情况，提高城市轨道交通重大突发气象灾害的预报准确率和时效性。另外，在极端气象灾害频发的区域，可重点关注轨道线路实时自动站的数据波动情况，并在沿线适当增加视频监测探头，保障气象部门预测的准确性。

（三）建立气象预警信息发布系统

建立反应迅速、公开畅通的信息平台，结合气象灾害预警信号发布的有关规定及地铁施工、运营区域实际情况，确定预警最小尺度的范围和区域，通过先进的预警通信手段，向安全负责人第一时间发布暴雨、强雷电、暴雪等气象预警信号[①]。

① 王彦明、吴伟杰、韦晋：《厦门市轨道交通 1 号线专业气象服务策划方案》，第 31 届中国气象学会年会 S10　第四届气象服务发展论坛——提高水文气象防灾减灾水平，推动气象服务社会化发展，2014，第 245~252 页。

专家观点篇

Experts Reports

B.7

南京地铁着力提升综合应急水平能力

张建平*

摘 要： 本文针对南京地铁运营公司应急管理能力提升需求，从应急预案体系、专职应急救援队伍、应急救援基地和智慧应急等方面提出了六种应急能力，分别是应急响应、应急规范、救援专业、救援协同、资源整合和应急处置，分析了南京地铁六种应急能力的建设情况和不足。同时，还介绍了南京地铁运营应急抢险中心的组建、职能和运行情况。最后，以南京地铁运营气象信息预警平台、桥隧安全监控信息平台和防汛监测预警平台为案例，系统分析了南京地铁在城市轨道交通应急能力建设方面的系统性工作和思考。

* 张建平，研究员级高级经济师，南京地铁集团有限公司党委委员、副总经理，南京地铁运营有限责任公司党委书记、总经理，主要从事轨道交通企业管理、既有线路运营管理和网络化运营的筹备等工作。

关键词： 城市轨道交通　运营安全　应急管理　南京地铁

随着城市轨道交通快速发展，面对“点多、线长、面广、量大”的行业特点，地铁运营高风险、高责任、高压力以及复杂性、长期性、重复性、艰巨性、持续性的“三高五性”特征更加突出。近年来，国内外相继发生地铁轨道桥垮塌、积水淹水等事故，造成人员伤亡，考验着地铁运营应急处置能力。南京地铁立足自身实际情况，从应急预案体系构建、专职应急救援队伍打造、应急救援基地建设等方面，推进应急管理体系和能力现代化，着力提高应急响应、应急规范、救援协同、应急处置、资源整合、救援专业六大能力，逐步建立健全与运营安全需求相匹配、覆盖应急管理全过程的应急救援体系和应急能力。

一　“八化”推动应急管理体系建设

截至2021年底，南京地铁已运营线路11条、车站191座、里程427公里（含高架线193公里），合计有120万余台套设施设备。地铁运营线网已覆盖南京所有行政区，逐步向镇江、扬州、马鞍山、滁州等都市圈城市延伸，通往句容市的宁句城际已于2021年12月28日开通试运营。随着线网规模不断扩大，运营环境愈发复杂，安全运行压力日趋加大，给运营安全与应急管理带来更多挑战。地铁运营企业如何规范应急管理工作，最大限度地保障人员安全，是一个亟须解决的难题。

1. 运营应急管理体系建设背景

《“十四五”国家应急体系规划》对“扎实做好安全生产、防灾减灾救灾等工作，积极推进应急管理体系和能力现代化”提出了明确目标，部署了八个方面主要任务。地铁空间密闭、人员密集、风险点多，是行业的特殊属性，对应急管理体系和能力提出更高要求。近年来发生的运营突发事件，在应急实践和管理体系运行上都反映出突发事件应急管理的不足，主要体现在应急规章不够完善，应急组织不够完备，缺乏专业化应急队伍和公众危机意识不足等方面。

2. 以“八化”夯实运营应急救援能力

聚焦应急管理体系和能力现代化，南京地铁围绕地铁运营救援综合能力提升，总结行业突发事件处置经验，把握地铁运营应急救援特点，立足自身实际，提出应急管理“八化”理念。

应急体系扁平化，管理层级精简，管理效率提升，信息传递迅速，应急处置前移，不能上面狂风暴雨、下面和风细雨。

应急管理信息化，信息化建设基于标准化和流程化，将纸质版的应急预案电子化、流程化，用信息化控制流程。

应急队伍专业化，组建专业的应急救援队，按照“一岗多能”和“体能、技能”双重要求，提升核心专业应急救援能力。

应急处置高效化，加强构建“人员工具、装备器械直截了当、直达要害”的机制，确保人员到位、工作到位、责任到位、措施到位。

应急演练实战化，坚持演练贴近实战，坚持以演练促实战。

应急物资精细化，配置合理，布点科学，提高综合利用效率。

应急值守常态化，及时研判形势，提前做好恶劣天气、地质灾害等防范应对，强化各层级的应急值守。

应急保障联动化，加强与外部应急队伍的合作联动，建立部门与部门之间、分公司与分公司之间、部门与分公司之间的应急保障联动机制。

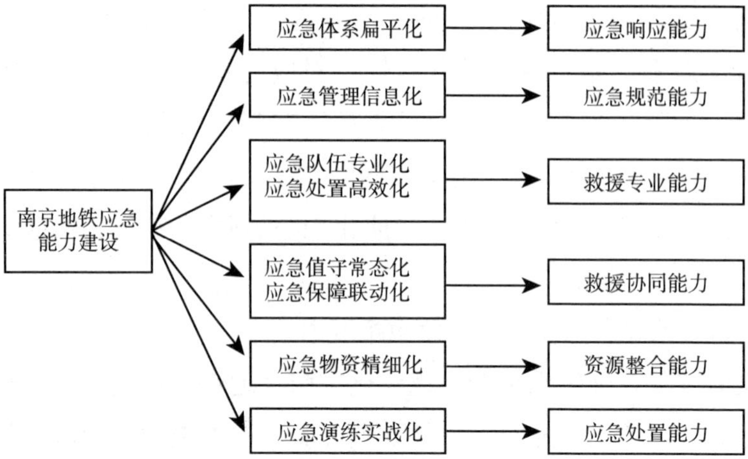

图 1　南京地铁应急能力建设路线

二　践行“八化”，提升六种能力

1. 应急体系扁平化，提升应急响应能力

南京地铁持续优化应急指挥与现场处置，逐步构建扁平化的应急指挥组织体系，形成了极端情况下“五级停运”处突机制，有力地提升了突发事件应急响应能力。

（1）扁平化的应急救援处置体系

南京地铁应急指挥与处置体系由应急管理领导小组（指挥协调组）、行车客运组、现场抢险组、事件调查组、后勤保障组、信息报送组、监督检查组、医疗救护组和安全警戒组 9 个应急工作组与各分公司应急工作小组及现场处置机构组成，初步形成了扁平化的应急救援组织体系（见图 2）。

（2）“五级停运”应急处突机制

南京地铁采用分灾种、分级别响应机制，分类制定地震、台风、防汛等多种灾害事故专项应急预案，经过多年应急处置经验积累，综

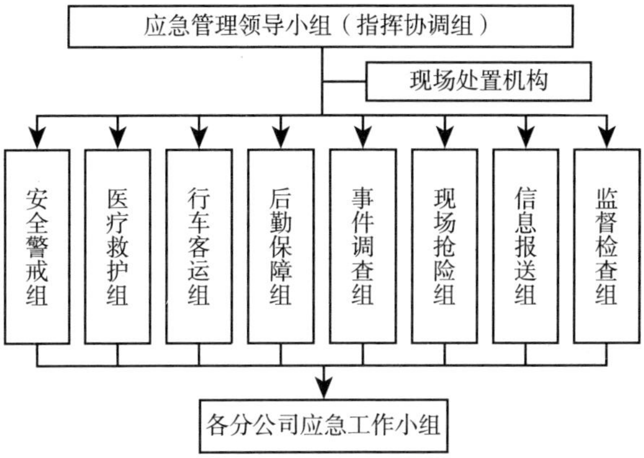

图 2　南京地铁应急指挥与处置组织体系

合地铁运营行业特殊性，本着“坚持安全优先、减少服务影响”原则，研究制定了“五级停运”应急处突机制。“五级停运”指关闭出入口、关闭车站、区间停运、线路停运和线网停运。本着现场快速决策原则，“五级停运”机制有效推进应急决策前移。通过制度化文本，“五级停运”机制明确决策执行条件及相关责任岗位，现场人员可根据实际情况进行判断和决策，落实落细“该停则停、边停边报”处突操作。

2. 应急管理信息化，打造应急规范能力

安全管理信息化是保障运营安全、提升管理效率、加快安全生产信息流转的有效手段，应急管理信息化是安全管理信息化的重要一环。南京地铁运营公司通过管理信息化促进管理规范化，进一步加强应急管理各个层次和不同环节的制度化建设。

（1）应急管理信息化

2020 年 11 月，南京地铁运营安全管理信息系统上线试运行，2021 年 6 月“应急管理模块”上线应用，包括应急救援体系、应急预案管理、应急物资管理、应急队伍管理、应急演练管理、案例库、事故事件管理等 7 项子模块，进一步加强了应急演练的过程管控，为应急队伍、应急物资三级布点提供了技术支撑，实现了应急预案、物资及队伍动态管理以及应急演练实时统计和科学评估，强化了案例分析学习。

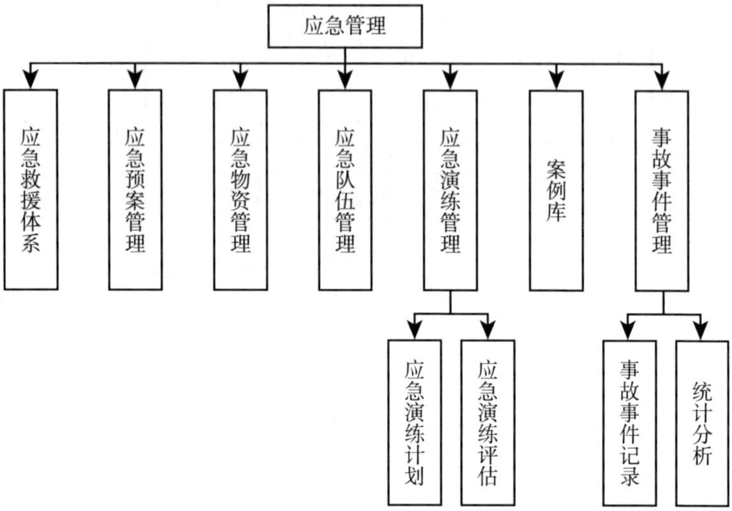

图 3　应急管理模块功能架构

南京地铁运营公司通过对专项预案进行结构分解，按照应急救援所涉及的信息报送、应急响应、现场处置等阶段，形成规范化的应急预案处置流程。在运营安全管理信息系统“应急管理模块”中，关联现场应急队伍和应急物资，结合 GIS 技术，实现预案执行流程直观化操作，有效规范了处置标准和流程。

（2）多渠道及时传递突发信息

南京地铁运营公司自主开发基于钉钉平台的“短信通”，可实现钉钉消息、手机短信、钉钉电话方式同时发布应急预警、应急响应与应急终止信息。当发生 I 级（红色）和 II 级（橙色）突发事件时，突发事件信息可通过“短信通”平台以“钉钉消息+手机短信+钉钉电话”方式传递至事件相关领导与专业人员。“短信通”平台可查看三种渠道信息接收状态，在文字信息的基础上，通过“钉钉电话”功能强化提醒相关人员第一时间查收事件信息，迅速落实响应任务。除“短信通”平台外，各运营控制中心按照突发事件汇报分组表进行电话汇报，进一步汇报突发事件处置情况，保证相关信息能够及时准确传递到决策与抢险人员。

图4 南京地铁运营公司“短信通”平台

3. 应急队伍专业化，打造应急救援专业能力

南京地铁运营应急抢险中心于2021年8月9日正式成立，主要负责运营公司应急管理，承担车辆、结构和防汛等大型综合应急抢险任务。南京地铁运营公司正按照“4321”目标，不断加强中心建设，即建立4支应急队伍，30分钟到达现场，体能技能双达标，成为行业第一。中心现设综合管理科、应急管理科和4支抢险救援队，共6个二级组织（见图5）。目前中心已到岗43人，已完成2支抢险救援队的筹建工作，远期根据线网发展增配至4支抢险救援队。根据运营线网抢险布点辐射和抢险救援30分钟赶至现场的要求，2支抢险救援队一南一北分别设置在小行和马家园车辆基地，基本覆盖城区主要线网。

为加强抢险救援队伍建设，南京地铁主要从“严纪律、强体能、提技能”三方面开展工作。按照准军事化标准强化抢险救援队伍的

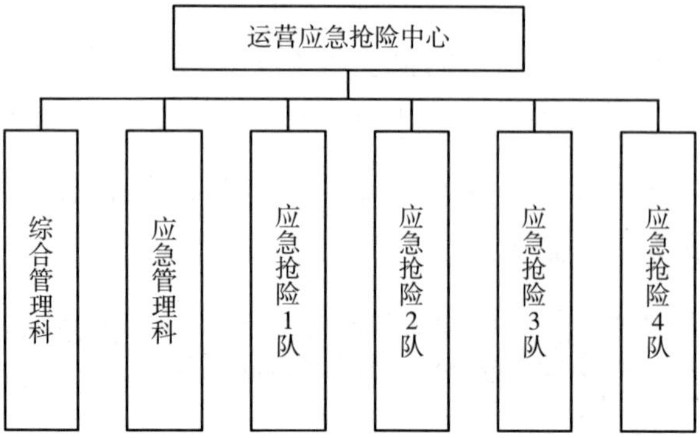

图5　南京地铁运营应急抢险中心架构

纪律管理，建立救援队员一日工作生活制度，例行进行操课、体能训练，将准军事化管理融入日常工作生活中，培养良好的纪律作风。下一步，南京地铁将加速推进另外两支抢险救援队伍组建，按照全覆盖、区域化的要求，合理设置驻点，满足主要线路30分钟应急响应要求。针对宁扬、宁滁等城际线路，采取应急设备布点+专兼职救援队伍的方式开展应急救援，达到全线网30分钟应急响应的要求。

4.应急值守常态化、保障联动化，打造应急救援协同能力

南京地铁充分识别各类风险，及时研判安全形势，提前做好恶劣天气、地质灾害等防范应对。强化运营公司及分公司各层级的应急值守，每年初印发《线网预警信息收集发布规定》，从气象预警、汛期信息、汛情搜集等方面做出明确规定，根据应急预案要求，完成公司应急值班表的编制工作；根据应急响应的级别，及时发布抢险保障通知，各单位参照预警登记及综合应急预案启动应急响应。同时，建立部门与部门、分公司与分公司、部门与分公司之间的应急保障联动机制，全面提升运营处突能力。积极开展运营公司外部应急资源调查，掌握可用于参与各类运营事故处置的社会应急资源情况，建立健全与外部单位的应急联动机制，定期与市应急管理局、市交通运输局等部

门开展联合实战演练，打造信息共享、队伍协同的救援能力。

5. 应急物资精细化，打造应急资源整合能力

南京地铁运营强化应急资源管理，打造运营“站点—区域—基地”三级扁平化的应急救援模式，同步加强与专业救援单位联络互动，建立应急联动工作机制，形成资源共享、会战联动的新格局。

（1）站点应急资源配置

为有效预防各类突发事件发生，以最快速度开展应急救援，轨道交通线网内的每个车站作为一线应急响应点，都应具备抵御一定风险和处置一般突发事件的能力。南京地铁车站级应急物资配置以客运分公司191个车站为基础，采用一站一预案的形式，将应急物资种类、摆放位置以图片展示形式附在各个站点的现场处置方案中。站点配置的应急资源主要包括个人防护资源、基本应急资源以及使用消耗较快、最常见的抢险工具，包含防汛、防寒、消防、人员疏散等通用型物资、工具设备。与区域应急中心和应急基地相比，涉及专业的抢险工具较少，建设及管理成本也相对较低。

（2）区域应急中心资源配置

各专业分公司应急抢险队伍的应急物资按照《城市轨道交通运营期间安全评估规范》中明确的区域应急中心配置要求进行配置，主要包括尖轨、钢轨、防洪沙袋和水泵等小型救援设备。同时，所有队伍、物资信息已同步至南京地铁安全管理信息系统中，在GIS地图上就可直观地展现队伍的布点、物资的储备及救援范围等关键信息。区域应急中心具有对较大事件处置的专业能力，在应急资源配置的种类、数量以及规模等方面较车站更为专业。

（3）应急基地资源配置

应急基地以车辆段和停车场为基础，具备对特别重大、重大事件的处置能力，满足负责辖区内较大救援需求及较高应急响应的资源及服务需求，还能支援其他因条件局限、情况特殊而不能独立完

成救援任务的站点。除基本的应急设施设备外，应急基地已配备大型的事故救援设施设备、抢险车、工程车和专门的演练场地，建设用于储备大量应急资源的仓库和用房等。针对轨道交通结构、供电接触网抢险、大型排水及车辆救援等均按照专业特点设置应急基地，并在应急基地中配置相关抢险设备。针对结构应急抢险，应急基地配置了汽油机抽水泵、混凝土钻孔机、多功能升降工作灯等大型救援设备；针对车辆救援，在线网的每一个基地均配置了一套复轨救援设备，采取应急设备布点+专兼职救援队伍的方式开展应急救援，满足全线网30分钟应急响应的要求；针对防汛抢险，配置防汛物资调用车，配备堵水、排水物资及设备，随时支援防汛处置现场。在发布暴雨红色预警时，每个基地配置汛期防汛专用列车，遇汛期突发水情地面交通瘫痪导致汽车无法通行、车站出入口及变电所等场所被雨水淹没无法进入等情况时，地铁仍具备运行条件时，专门用于紧急调派沿途抢险人员和防汛物资。

（4）建立应急联动机制，形成资源共享、会战联动新格局

为充分了解外部应急资源动态，定期邀请第三方专业机构开展应急资源调查，梳理突发事件应急处置需要的各类社会性应急资源状况，包括相关领域专家、负责救治伤患的医院以及紧急情况下可供调用的企事业单位应急物资等。如与气象局联合开发气象预警平台，与公交公司签订公交接驳协议，与地铁公安联合建立警地联动机制，与隧道排水和大型吊装等外部单位建立联动机制等，形成资源共享、会战联动的应急联动新格局。

6. 强调应急演练实战化、高效化，加强应急处置能力

（1）依托三级预案，开展各类实战演练

针对综合应急预案，南京地铁每半年进行1次实战化演练，依托多个专项预案，模拟真实场景，协调外部单位共同参与。与消防局联合开展地铁车站火灾综合演练，与市交通运输局联合开展宁句城际线

公交接驳演练，与市防汛抗旱指挥部办公室联合开展防汛抢险综合实战演练等，通过参与实战演练进一步提升运营公司应急抢险实战能力。还将联合公安、医疗、公交等外部单位，针对隧道被击穿导致列车脱轨、人员区间疏散等开展综合演练。通过开展综合性演练，全面提升运营公司内外部联动能力。

针对专项演练，采取一家组织、共同参与的形式，2021 年南京地铁运营公司共开展专项演练 257 项。每项专项演练，均模拟具体场景，明确灾害程度，各参与单位通过信息报送、发布、应急响应、事故处置，真实模拟事故的处置流程，并做好演练关键节点的记录，用数据真实评估演练的时效性。

针对现场处置演练，各专业根据自身专业特点，采取每日一练和月度、季度联合演练等多形式开展现场处置演练，实现工班每个员工每年至少将所涉及的现场处置预案全部演练一遍的目标。

（2）强化复盘演练，检验应急处置整改情况

为进一步增强应对事故灾难的能力，正确认识应急处置工作的重要性，南京地铁根据往年典型案例及国内外轨道交通案例，制定复盘演练计划，并针对国内外近期发生的突发事件，及时组织开展相关复盘演练，包括水淹、隧道被击穿、站台门夹人夹物等 13 项复盘演练。针对复盘演练事件中具体的场景，分析风险、隐患和处置过程的问题，并明确有效处置流程。通过开展复盘演练，检验应急处置整改情况，验证整改措施的科学性和可行性，优化行车组织效能，并在演练后做好总结评估，对未达到提升效果的演练进行再复盘、再总结。

（3）研究“双盲应急演练”模式，提高员工应急意识

结合应急能力评估，研究突发性的“双盲应急演练”模式，利用夜间空载回库列车，常态化开展“不打招呼”式的救援连挂、非正常行车组织调整等演练项目，不断强化应急响应“双盲应急演练”，提升公司员工的应急意识。

三　深化科技兴安，提升智慧应急管理水平

1. 建立应急联动信息网，实现智慧应急救援和指挥

建立应急联动信息网，采用大数据+网格化+信息化+5G 通信等手段，实现现场及远程应急指挥、智慧应急救援。南京地铁运营线网指挥中心克服传统单线路级综合监控短板，从行车、供电、设备、客流、视频监视等各方面，提供多视角、多维度的运营监视管理、集中指挥与协调。实现了应急预案电子化管理、应急资源管理、综合预测预警、突发事件的应急指挥与应急处置一键联动等功能。线网运营人员通过应急处置系统可跨线路、跨区域中心进行应急资源调配与应急指挥。针对灾害天气，南京地铁联合南京市气象台打造了气象预警服务平台，能够有效监测地铁线路 3 公里范围内的台风、暴雨、暴雪、大雾、高温、强雷电、低温冰冻等天气情况，快速、及时、准确地收集气象信息，提升南京地铁在恶劣天气情况下的应急处置水平，为运营决策提供科学高效服务。

2. 强化预警监测，打造智慧精准的安全运营保障系统

在结构安全方面，南京地铁运营公司开发完成了桥隧安全监控信息平台，通过互联网技术、数据库技术对桥隧安全监控业务相关信息进行集成，实现对现场作业、数据管理、结构治理等信息化管理。通过地理信息技术和互联网技术，将安全监控现场作业过程、监控成果等内容进行有效管理，利用评价模型对结构进行安全评估，以可视化方式进行黄橙红分级预警，并对现场结构治理进行管控，实现安全监控的标准化、规范化和信息化目标，提高了工作效率与管理效能。在防汛安全方面，南京地铁自主研发南京地铁防汛监测预警平台（见图 6），采用 5G 无线传输自动采集数据，后台完成数据处理和统计分析。按积水未淹至轨底，列车可通行（Ⅳ级预警）；淹至轨底未淹没

扣件（Ⅲ级预警）；淹没扣件未至轨顶，淹水情况可以排堵（Ⅱ级预警）；淹没轨顶，淹水情况无法排堵，造成行车中断（Ⅰ级预警）等防汛点设置水位阈值，并根据模型数据和阈值自动判定预警等级，实现水位监测及预警预报，及时推送至防汛负责人。施工调试安全方面，南京地铁运营公司与相关单位联合开发试车线列车防碰撞预警系统，能够在试车线异常行车状态时给司机多种报警提示。此外，振动光纤防入侵系统、受电弓在线检查系统等智慧预警系统都已进入试用阶段，将显著提升南京地铁运营安全管理水平。

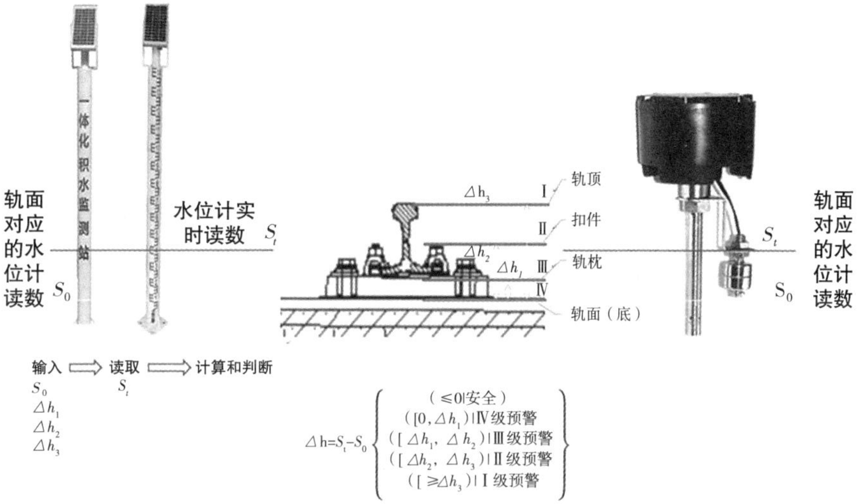

图 6　南京地铁防汛监测预警平台

四　探索应急管理创新

江苏省尚无城市轨道交通运营安全与应急技术研究平台，计划由省行政主管部门牵头，依托南京地铁运营有限责任公司、苏交科集团股份有限公司共同发起，引入高校、科研院所、企业的智力资源和科研成果，建立江苏省城市轨道交通运营安全技术研究中心，形成

“政、产、学、研、用”相结合的轨道交通运营安全技术协同创新平台，开展前瞻性、公益性和基础性的运营安全与应急技术研究，为各级行业主管部门提供专业的安全决策、咨询和全方位的技术支撑服务。研究中心将以防范化解重大安全风险、提高防灾减灾救灾能力为目标，聚焦关键基础设备设施、人员密集场所、安全保护区、网络化运营等重点领域，开展常态和突发状态下城市轨道交通运营安全与智慧应急技术研究。

五　结语

为满足高度复杂性、高度不确定性风险应对的需求，近年来，南京地铁运营公司围绕应急预案体系、常态和突发状态下应急管理机制建设、三级应急救援基地打造等，实现从单灾种向综合防灾的不断迭代。为把好运营安全最后一道关，南京地铁运营公司成立应急抢险中心，努力打造一支“统一指挥、反应迅速、本领高强、能打硬仗”的专职抢险救援队伍。“十四五”期间，南京地铁将持续推进信息技术与应急管理业务的有效融合、深度应用，以信息化推进应急管理能力现代化。强化应急抢险设备集成化、轻量化、专业化的方向研究，建立应急联动信息网支撑灾害监测预警、现场及远程指挥应急辅助决策，实现南京地铁应急管理向智慧应急的不断升级。

B.8
京港地铁运营安全风险管理实践

贾红娟*

摘　要： 京港地铁围绕“风险为本”的理念建立运营安全管理体系，结合法律法规和ISO31000风险管理指南的要求，从识别、分析、评价、控制及回顾与监控等环节，全过程做好运营安全风险管理，有效分配资源，将安全风险降至合理可行情况下的最低水平。风险管理作为运营安全管理的核心要素，为应急预案编制、应急演练等其他安全管理要素提供了抓手。自2009年开通运营以来，京港地铁持续实施运营安全风险管理，为实现安全运营起到了重要保障作用。

关键词： 地铁运营　风险识别　风险分析　风险评价　风险控制

一　引言

随着城市轨道交通运营里程的不断增加，运营安全管理水平需要不断提升。为管控设施监测养护、设备运行维修、行车组织、客运组织、运行环境等板块中的风险，2019年，交通运输部颁布实施了《轨道交通运营安全风险分级管控及隐患排查治理管理办法》，2021年，新版《安全生产法》提出了安全风险分级管控的要求。风险管

---

* 贾红娟，现任京港地铁运营安全风险管理经理，参与编制《城市轨道交通运营安全风险分级管控及隐患排查治理管理办法》。

理作为运营安全管理的核心要素，是编制应急预案、开展应急演练等其他安全管理要素的基础。结合法律法规和 ISO31000 风险管理指南的要求，京港地铁建立了运营安全风险管理体系，从风险识别、分析、评价、控制及回顾与监控等方面进行全过程管理，并建立对应的组织架构，开发风险管理信息系统，实现运营安全风险管理的全过程管理。

二 建设期和运营期的风险管理

城市轨道交通风险管理分为建设期风险管理和运营期风险管理。建设期风险管理更关注“后果”，时间上表现为阶段性，目的是建设并向运营环节移交一个安全的轨道交通系统，关注的风险多为设计建造类，风险控制措施多为“闭口措施”，一旦执行完毕，不再关注设计建造类风险及措施；运营期新资产的引入风险管理与建设期风险管理的目的类似。建设期和更新改造过程的风险管理，主要遵循《轨道交通 可靠性、可用性、可维修性和安全性规范及示例 第 2 部分：安全性的应用指南》（GB/T 21562. 2-2015），在设计和建设阶段提高设备的 RAMS 表现，尽可能减少带给后期的风险。

相较而言，运营期风险管理更关注“成因”，时间上表现为持续性，城市轨道交通运营过程非常复杂，需要众多的工种参与，不同的组织、流程、岗位、人员，以及这些要素与各种场所、区域、设备相交叉，在运营、维护方面会出现很多风险。这些风险有些已经在建设期由设备设施承包商识别出来并移交了运营环节，有些是在运营过程中才能被识别出来的，并且这些风险如果通过后期增加技术手段消除，需要投入很多的资源。在一些建设、运营分开管理的城市，实现起来更为困难，需要通过持续的管理将其维持在较低的风险水平。而持续的风险管理需要全体运营人员参与，贯穿每个人、每个岗位、每个工作流程，需要将导致风险的细致成因识别出来，并加以有效的持续管控。运营期的风险管理，是一项长期的任务，在遵循交通运输部发布的《城市轨道交通运营安全风险分级管控和隐患排查治理管理办法》（交运规〔2019〕7号）的基础上，需要企业从所运营线路自身特点出发，不断优化和完善安全管理体系、制度和措施。下面各部分将介绍京港地铁运营期安全风险管理的各个过程。

三 运营安全风险管理过程

（一）风险识别

风险识别就是识别风险场景、风险事件、一类危险源、二类危险源、风险成因、风险范围、风险点等，是尽量将风险的各个要素描述清楚的过程。风险识别需要有经验的专业人员进行，分析运营过程中由人、设备、环境或管理流程带来的可能造成乘客、公众伤害或服务延误的风险。运营安全风险识别可分以下几个步骤进行。

第一，确定主要风险场景，如列车脱轨、冲突、车站水淹、车门与安全门间隙夹人行车等。

第二，确定更细化的风险场景，风险场景由一系列事件组成，从扰乱正常运营的事件开始，然后通过一系列后续事件发展到最终事件；每一个事件均可能由多种原因形成，可以用故障树进行分析，每个事件可能造成多个不同后果，可以用事件树进行分析；风险场景可以从既往发生的事件中提炼，例如，“车门与安全门间隙夹人行车”场景类别下，可识别到更细化的风险场景：车门关闭后安全门未关闭，乘客被安全门夹住不能移动（很可能随身携带物品被已关闭的车门夹住），站务员操作就地控制盒上的“手动开”导致单门旁路（手动开与手动关均可旁路），安全门全关闭环路建立，障碍物探测器功能未发挥作用，无人驾驶列车开动，乘客被挤压身亡。还可以通过工作危害分析、危害及可操作性分析、故障模式影响及危害分析、任务及差错分析等方法进行系统风险识别。

第三，确定范围及风险点。确定风险分析的范围，如线路、正线或场段等。确定风险点，如果是与人有关的风险，先划分部门、岗位、工作任务、工作步骤；与设备设施有关的风险，划分系统、子系统、部件、最小可更换单元；与工作场所环境有关的风险，划分为更小的区域。

第四，分析一类危险源。找出可能发生意外释放的能量或危险物质，例如，运行中的列车、带电的接触轨等。

第五，分析二类危险源。找出使保护措施产生缺失、弱化、失效的状态或行为；每个风险成因，都要从人、设备设施、场所环境、管理四个方面，基于过去、现在和将来三个时态，区分正常、异常和紧急三种状态分析成因，特别是要找到最根本的原因。

第六，风险记录与管理。风险的内容将供其他人员参考，而他们不太可能了解风险的全部背景，这就需要第三人以易于理解的方式记录风险所有的相关信息，京港地铁采用风险管理系统进行风险的登记和风险的全过程管理。当环境等条件发生变化时，如执行新法律法规、新标准或新工作制度，采用或修改新工作程序或工作指引，采用新材料、新设备、新工艺或新技术，既有设备/设施的更新改造，试验及试用工程等，在采取行动前，都必须先识别风险。

（二）风险分析

风险分析是以风险识别的结论为基础，对风险可能性与后果严重性进行分析的过程。风险分析是风险评价和风险应对决策的基础。

风险可能性分析是通过对风险的固有属性、受影响对象的风险承受能力、风险管理者对风险的控制能力等要素的综合分析，确定风险事件发生可能性的过程。可能性定量分析主要包括人员操作错误概率的定量分析和设备可靠性及设备维修错误概率的定量分析。需要的数据包括相关的风险点（场所、设备设施、工作流程、岗位等）、二类危险源（即成因，必须查找直接成因，即直接导致事件发生的人和设施设备的成因）、成因的频率或概率数据等。

设备设施的失效概率评估可以通过承包商提供的可靠性数据、运维历史数据获得，但人为差错概率需要借助模型确定，从 20 世纪 50 年代开始，相关研究得到广泛关注。1986 年，Williams 提出了人因差错评估（Human Error Assessment and Reduction Technique，简称 HEART[①]）模型，并逐步发展成为适用于铁路人因差错定量分析方法。HEART 模型是英国铁路广泛采用的人因定量分析方法，英国铁路安全及标准委员会（Rail Safety and Standards Board，简称 RSSB）结合铁路行业特点对 HEART 模型进行适当改良，于 2012 年 6 月发布《铁路行为可靠性评估使用手册——铁路行业人为差错定量技术》，使人员可靠性评估在铁路行业更易实施。

风险后果分析是指针对风险管理工作目标，分析风险事件可能产生的不利影响，确定后果类型、受影响对象和严重程度的过程。运营安全风险的后果关注人身伤害、经济损失、运营服务。其中人身伤害对应的判定标准是死亡人数、重伤人数、轻伤人数，经济损失是对经济损失数额的判定，运营服务按照政府相关的运营服务标准判定。

（三）风险评价

应采取科学方法从发生频率和后果严重程度两个方面制定评估标准，进行风险等级评估，将风险进行轻重缓急优先级的排序。风险矩阵是一种进行定性风险评估的工具，须根据公司的风险接受能力制定风险矩阵。如图 1 所示运营安全风险矩阵，以 R2（E，4）为例，表

---

① Williams, J. C. ,HEART-a proposed method for assessing and reducing human error. Ninth Advances in Reliability Technology Symposiumn, NEC, Birmingham, June 1986, AEA Technology, Culcheth, Warrington.

运营风险矩阵

				严重程度						
				7	6	5	4	3	2	1
				微不足道	极轻微	轻微	严重	危急	重大	特别重大（灾难性的）
安全		死亡数目						少于3个	3至49个	50个或以上
		重伤数目					少于3个	3至49个	50个或以上	-
		轻伤数目				少于3个	3至49个	50个或以上	-	-
服务		路网中断				少于30分钟	几小时	1天	1星期	1月
		线路中断			少于30分钟	几小时	1天	1星期	1月	几个月
		车站服务中断		少于30分钟	几小时	1天	1星期	1月	几个月	1年
频率	A	每周发生数次或更多	>=100/年	R3	R1	R1	R1	R1	R1	R1
	B	每月发生数次	>=10-<100/年	R4	R2	R1	R1	R1	R1	R1
	C	每年发生数次	>=1-<10/年	R4	R2	R2	R1	R1	R1	R1
	D	十年发生数次	>=0.1-<1/年	R4	R3	R2	R1	R1	R1	R1
	E	运营以来发生过一次	>=1E-2-<1E-1/年	R4	R3	R3	R2	R1	R1	R1
	F	不大可能出现	>=1E-3-<1E-2/年	R4	R4	R3	R3	R2	R1	R1
	G	非常不可能出现	>=1E-4-<1E-3/年	R4	R4	R4	R3	R3	R2	R1
	H	发生可能性极少	>=1E-5-<1E-4/年	R4	R4	R4	R4	R3	R3	R2
	I	不可能发生	>=1E-6-<1E-5/年	R4	R4	R4	R4	R4	R3	R3
	J	难以置信的	<1E-6/年	R4	R4	R4	R4	R4	R4	R3

风险等级的定义

R1除特殊情况外，必须消除该类风险
R2必须将风险减低至最低实际可行的水平
R3可忍受的风险，但仍须按成本效益尽量减低风险
R4可接受的风险，不需要采取任何行动

伤害的定义

重伤：
骨折(除手掌或脚板外)
断肢
眼睛严重受伤或衰失视力
触电而须实时医药治疗
因缺氧而昏迷
严重刺伤
因感染病菌而医药治疗

轻伤：
任何非重伤的伤害事故

图 1　运营安全风险矩阵

示“在几十年内发生一次重伤”，此风险是必须将风险降低至最低实际可行水平的。

必须根据对整个公司可能受到的影响来评估。例如，一般车站的风险会影响所有车站，而特定车站的风险则只会影响一个车站。风险等级应反映发生该事件发生的总频率，以及对所有乘客及员工造成的整体影响。在风险矩阵表中，以危害严重程度与发生频率的组合表示，决定所需的跟进行动。风险等级共分为 4 个级别，有不同的风控制策略，如表 1 所示。

表 1　风险等级及控制策略

风险等级		风险控制策略
R1	高风险	除特殊情况外必须降低该类风险
R2	不理想	在合理可行情况下必须降低风险
R3	可容忍	风险可以容忍,但仍须按成本效益尽量减低风险
R4	可接受	风险可以接受

一般情况下，风险矩阵是一个快速查看风险等级的工具，当快速查阅的结果风险等级为 R1、R2 时，需要进行量化风险评估，利用故障树、事件树等方式进行量化风险评估。风险评估应考虑的因素包括但不限于设计问题、维护问题、操作问题、程序问题、人的因素问题和环境问题，这些都可能影响危害事件的频率和严重程度。进行风险评估应征询相关各方和员工的意见。

采用新科技/系统或改动系统设计以提高效率或质量，有时会导致风险轻微上升或将风险转移到其他方面，必须谨慎考虑是否可以接受任何上升的风险。根据《城市轨道交通运营安全风险分级管控和隐患排查治理管理办法》、《公路水路行业安全生产风险识别评估管控基本规范（试行）》、《北京市交通行业安全生产风险管理办法》和《生产安全事故报告和调查处理条例》，将风险分为重大风险、较大风险、一般风险和较小风险四级，判定标准如表 2 所示。

表 2　风险等级判定标准

风险等级	判定标准
重大风险	指一定条件下易导致特别重大安全生产事故的风险。特别重大事故，是指造成 30 人以上死亡，或者 100 人以上重伤（包括急性工业中毒，下同），或者 1 亿元以上直接经济损失的事故
较大风险	指一定条件下易导致重大安全生产事故的风险重大事故，是指造成 10 人以上 30 人以下死亡，或者 50 人以上 100 人以下重伤，或者 5000 万元以上 1 亿元以下直接经济损失的事故
一般风险	指一定条件下易导致较大安全生产事故的风险。较大事故，是指造成 3 人以上 10 人以下死亡，或者 10 人以上 50 人以下重伤，或者 1000 万元以上 5000 万元以下直接经济损失的事故
较小风险	指一定条件下易导致一般安全生产事故的风险。一般事故，是指造成 3 人以下死亡，或者 10 人以下重伤，或者 1000 万元以下直接经济损失的事故

先按照运营安全风险矩阵确定风险等级，为与交通运输部要求的分级相统一，需对风险等级根据交通运输部要求的风险等级进行转换（见图 2）。

（四）风险控制

京港地铁风险控制措施的制定包括以下准则：先设定风险偏好；合乎成本效益（有时通过成本效益分析作为依据）；提出的风险控制措施符合相关技术规范和管理制度；符合“低至合理可行”原则。

风险控制措施的最低限度必须达到有关法律法规或国家的标准。风险偏好是指风险容忍度，包括保守、中立、激进。风险控制方法包括风险保留、风险消除或降低、风险分担、风险规避等。风险保留，主要针对低频率低严重性风险；风险消除或降低，针对高频率低严重性，一般为日常经营造成的风险，需要专门设计流程进行管理；风险分担，针对低频率高严重性的风险，通过保险、外包给更专业的团队进行分担（但保险只能分担后果中的财产损失部分，不能分担其他后果）；风险规避，针对高频率高严重性的，避免涉及此类业务。

运营风险矩阵

				严重程度						
				7	6	5	4	3	2	1
				微不足道	极轻微	轻微	严重	危急	重大	特别重大（灾难性的）
		安全	死亡数目					少于3个	3至49个	50个或以上
			重伤数目				少于3个	3至49个	50个或以上	–
			轻伤数目			少于3个	3至49个	50个或以上	–	–
		服务	路网中断			少于30分钟	几小时	1天	1星期	1月
			线路中断		少于30分钟	几小时	1天	1星期	1月	几个月
			车站服务中断	少于30分钟	几小时	1天	1星期	1月	几个月	1年
频率	A	每周发生数次或更多	>=100/年	较小风险	一般风险	一般风险	一般风险	一般风险	重大风险	重大风险
	B	每月发生数次	>=10–<100/年	较小风险	一般风险	一般风险	一般风险	一般风险	重大风险	重大风险
	C	每年发生数次	>=1–<10/年	较小风险	一般风险	一般风险	一般风险	一般风险	重大风险	重大风险
	D	十年发生数次	>=0.1–<1/年	较小风险	较小风险	一般风险	一般风险	一般风险	重大风险	重大风险
	E	运营以来发生过一次	>=1E–2–<1E–1/年	较小风险	较小风险	较小风险	一般风险	一般风险	重大风险	重大风险
	F	不大可能出现	>=1E–3–<1E–2/年	较小风险	较小风险	较小风险	较小风险	一般风险	较大风险	较大风险
	G	非常不可能出现	>=1E–4–<1E–3/年	较小风险	较小风险	较小风险	较小风险	较小风险	较大风险	较大风险
	H	发生可能性极少	>=1E–5–<1E–4/年	较小风险	较小风险	较小风险	较小风险	较小风险	一般风险	较大风险
	I	不可能发生	>=1E–6–<1E–5/年	较小风险	较小风险	较小风险	较小风险	较小风险	一般风险	一般风险
	J	难以置信的	<1E–6/年	较小风险	较小风险	较小风险	较小风险	较小风险	一般风险	一般风险

风险等级的定义

R1除特殊情况外，必须消除该类风险
R2必须将风险减低至最低实际可行的水平
R3可忍受的风险，但仍须按成本效益尽量减低风险
R4可接受的风险，不需要采取任何行动

伤害的定义

重伤：骨折(除手掌或脚板外)
断肢
眼睛严重受伤或衰失视力
触电而须实时医药治疗
因缺氧而昏迷
严重刺伤
因感染病菌而医药治疗

轻伤：任何非重伤的伤害事故

图 2　运营安全风险转换矩阵

ALARP 原则是指确定控制措施应考虑降低风险的成本，除非风险控制措施所需的成本与实施此措施所带来的效益极不成比例，否则应采取所需的控制措施。根据 ALARP 原则，在实施风险控制措施前，应进行价值评估。价值评估从安全及法律法规符合性、内部收益、运营服务承诺、员工工作环境、乘客满意度等 5 个方面进行评价，最终评价得到 4 个级别的评分，有助于比较各个不同的控制措施的优劣，以便于选择符合 ALARP 原则的控制措施，如表 3 所示。

表 3　价值评估等级

等级	定义	描述
V1	价值评分≥20	项目有效的控制 R1 安全风险成本、符合法规要求/强制性性能要求、创造 25%甚至更高的内部收益率，否则客户服务承诺协议将面临许多不足
V2	20>价值评分≥14	项目有效的控制 R2 安全风险成本，为财务控制部门创造了内部收益率会议中所要求的反馈，否则客户服务承诺协议将面临许多不足
V3	14>价值评分≥5	项目有效的控制 R3 安全风险成本，并创造了 7%甚至更高的内部收益率，否则保持客户服务目标但无法解决客户服务目标中所存在的不足
V4	价值评分<5	项目对商业目标贡献很小

（五）风险回顾与审核

风险负责人通过运营表现对已识别出的风险进行回顾。对剩余 R1/R2 风险，风险负责人须每 6 个月回顾有关的风险及向运营风险管理委员会汇报。对剩余 R3/R4 的风险，风险负责人必须于 24 个月内回顾有关的风险，并呈交风险工作组或运营风险管理委员会。公司经营活动发生重大变化后，应重新进行风险评估。相关的法律法规发生重大变化时，应重新进行风险评估。发生事故之后，从人（能力、利益相关方）、组织（组织及管理责任、文化）、流程（审核及系统保证、标准和程序、风险管理）、设备/环境（资产管理）几方面进行风险回顾，如图 3 所示。

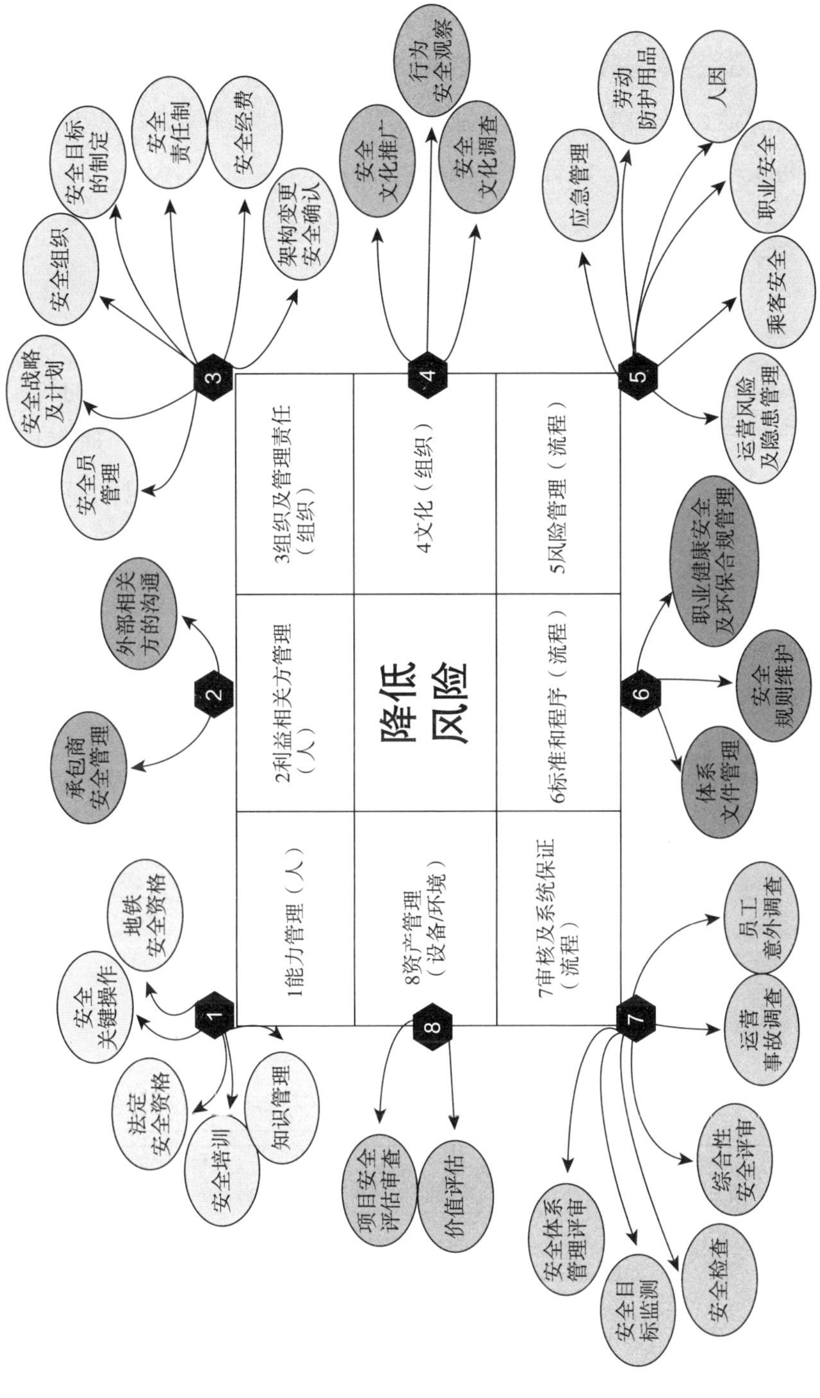

图3 从人、组织、流程、设备/环境方面回顾风险

运营风险管理委员会定期审核及更新风险管理系统中已登记的风险。审核范围主要包括：是否有更先进的技术及数据资料支持推行新风险控制措施；已确定的良好风险控制措施是否因科技进步而变得过时；近期改动的程序、设计及操作状况等。

（六）风险管理组织

针对运营安全风险管理，分层建立各级管理组织（见图 4），确保推动风险分级管控机制的落实。在一线部室成立了 6 个专业的风险工作组，每月定期审议新增风险及隐患，监督风险与隐患管理表现，每两个月向运营风险管理委员会汇报。风险工作组成立的目的是支持部室审查和批准风险负责人的行动。部门总管可以批准成立多个风险工作组，每个风险工作组覆盖一个特定的专业领域，或者几个部门可以联合起来建立一个跨部门的风险工作组。运营风险管理委员会负责推行运营风险管理策略，以及监控与审核运营安全活动的风险管理表现，成员为工程经理、运营经理及以上人员。

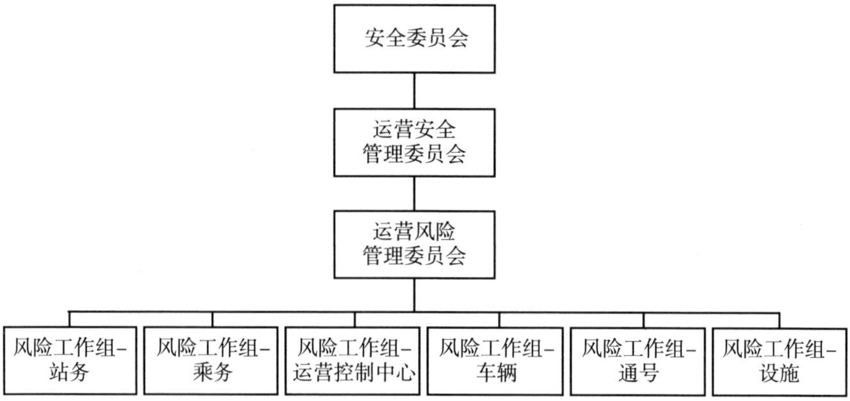

图 4　运营安全风险管理组织

（七）建立风险管理信息化系统

京港地铁借鉴港铁经验开发了风险信息管理系统 ASRisk，利用信息化手段对风险进行动态化管理（系统界面见图 5）。该系统可实现风险组、风险矩阵等数据配置管理、风险报表管理，将风险周边相关的专项管理数据整合到同一个系统中，并与风险建立联系，如安全关键项、风险预警项、人的因素等，可实现风险新增、批准、回顾等过程管理等。

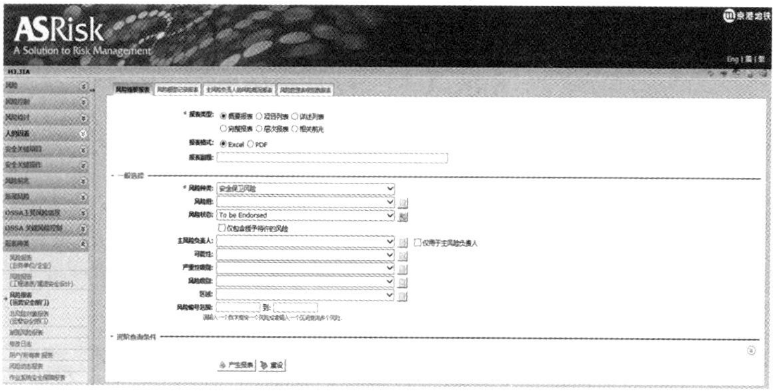

图 5　风险信息管理系统 ASRisk 界面

在 ASRisk 系统中能够为每个风险匹配隶属的风险组，每个风险组匹配负责人，使得每个风险以及每一项风险控制措施都能够指定到具体的负责人员。同时，系统能够实现风险新增、批准、回顾等全过程管理，实时反映风险所处的状态，以及控制措施的执行、关闭状态。系统还提供了风险定期回顾评估的提醒功能，确保风险的及时回顾。ASRisk 系统也提供了多种报表供用户选择，包括风险的详细列表、风险数据统计表等。

ASRisk 系统中除了对风险进行管控外，还记录了安全关键项、风险预警项、人的因素等非风险对象（见图 6）。这些项目从不同角度对风险进行强化识别和控制，识别出的重点项均与风险控制措施紧密相关，可在系统中实现与风险的关联。

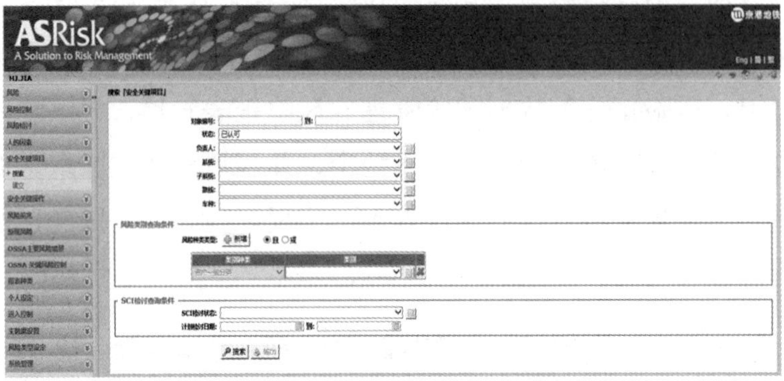

图 6　ASRisk 风险预警项的界面

四　结语

全过程的风险管理对于地铁运营安全至关重要，应将运营安全风险管理贯穿到地铁建设、运营的全过程，特别是利用好建设期、更新改造过程中承包商提供的危害日志、安全须知等，将其中对运营维护的要求真正落实到后续的日常管理中。风险的识别、分析、评价既需要有风险管理经验的人员参与，又需要有专业技术人员参与，风险管理有分级管控要求，需要建立适当的组织架构，对风险的识别、分析、评价、控制等过程进行管理，定期进行风险检讨。同时，企业应建立一套适合的信息化系统，以保证风险管理的全过程内容的记录，同时有助于实现 ISO31000 风险管理指南中要求的沟通环节的顺畅实现。另外，任何的变更，如组织架构、工作任务变更，新设备、新技术等的引入，季节变化等都是新风险出现的时机，要建立容易落地的管理制度规范这些关键时期的风险管理工作。

B.9
城市轨道交通运营成本分析及精益管理研究

卢剑鸿*

摘　要： 随着中国城市轨道交通的快速发展，城市轨道交通运营体量与规模迅速增长，运营成本费用也随之增高。目前多数运营企业票务收入无法覆盖运营成本，成本快速增长及资金缺口问题日益凸显，运营成本的精益管理对行业可持续发展具有重要现实意义。本文通过对城市轨道交通运营企业关键成本调研分析，从人工成本、能耗成本、维修成本三个方面研究，发现关键成本影响因素主要包括员工数量、员工薪酬、设备数量、能耗价格等方面。本文研究了运营成本的变化趋势，从提升岗位效能和人力资本价值、实施能耗精准管控和健全标准化成本管理体系等方面提出了建议方案。

关键词： 城市轨道交通　运营成本　精益管理　可持续发展

一　国内外运营成本情况

截至2021年底，全球共有79个国家和地区的541座城市开通城

* 卢剑鸿，西安市轨道交通集团运营分公司副总经理（主持工作），高级工程师，长期从事城市轨道交通运营管理工作，在城市轨道交通运营管理、车辆管理、客运管理、企业管理等方面有丰富的管理实践经验。

市轨道交通运营线路，运营里程36854.2公里①。中国内地累计有50座城市开通城市轨道交通运营线路9206.8公里②，总里程约占全球城市轨道交通运营总里程的25.0%，排名全球第一，线路总里程是“十二五”末（2015年）3618公里的2.5倍。

中国内地最早开通运营的北京地铁至今已运行超过50年，北上广深等多个城市已逐步进入设施设备密集维修期，面临高额维修费用。随着越来越多的线路投入运营，城市轨道交通运营收支不平衡的现象逐渐凸显，给地方财政带来较大压力。2018~2020年《城市轨道交通运营企业运营数据报告》显示，2018~2020年仅西安和杭州出现过运营票款收入成本比（运营票款收入与运营总成本的比值）大于1的情况（见图1）。整体来看，城市轨道交通运营入不敷出是普遍状况。通过分析城市轨道交通行业2016~2020年的人公里运营成本和人公里票务收入、车公里运营成本和车公里票务收入，国内城市轨道交通人公里收支差范围为0.2~0.7元，平均0.4元；车公里收支差范围为6~15元，平均9.6元，收支缺口持续存在（见图2）。

2020年，受新冠肺炎疫情影响，城市轨道交通客运总量降低，总收入同比下降10.5%，其中票款收入下降26.1%，资源经营收入下降7.2%，而同期总支出增长31.5%③。需要说明的是，票务收入与票价密切相关，我国对城市轨道交通实行政府定价，从全行业来看，多数城市轨道交通运营企业制定票价时兼顾了企业社会属性与公益属性，票价普遍较低，计价方式多数为“里程计价”和“区间计

① 韩宝明、李亚为、鲁放等：《2021年世界城市轨道交通运营统计与分析综述》，《都市快轨交通》2022年第1期。

② 中国城市轨道交通协会：《城市轨道交通2021年度统计和分析报告》，https://www.camet.org.cn/tjxx/9944。

③ 王先进、贾文峥主编《中国城市轨道交通运营发展报告（2020~2021）》，社会科学文献出版社，2021。

价”，一般为起步价 2~3 元乘坐 4~6 公里或相应数量的区间，后续乘车价格以“递远递减”为原则计算，乘坐里程越长票价增长幅度越低，根据中国城市轨道交通协会年报数据计算，2020 年城市轨道交通平均票价约 3.48 元/人次，而出行平均成本达到了 15.24 元/人次。

从国际情况来看，运营成本大于票务收入的情况也比较普遍，以伦敦为例，伦敦地铁采取分时段分区域计价，跨区域越多则票价越高。通过查询伦敦交通局官网①，2022 年 3 月 1 日起伦敦地铁实施新票价，市中心区的最低票价为 2.5 英镑，设置每日收费上限 7.7 英镑。2021~2022 年度财务报表（2021 年 4 月 1 日至 2022 年 3 月 31 日）显示，伦敦地铁总收入 1547 百万英镑，总成本 2285 百万英镑，收支差达到 738 百万英镑②，成本远大于收入。

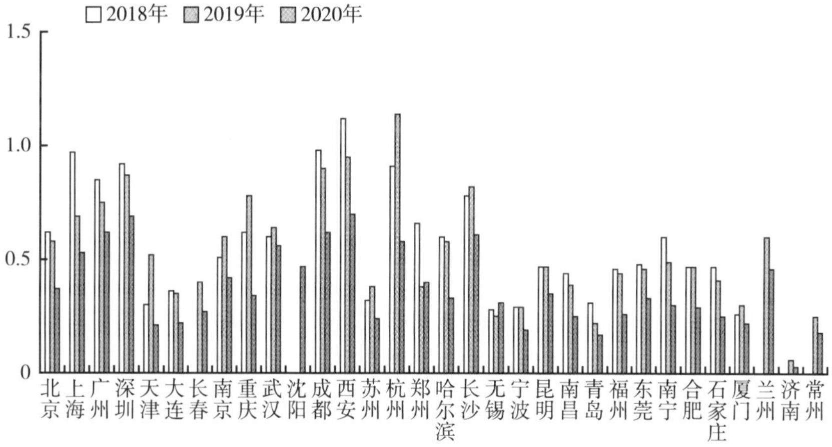

图 1　中国城市轨道交通运营企业运营票款收入与成本比

资料来源：中国城市轨道交通协会年报统计。

① Transport for London. Fares form 1 March 2022, https://tfl.gov.uk/campaign/new-fares?intcmp=34454.

② Transport for London. Financial Statements For the year ended 31 March 2022, https://content.tfl.gov.uk/draft-statement-of-accounts-2021-22.pdf.

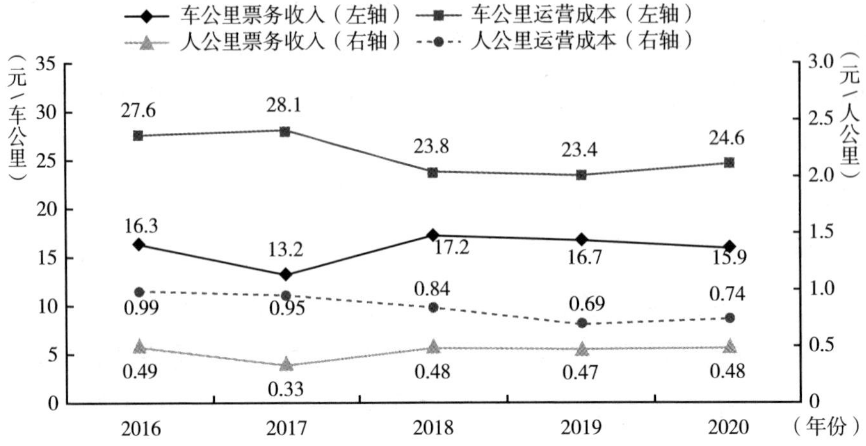

图 2　中国内地城市轨道交通票务收入与成本对比

资料来源：中国城市轨道交通协会年报统计。

综上所述，尽管票务收入是中国城市轨道交通运营企业的主要收入来源，但在“公益优先，兼顾效益”的定价原则下，运营企业更需从运营成本管理与控制角度解决入不敷出问题。目前，各运营企业都在积极探索各种成本精益管理方法，各具特色，但仍尚未形成较为系统的方法可供行业借鉴参考。因此，西安地铁在 2021 年牵头组织了“城市轨道交通运营成本管控研究”课题，在中国城市轨道交通协会运营管理专业委员会指导下，联合深圳、成都、南京、沈阳等城市轨道交通运营企业以及北京交通大学、长安大学 2 家高校共同研究，通过大量调研、分析城市轨道交通运营成本数据，总结各企业在运营成本管控方面的先进经验，开展运营成本精细化管理研究，在保证安全质量与服务品质的前提下，提出可供行业借鉴的运营成本管理对策，对城市轨道运营企业实现降本增效具有重要意义。

二　运营成本构成

（一）运营成本的研究范围

运营成本是指城市轨道交通系统为完成乘客运输所消耗的以货币形式表现的一切费用支付，包括员工工资及福利、能源费用、材料费用、折旧费用和其他费用等。

为了便于描述和说明，本文不考虑折旧、摊销等，将城市轨道交通运营成本主要分为人工成本、能耗成本、维修成本、安保及保洁成本、其他成本。各类运营成本核算范围如表1所示。

表1　城市轨道交通运营成本科目核算范围

成本科目	核算范围
人工成本	向运营员工支付的工资薪金、职工福利、社会保险、住房公积金、工会经费、职工教育经费等费用
能耗成本	使用水、电、燃气等资源所支付的水费、电费、燃气费、暖气费及其他能耗费用
维修成本（含架大修和技改）	设备维修、大修和更新改造所需的材料费、高价互换配件费（1万元及以上）、备品备件费、委外维修费等费用
安保及保洁成本	向安保、保洁等委外单位支付的劳动服务费及设备购置费用
其他成本	不包括前述四项成本科目中的其他为保障城市轨道交通正常运行而产生的管理费用和财务费用，如保险费、办公费、通信费、差旅费、税金等

根据“城市轨道交通运营成本管控研究”课题调研数据，城市轨道交通运营企业人工成本占比普遍在50%以上，能耗成本占比约11%~14%，维修成本占比约12%~15%，安保及保洁成本占比约12%，其他成本占比约8%~11%。各项运营成本占比如表2所示。

表 2　城市轨道交通运营成本构成科目平均占比

单位：%

科目	2018 年	2019 年	2020 年
人工成本	51.7	55.0	53.9
能耗成本	13.3	11.9	11.0
维修成本（含架大修和技改）	12.9	12.1	14.4
安保及保洁成本	11.4	11.6	12.1
其他成本	10.7	9.4	8.6

资料来源：根据“城市轨道交通运营成本管控研究”课题调研整理。

（二）各关键运营成本的影响因素分析

1. 人工成本

城市轨道交通运营组织复杂、专业门类较多，各生产专业人员需求量大，由此产生的人工成本费用较高，人工成本在运营总成本中占比较高。通过调研数据发现，运营人工成本在运营总成本中的占比集中分布在 50%~60%，具体如图 3 所示。

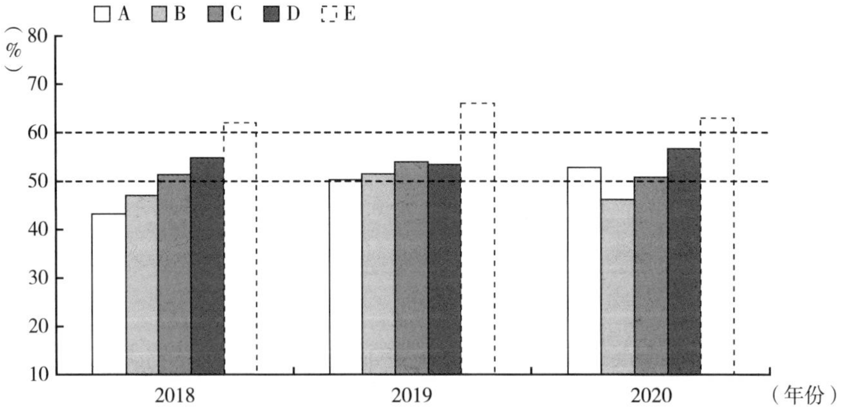

图 3　2018~2020 年部分城市轨道交通运营企业人工成本占比

注：A、B、C、D、E 表示不同的运营企业，下同。

资料来源：根据“城市轨道交通运营成本管控研究”课题调研整理。

人工成本的影响因素有员工数量、企业薪酬水平、国家政策、地区经济发展水平和劳动力市场供求关系等。为分析人工成本与员工数量、人均工资水平和地区生产总值的相关性（见图4、图5、图6），通过散点图及回归模型进行验证，人工成本与企业员工数量、企业人均工资及地区生产总值的决定系数 $R^2 \geqslant 0.8$，表明人工成本与企业员工数量、企业薪酬水平和地区经济发展水平高度相关。

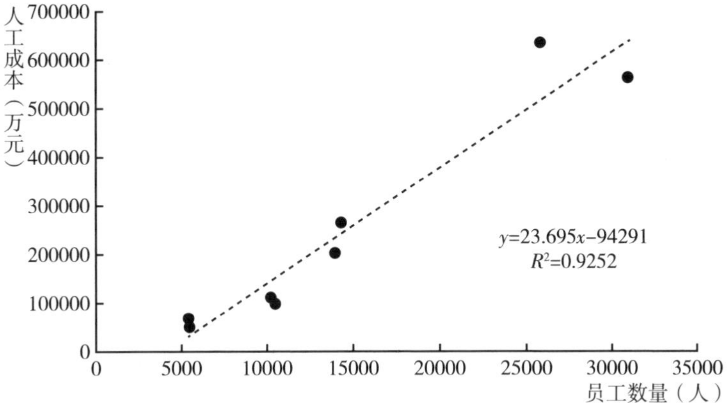

图4　人工成本与企业员工数量回归分析

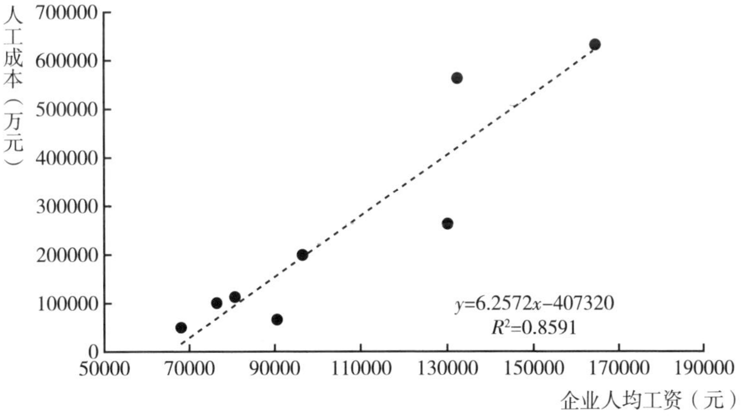

图5　人工成本与企业人均工资回归分析

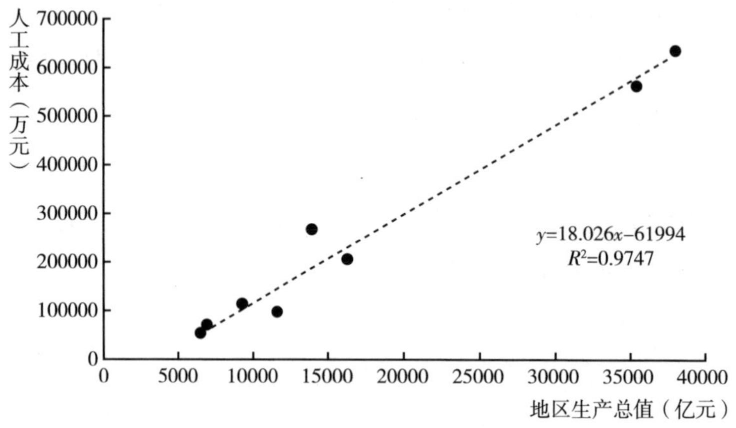

图 6　人工成本与地区生产总值回归分析

2. 能耗成本

城市轨道交通运营所需能源包括水、电、燃气等，由于城市轨道交通系统主要依靠电力牵引运行，因此运营能源消耗以电能为主，调研发现，电费成本基本达到总能耗成本的 90%以上，因此本文主要针对电耗进行研究。

能耗成本的影响因素主要包括电价、用能设备数量、用能设备性能、用能设备运行时长、运营车公里、外界环境、车站制式及线路设计等。通过散点图及回归模型（见图 7～图 10），可以看出能耗成本和车站数量、运营时长及运营车公里的决定系数 $R^2 \geq 0.8$，能耗成本和电费单价的决定系数 $R^2 < 0.8$，表明能耗成本与用能设备数量、用能设备运行时长和运营车公里高度相关，和电费单价拟合程度不高。

3. 维修成本

为保证城市轨道交通系统安全运行，对车辆、轨道、信号、供电、机电等各专业设施设备进行修理维护所产生的费用就是维修成本。按维修阶段可分为日常检修、设备中修和设备大修；按维修主体不同可分为自主维修、委外维修和联合维修三种；此外还有设备更新改造。

通过散点图及回归模型（见图 11），维修成本和线网运营车公里的决定系数 $R^2 \geq 0.8$，表明维修成本的影响因素有运营车公里、检修间隔及维保标准等。

综合考虑线网发展阶段、维保成本、技术和资质条件以及管理水

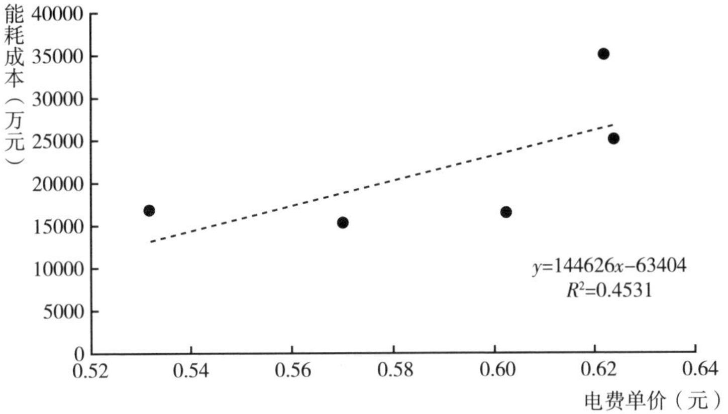

图 7　能耗成本与电费单价回归分析

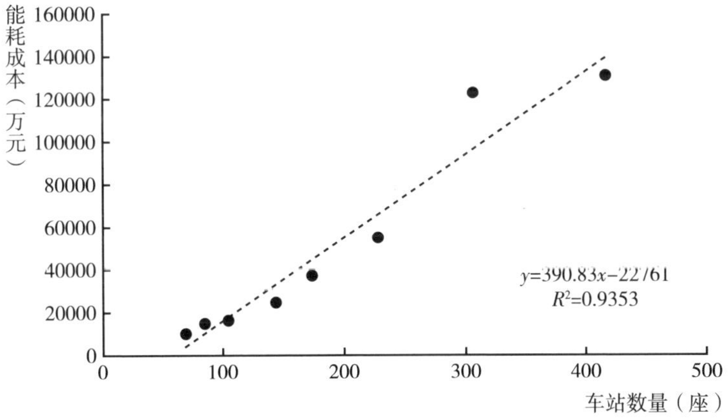

图 8　能耗成本与车站数量回归分析

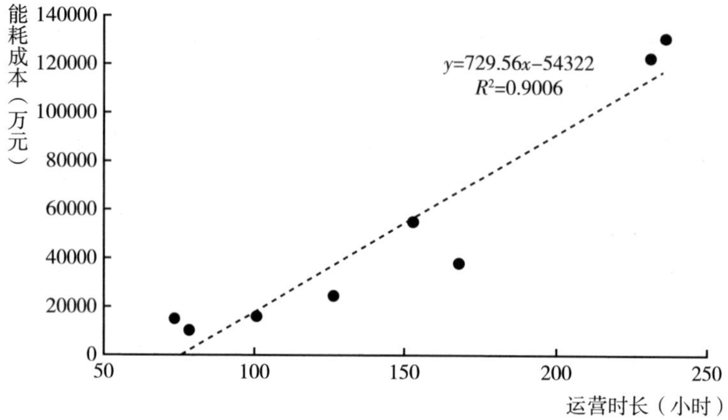

图 9　能耗成本与运营时长回归分析

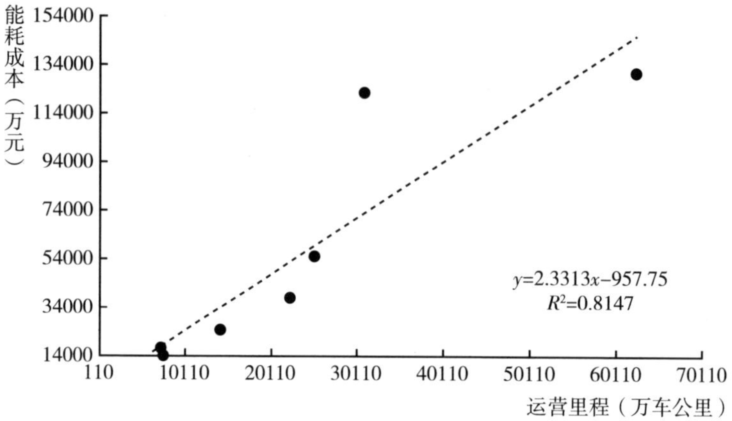

图 10　能耗成本与运营车公里回归分析

平等因素，运营企业通常对涉及运营安全的行车核心设备进行自主维修，如车辆和通号设备；而对市场成熟度高的非行车核心设备或有法规要求的特种设备则采用委外维修，如机电和工电（工建+供电）专业中的房建、轨道、电扶梯等。

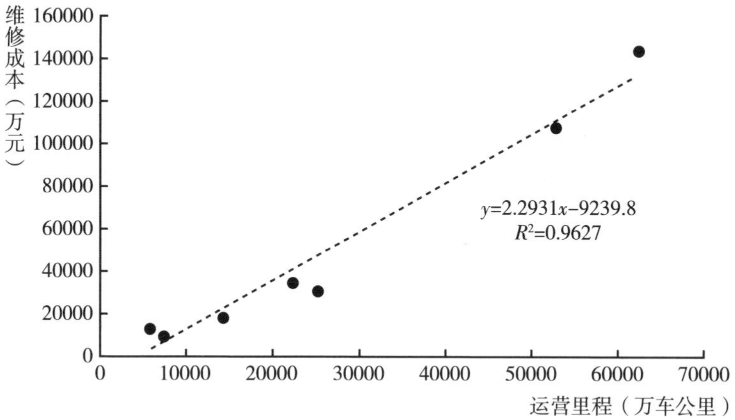

图 11　维修成本与线网运营车公里回归分析

对日常维修而言，图 12 为各调研企业机电、车辆、通号、工电（工建+供电）四大专业自主维修和委外维修占维修成本比例情况，其中机电主要包括给排水、低压配电、AFC、FAS 及气灭、站台门、电扶梯、综合监控、安检机等专业，车辆主要包括电客车、工程车及工艺设备，通号是指通信和信号专业设备，工电是指供电和工建，包括变电、接触网、轨道、房建、结构等专业设备，这里简称工电。可以看出，机电专业和工电专业均以委外维修为主，有 4 家企业工电专业委外维修占比在 80%以上，机电专业委外维修占比在 75%以上；通号专业多数以委外维修为主，其中 C 企业完全采取自主维修模式；车辆专业以自主维修为主，C 企业和 E 企业自主维修占 100%。

三　运营成本发展趋势分析

（一）人工成本

1. 人工成本占比高，并且将长期维持高位

城市轨道交通运营属于人工密集型行业，虽然国内少数几个城市

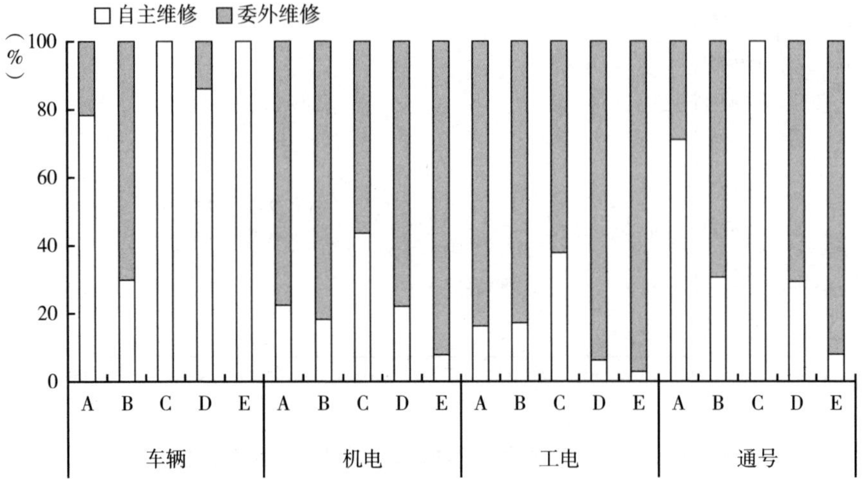

图 12　部分调研企业各专业自主维修和委外维修占比

资料来源：根据“城市轨道交通运营成本管控研究”课题调研整理。

已建成全自动运行线路，但多数城市的既有线路还是要大量依靠人力资源来维持司机驾驶、车站客运服务以及车辆维护等运营生产服务。随着运营年限的逐步延长，系统设备逐渐老化，在系统设备的维护、保养、监测等方面投入的人力也会逐步增加。同时，受岗位晋升和物价上涨等因素影响，人工成本支出也会呈现自然增长趋势。尽管目前行业内在大量推行智能运维等新技术手段，但是考虑到技术可靠性和安全性，维持日常运营仍需要大量人工。因此，长期来看，人工成本仍将是城市轨道交通运营企业运营成本的主要部分。

2. 人员流动性较大，成熟员工培养成本高

近年来，行业快速发展，开通城市轨道交通运营的城市、线路、里程均大幅增加，城市轨道行业岗位缺口大，从业者在不同企业间流动促进职业发展，而且人员流动幅度呈增加态势。城市轨道交通的管理、技术、司机、调度等关键岗位人员培养周期长、难度大、成本高，一旦离职，企业需要重新招聘和培养。校园招聘一般时间固定，

招聘成本不高，但校招学生普遍存在工作经验不足、培训期长、培训成本高等问题。社会招聘时间不固定且入职后培训周期短，但社会招聘员工普遍薪酬期望较高。为应对上述问题，城市轨道企业应积极探索新路径，通过前置校园招聘人员培养期、拓宽人员招聘途径、优化薪酬体系、完善培养机制等，降低人员流失率和培训成本，使企业保持人力资源竞争力。

（二）能耗成本

1. 既有线路节能新技术利用率有待提高

近年来，城市轨道交通行业采用了空调系统节能控制、中压再生能量回馈等节能新技术，从使用情况来看，节能新技术推广利用率不高。主要原因如下：一是节能技术在既有运营线路改造投资费用高，根据投资与节能效果综合考虑会出现“节能不节钱”的情况，例如，部分既有线路通风空调系统节能改造，为了应用新技术，需要对车站结构、设备机房等进行大规模改造，导致改造投入成本过高、成本回收周期过长、节能不节钱的问题；二是受制于计量手段，节能效果难以准确评估，造成在吸引资金上缺乏说服力，例如，现有地铁车辆能耗计量工具无法实现对牵引能耗、再生制动反馈能量、制动电阻能耗等多路车辆能耗的精准计量，再生制动能量吸收装置等节能技术应用效果评估难度大，导致企业难以决策。

2. 管理节能存在巨大发展潜力

对于城市轨道交通运营企业来说，管理节能是指通过加强组织管理，利用各种手段对用能人员、用能设备及能耗定额标准进行科学管理，实现降低能耗和成本的目的，管理节能是一个持续探索与研究的过程。当前，个别企业试点采取了运营期的管理节能手段，包括“一站一节能”差异化节能措施、制定环境设备运行规定、分区域分时段实施定额管理等多种措施，后续还应不断研究和实践，探索建立一套完整的标准、规范，形成有效的能源管理体系，实现能源的体系化管理。

3. 能耗统计的基础设备不足

节能管理需要精准的计量表计，计量表计是能源科学管控必不可少的基础工具，长期以来存在“少、多、散、慢”的特点，准确来说，就是配置表计少，精确计量难；就地查看多，准确统计难；数据分布散，集中管理难；靠人分析慢，科学预测难。例如，部分城市轨道交通线路在建设期计量表计安装较少，部分线路未安装智能牵引表计及分类、分项表计，造成运营期统计数据不准确，运营能耗数据只能由设备巡检员工就地抄表统计，效率较低。

（三）维修成本

1. 运营维修生产组织有待优化

目前，多数城市轨道交通运营企业设施设备维修以预防修为主、状态修为辅的模式开展，预防修能够在一定程度上保障设施设备状态良好，但可能会造成过度维修、资源浪费、维修成本攀升等问题。基于大量设备运行状态数据，通过深度挖掘数据、掌握内部规律开展维修规程优化，借助大数据、云平台、物联网等先进技术建设智能运维系统，是提升设施设备维修效率的发展方向。在实现路径上，要重点解决数据孤岛、维保标准、系统管理、技术可靠性等方面的关键问题，避免为了智能而忽视应用效果及经济效益，反而陷入需要投入更多成本的怪圈。

2. 核心技术部件国产化难题有待解决

我国城市轨道交通建设起步较晚，早期城市轨道交通设备主要依靠进口产品，法国阿尔斯通、德国西门子、加拿大阿尔特等在城市轨道交通市场占据主导地位。随着技术、设备国产化进程加速，我国部分信号厂商已经实现基于通信的列车自动控制系统部分技术自主化，但在核心技术方面，轨道交通领域使用的铅酸电池、镍镉电池基本采用购买国外电池极板、在国内组装的方式，电池核心的极板技术长期被国外垄断，不利于国内供应链安全和成本控制。长期来看，需要提高车辆装备、通信信号系统等核心技术部件国产化率，在市场推广等方面出台扶持政策，为国内企业采购和使用国产技术产品创造政策条件。

3. 备品备件采购及储备策略需要优化

城市轨道交通设施设备体量庞大，对应专业的备品备件需求量巨大。一般而言，企业会根据经验制定物资库存量，从而保障运营所需，同时降低备品备件储备成本。但在实际操作中，为了满足日常所需，通常都会购置高于需求的备品备件，从而造成资金占用、物资积压等问题。以西安地铁数据为例，2018~2020 年备品备件全年入库总比例在 71%~78%，全年出库总比例在 64%~76%，呆滞结存比例为 10%~26%，年末呆滞结存金额均超过 1000 万元。对备品备件的采购和存储，可以探索构建备品备件分类体系，制定差异化采购储备策略，实施“定量补货仓+定期补货仓”等定额管理模式，避免出现库存大量积压造成资源浪费、影响企业资金流动等问题。

（四）标准化成本管理能力较弱

标准化成本管理体系已在电力、石油、房地产等多个行业得到广泛应用，而城市轨道交通行业由于运营成本结构复杂、线路间设备存在差异、不同阶段设备状态不同，标准化成本管理体系的构建和应用难度较大。此外，搭建标准化成本管理体系需要大量数据支持、统计和分析，完善的信息化平台才能实现内部资源共享、数据高效处理，信息化平台是搭建标准化成本管理体系的基础。从行业横向对比来看，运营成本统计范围与口径各有差别，实施成本规制的城市在范围上也不尽相同，特别是在更新改造、大修维护等费用的统计上差异较大，不利于行业内形成适用性强的标准化成本管理体系，制约企业间开展对比分析研究。

四 运营成本精益管理实施路径

（一）人工成本精益管理实施路径

人工成本作为城市轨道交通运营成本占比最大的部分，运营单位可通过提升岗位劳效、促进专业融合、优化人才梯队等措施合理控制人工成本费用。

1. 提升岗位劳效

对于发展成熟的城市轨道交通运营企业，提升岗位劳效对节约人工成本有很大帮助，企业可从工时、定编等方面着手，对不同技能水平同类型岗位及同专业不同岗位层次人员的工作产出情况进行研究，分析岗位配比、人员技能及梯队建设的合理性，优化生产运作流程，进一步细化成本控制的单位量值。西安地铁综合考虑现有组织架构、有效工时和专业维保工作量，开展了专业岗位融合及班制改革，以客运专业为例，将自然站管理调整为区域站管理，将售票岗由“四班两运转”调整为“三班两运转”，同时随着电子支付的普及，现金应用减少，将票务结算方式由原来的“日结”改为“七日结”。从实际应用效果来看，在保证一线正常运转的同时，客运专业减员达24%，核减人员调整到新建线路作为新线人员储备，实现了总体减少人工成本、提升人员劳动生产率的目的。

2. 多种途径提升人力资本价值

人力资本是可再生资源，企业应关注人力资源的开发和优化利用，优化“招聘—培训—上岗—晋升”流程，打造“一专多能，一岗多能”的复合型人才队伍，为专业岗位深度融合夯实基础，培养企业人才梯队结构。企业的招聘策略和晋升通道对队伍建设和人力成本控制有较大影响。西安地铁根据新线开通计划提前招聘储备员工，以新线开通当年前推按“6∶4”的比例分两年储备，通过校企联合、以老带新、师徒带教等方式加速岗前培养。专业序列岗位更多凭借企业内部晋升选拔来进行梯队建设；专业技术人员现阶段以社会招聘为主；生产服务重复性较高、复杂度不高的岗位，以校园招聘及校企合作订单培养为主。通过采取多途径打通成长链、补强人才链，顺应行业发展和企业岗位变革步伐，进一步优化人才队伍结构，促进企业人力资源可持续发展，有效提升人力资本价值。

（二）能耗成本精益管理实施路径

城市轨道交通能耗成本中以电力消耗为主，而牵引用电和动力照明用电占比最大，因此，加强节能改造及管理是实现降低能耗、提高能源利用效率的关键。随着技术发展与进步，光伏发电、飞轮储能以及能源管理系统等技术的应用成为城市轨道交通运营行业降低能耗成本的重要途径。

1. 开发城市轨道交通光伏项目

城市轨道交通运营企业场段面积大、屋顶资源丰富，高架线路及地面线路等具备安装光伏发电组件的条件。光伏发电系统产生的电能不仅可供应运营系统自身使用，缓解用电压力，还可以将余电上网，产生一定的经济效益。目前，上海、北京、广州、济南、苏州等10多家城市轨道交通运营企业应用了光伏发电系统①。广州的鱼珠车辆段屋面光伏电站项目于2019年运营，发电450万千瓦时/年，采用分块发电、集中并网方式，可满足车辆段全年用电，同时余电供地铁5

① 陈霞、韩春白雪、张晔等：《城市轨道交通光伏发电系统的应用现状及发展趋势》，《城市轨道交通研究》2021年第6期。

号线使用；合肥地铁 1 号线珠江路车辆段光伏发电项目，2021 年起并网发电，每年可向轨道交通提供清洁能源 260 万千瓦时；西安地铁计划在场段试点光伏发电项目，按系统寿命 25 年计算，可产生清洁电力 12000 余万千瓦时，比照目前市场电价计算，可节约成本 1200 余万元。

2. 进一步增加牵引回馈电能利用率

再生制动能量吸收装置可将列车制动产生的直流电能转换为交流电能，并将电能回馈至地铁电网中。根据理论测算，1MW 容量的飞轮储能系统每年可节约牵引电量约 50 万千瓦时。近年来，青岛地铁已安装约 40 台再生制动能量吸收装置，年节省牵引能耗约 900 万千瓦时[①]。2022 年青岛地铁的 2 台 1 兆瓦飞轮储能装置并网应用，是国内首台具有全自动知识产权的兆瓦级飞轮储能装置，全面推广后，可实现牵引能耗节约 15%，线网年节约用电约 5000 万千瓦时[②]。

3. 优化列车节能运行组织

列车运行组织优化是降低能耗的措施之一，列车牵引制动特性、线路条件、列车运行速度、列车满载率、列车编组、行车交路形式等都是影响列车运行能耗的因素。在列车运行组织中实现节能可从列车节能操纵和开行方案调整两个角度进行。优化列车节能操纵就是优化列车运行中的工况选择或操纵序列。城市轨道交通系统一般采取“牵引—恒速—制动”或“牵引—惰行—制动”模式运行，而以往研究表明，在不同线路特点、不同客流状况下列车最优运行模式不同，通过优化自动运行系统的目标速度曲线得到最优工况，降低列车牵引能耗。开行方案调整表现在平高峰差异化运行方案、交路运行方案、

① 《年排放 1.68 万吨 CO_2，青岛地铁创新技术实现低碳运行》，https://baijiahao.baidu.com/s?id=1701631638486920325&wfr=spider&for=pc。

② 《“双碳”双成果！青岛地铁绿色低碳发展取得新进展》，https://mp.weixin.qq.com/s/5F2HIrDxJfTqIvO4QfIRWg。

非站站停运行方案、不均衡运输方案、节假日特殊运行方案等方面。西安地铁4号线通过对客流数据分析和车站客流监测，将平峰期上线列车数量从24列减少至22列，列车满载率由33%提高至38%，每日可节省6414千瓦时的牵引能耗。青岛地铁对列车运行图进行优化，降低列车启停频率，实现单条线路每年节电100万千瓦时。

4. 利用智慧化设备进行能耗精准管控

建立企业能源智能管控系统，实现对能耗数据的实时监测和获取，从而对能源进行更为精确的研究分析，帮助企业深入了解能源数据，制定和采用更加适配的节能措施，促进节能降耗。还可通过系统建立关联运营综合场景与能耗的能源“供—用”评价评估指标体系，通过“在线监测+大数据分析”，利用大数据分析推演预测功能，加强能耗异常诊断和预警，实现能耗的可视化、数字化、精准化管理。上海城市轨道交通建立了站、线、网三级能耗监测管理系统①；西安地铁在5号、6号线运用能源管理系统设计，从而实现能源数据实时收集、统计、分析。此外，成都、深圳、南京等城市地铁公司也建立了能源管理系统②。

5. 建立能源管理体系

加大管理节能力度，综合内外部环境、政策、人员、资源等各种因素，从体系全过程出发，建立完整有效的能源管理体系。同时要加强过程控制，使组织活动、过程及其要素不断优化，通过例行能源审计、能效对标、节能监测、管理评审、节能技改、节能考核等措施，持续促进能源管理体系不断优化改进，实现预期能源管理目标。

---

① 《上海轨道交通能耗监测管理系统》，《交通节能与环保》2015年第6期。

② 荀径、赵娇、孙玉霖等：《基于数据挖掘的城轨系统电能消耗模式分析》，《北京交通大学学报》2020年第5期。

（三）维修成本精益管理实施路径

城市轨道交通维修成本中以维修费用和备品备件费用为主，针对现阶段维修成本管理中存在的问题，结合行业核心技术国产化、维保模式、城轨行业产业链发展趋势，降低维修成本可从维修保养计划和模式选择、备品备件管理两个角度来解决。

1. 科学合理安排修程修制

在保障运营生产安全的前提下，开展设施设备修程修制研究和实践，从优化调整作业方式、合理安排人员配置、选择适宜维修模式、优化检修周期及标准四方面进行，针对不同专业及设施设备实施差异化修程修制，通过筹备、试点、推行和标准化四个阶段，逐步实现设施设备高质量维护，促进维修成本下降。对于清洁类、观察类、数据记录等作业应用智能高效的巡检方法和手段；对于子系统繁杂的机电、信号等专业可开展专业融合，优化班组生产运作；对于服务器、交换机、工作站等整机设备的拆机、除尘等作业，可延长维护周期，避免过度维修；此外，根据设备性能及安全等级进行评判，降低安全等级相对较低、设备稳定性高、采用多重冗余配置类设备的维修频次，重点对安全等级高的设备进行盯控。

2. 选择适合企业发展的维保模式

城市轨道行业的维保模式分为自主维保、委外维保和联合维保三种。不同专业、不同阶段维保特点不同，运营企业可从政策研判、技术力量、维保成本、维保阶段四个方面进行分析，选择适宜专业特点和经济效益最大化的维保模式。如电扶梯、FAS 等特种设备及隧道变形监测等需要专业资质的设备维保，企业可以从成本节约的角度选择委外开展；对于供应商提供的具有技术封锁、技术壁垒的设施设备，可以通过自主+委外的方式来组织开展；而房建、轨道专业等技术相对成熟且市场人工成本较低的维保项目可以按全部委外方式开展。

除考虑上述因素外，企业也应根据发展阶段做出动态策略调整。以车辆专业维保选择为例，初期购买后有厂家质保，质保期内一般采用自主维保方式；质保期过后，电客车中的牵引电机、轮对轴承、液压减震器、空调机组风机等子系统可采用自主+委外维保的方式；电客车运营5年后将陆续开展架大修，运营单位可根据实际情况选择维修模式。而电客车的另一部分作业，如连接器维保、轮对探伤、阀类校验、仪表维修校验等，运营初期因电客车少、工作量小，宜选择委外维保方式，以减少人工成本和设备采购成本，待电客车增多、工作量变大后，可考虑自主维保方式。

3. 加大核心技术国产化替代力度

对于城市轨道交通较为核心的系统而言，开展设施设备的国产化替代可有效降低企业的维修成本。信号系统可以考虑从非安全关键且国内技术较为成熟的设备开始进行更换，如车载信号系统的人机交互界面、正线信号系统的地面应答器等；通信系统可以使用其他产品替代的，在大中修期间可以通过市场调研寻找国产化设备进行替代。西安地铁在2021年联合外部单位对滤波电容器进行对等开发，产品满足设计要求，国产化替代后价格降幅达55%。

4. 与供应商建立互利双赢伙伴关系

我国轨道交通已经进入“设计建造与运营维护并重”阶段，政府鼓励装备制造厂商从“提供产品”向“提供服务”转变，城市轨道交通运营单位与价值链相关装备制造商可在合作共赢机制上探索更多可能性。城市轨道交通系统车辆专业对备品备件需求量较大，通过与供应商合作，建立本地配件仓储中心，利用车辆供应商充裕的后备资源及整体采购优势，为运营企业提供一站式车辆系统的备品备件供应服务。或者通过设立办事处等形式，形成区域销售、储备、配送能力，从而实现关键配件和长周期配件规模储备，以满足当地或区域范围内轨道交通运输企业的快速需求响应。

5. 实行差异化物资采购储备策略

根据设施设备运行规律、行车安全重要性、采购难易程度等特点，将备品备件及耗材等物资分为瓶颈物资、关键物资、杠杆物资和常规物资，分别建立不同的应对策略方案和库存标准，实行动态储备管理，保障日常及突发应急所需，减少备品备件储备和资金占用。具体各类物资分类明细及应对策略如表3所示。

表3　城市轨道交通各类物资库存方案

物资种类	特点	应对策略	示例
瓶颈物资	采购渠道单一 较难找到可替代产品及供应商 基本无议价能力	保持安全库存 尽量在低价阶段买入 与供应商建立战略合作关系	包括停产物资、持续涨价物资。例如，西安地铁1号、2号线电客车牵引网络系统原配件为日本日立原装进口，目前已非日立主流产品，单次采购需额外生产，产品价格高，周期长
关键物资	市场竞争不充分 可供选择供应商不多	保持安全库存 多方寻求采购渠道	包括关键备件。如综合监控系统使用的罗克韦尔、AB等美国进口物资，技术壁垒较高
杠杆物资	采购风险小 采购额度高 市场竞争相对充分 需招标采购 周期难控制 保障率不高	保持周转库存 做好杠杆物资清单梳理 建立优质供应商资源库 规范化物资编码及参数	包括持有周转库存。如接触线、汇流排、道岔三大类物资受大宗商品价格变动影响较大，可在大宗商品低价阶段大量购买
常规物资	采购风险小 采购金额低 市场竞争充分 不同品牌物资价格、质量差距大	零库存 编制通用物资采购清单目录 设定动态更新机制 采用城轨采购网、电商直采、网上比价等多种方式采购	包括办公用品、劳保用品、通用工器具

（四）健全标准化成本管理体系

标准化成本管理是通过合理界定运营成本范围，统一指标口径，制定人工、能耗、维修等项目的标准成本，科学测算、审核和评价企业运营状况。标准化成本管理能够达到合理控制运营成本、落实成本责任、开展预警研判、提高经济效益的目的；对行业而言，有助于行业内企业间进行成本比对和差异分析，同时可为财政政策提供指导依据。

目前，西安、郑州、青岛、深圳等城市轨道企业均开展了标准化成本管理体系实践和应用。西安地铁自 2020 年起建立了标准化运营成本管理体系（定员、定额、定标），从人工、能耗、维修、其他费用、资产采购及专项五大方面，根据历史数据及市场供需，详细制定了 53 项标准成果，全面覆盖运营经济活动，帮助企业检验预算的合理性。郑州地铁搭建了定额及标准成本体系，包括人工、能耗、维修、管理和配置五大类成本标准①。行业标准化成本管理仍处于探索阶段，后续还需开展成本标准化及指标口径统一化工作，促进成本差异研究，提高成本管理水平。

五　结语

本文通过对部分城市轨道交通运营企业运营成本构成进行分析，采用回归分析确定了影响成本的关键因素，从人工成本、能耗成本、维修成本三个方面梳理运营成本发展趋势，并从提升岗位劳效、提升人力资本价值、能耗精准管控、健全标准化成本管控体系等方面提出

① 张瑞敏、付晓利：《郑州地铁运营成本管理实践探析》，《中国总会计师》2020 年第 5 期。

了成本精益管理的建议措施。成本管理不是一蹴而就的，是随着技术发展和经验累积不断调整的过程，在当前国家产业政策支持和“双碳”战略目标引导下，城市轨道交通运营企业必须进一步借助智慧化技术和先进管理手段，加大精益管理力度，以实现运营成本、运营能耗“双降”，人员劳效、技术创新“双增”的发展目标，助力城市轨道交通运营可持续发展。

B.10

国家“双碳”战略下重庆轨道交通“碳惠通”分析报告

张冬奇*

摘　要： 2021年重庆市生态环境局颁布重庆市“碳惠通”生态产品价值实现平台管理办法，全面开启“双碳”背景下重庆市碳排放权交易工作。重庆交通开投集团、重庆轨道集团共同完成4号线、5号线、10号线、环线4条轨道交通线路的项目减排量备案工作，并在重庆市联交所完成碳交易，总收益近千万元。下一步，重庆交通开投集团将进一步扩大工作成效，打造基于MaaS平台的重庆低碳出行“碳惠通”生态系统，力争成为成渝双城经济圈双碳工作实践的创新典范。

关键词： 城市轨道交通　绿色低碳　碳排放　碳交易　碳惠通

一　新形势下重庆市碳排放权交易政策情况

为深入贯彻落实党中央、国务院关于碳达峰、碳中和的重要决

---

* 张冬奇，重庆城市交通开发投资（集团）有限公司高级项目主管，高级工程师，长期从事城市公共交通绿色低碳、节能减排等科研项目管理工作，多次获得重庆市交通科学技术奖，在城市公共交通创新驱动绿色发展方面有极为丰富的实践经验。

策部署和中央办公厅、国务院办公厅2021年4月26日联合印发的《关于建立健全生态产品价值实现机制的意见》，加快推动绿色低碳发展，2021年重庆市生态环境局牵头开展了“碳惠通”生态产品价值实现平台建设工作。为规范平台建设运行及监督管理，2021年，重庆市颁布实施《重庆市“碳惠通”生态产品价值实现平台管理办法（试行）》（渝环〔2021〕111号）文件（以下简称“管理办法”），正式推出“碳惠通”生态产品价值实现平台。

（一）“碳惠通”平台

“碳惠通”平台由重庆市生态环境局主管、重庆市城投集团所属重庆征信公司开发运营，是指构建以“碳惠通”为品牌，涵盖碳履约、碳中和、碳普惠的生态产品价值实现路径。该平台致力于实现三大发展目标：一是通过开发重庆市行政区域内自愿减排项目，主要包括林业碳汇、垃圾焚烧、可再生能源等，探索建立生态产品进入重庆市碳排放权交易市场，丰富配额管理单位履约方式的“碳履约”市场机制；二是探索建立以大型会议及活动、政府机关和企事业单位为载体，以重庆核证自愿减排量（Chong Qing Certification Emission Reduction，CQCER）抵消为主要方式的“碳中和”实现机制，CQCER是指经重庆市地方主管部门备案登记的地方核证自愿减排量；三是探索建立个人广泛参与，促进减少温室气体排放的行为所产生的量化减排量及获益的“碳普惠”机制。

1. 碳履约

碳履约是指纳入重庆碳排放权交易市场的配额管理单位，在规定时间内向主管部门提交与上年度核定的温室气体排放量相等的配额、CQCER或国家核证自愿减排量（Chinese Certified Emission Reduction，简称“CCER”）等其他国家允许的产品，以完成其配额清缴义务。目前，重庆华峰化工有限公司、重庆理文造纸有限公司、重庆石柱西南水泥有限公司等150家单位被纳入排放权交易市场的配额管理。

2. 碳普惠

碳普惠是指利用CQCER或CCER、国家允许的其他产品机制，通过社会广泛参与自愿温室气体减排行为，依据特定的方法学可以获得碳信用的制度，包含碳普惠行为的确定、碳普惠行为产生的减排量的量化及获益等环节。

3. 碳中和

碳中和通过获取相应数量CQCER或CCER、国家允许的其他产品的减排量额度，抵消以特定的方法学计算得到的大型活动组织者实施大型活动、企事业单位及社会团体在生产或生活活动、个人在生活活动中产生的温室气体排放量，最终实现温室气体排放量净增长为零的情形。"碳惠通"平台如图1所示。

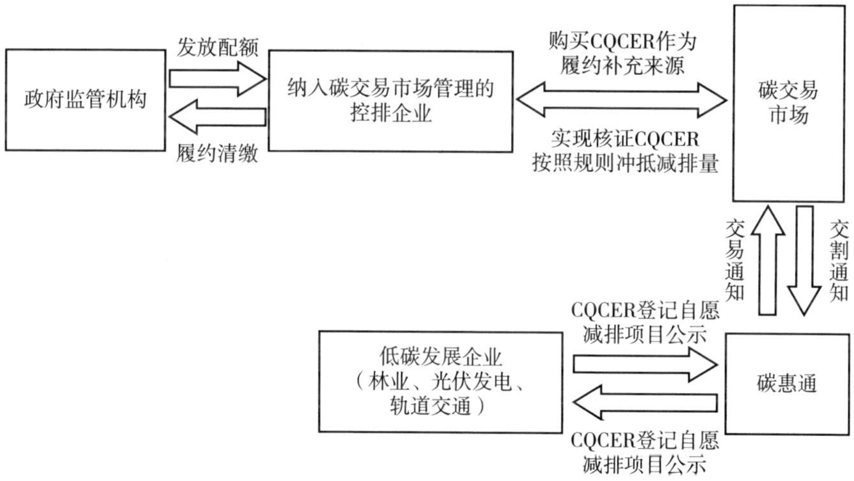

图1　重庆"碳惠通"平台功能示意

（二）"碳惠通"方法学及项目减排量管理

"碳惠通"方法学是指用于确定"碳惠通"项目基准线、论证额外性、计算减排量、制定监测计划等的方法指南，项目基准线是指项目背景确认以及边界选择；论证额外性是指项目自身的经济效益是否能覆盖减排成本；计算减排量是指用行业主管部门认定的方法学测算自愿减排项目温室气体减排量；监测计划主要包括监测机构、审核机构的确定，以及减排量计入期内项目活动实施相关情况等。根据管理办法规定，中国境内注册的企业可依据管理办法向重庆市生态环境局申请“碳惠通”方法学备案，并同时提交“备案申请函和备案表”“编制说明”“该方法学所依托项目的设计文件”等材料，重庆市生态环境局受理后根据技术评估意见对符合要求的“碳惠通”方法学予以备案。通过备案的方法学将用于 CQCER 的开发。

“碳惠通”项目减排量即 CQCER，是指采用经重庆市生态环境局备案的方法学，通过项目开发、审定、核证、监测等步骤，最后完成备案的温室气体自愿减排量，所有步骤成果的认定都是在重庆市生态环境局指导下完成的，项目业主可结合自身实际选择自行完成，或者寻求第三方专业机构提供技术支撑合作完成。CQCER 项目还应满足以下 4 个条件：①项目投入运行的时间应于 2014 年 6 月 19 日之后；②项目减排量应产生于 2016 年 1 月 1 日之后；③项目全部减排量原则上均应产生在重庆市行政区域内；④与 CCER 不得重复申报，这里的“项目”是指 CQCER 项目。同时，为确保自愿减排项目减排量在碳交易市场中健康发展，充分发挥碳配额管理的“调节剂”作用，重庆市生态环境局决定 2021 年度纳入重庆市碳排放权交易市场的配额管理单位，主要职责是原则上须按照政府部门要求在规定时间内完成履约清缴，否则会受到相应的惩罚，从而影响企业生产经营，并且使用 CQCER 进行履约的比例不超过履约总量的 8%，该项规定是为确保政府部门对碳交易市场拥有较强的市场宏观调控力，同时，在一定程度上激发碳交易的市场活力。项目注册及减排量备案如图 2 所示。

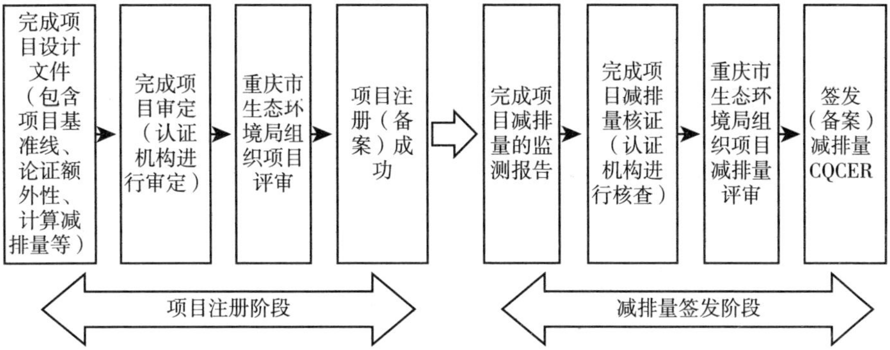

图 2　CQCER 项目注册及减排量备案流程

（三）“碳惠通”平台建设及运营效果

截至 2022 年 6 月，“碳惠通”平台企业端已登记注册企业 50 余家，登记备案“碳惠通”项目 8 个，产生 CQCER 约 155 万吨，纳入重庆碳市场的排放单位进行履约清缴 16 笔，履约清缴是指配额管理单位按照政府部门要求在规定时间内必须购销的环保排放指标，颁发碳中和登记证书 4 张。并且通过“碳惠通”平台，重庆市初步构建了 3 个低碳应用场景：一是绿色低碳出行场景，滴滴电动网约车出行、哈啰单车出行等应用已上线平台，公众通过绿色出行方式可获得个人碳积分，授予的积分可兑换相应奖励；二是减塑低碳消费场景，与重庆百货“多点”App 等进行数据对接，公众减少使用塑料袋可获得积分，购买平台认证的绿色产品还可获得折扣优惠；三是低碳政务场景，与重庆市政府官方 App“渝快办”线上政务平台完成数据对接，公众使用“渝快办”进行线上办事后可在平台领取积分。

二　重庆轨道交通 CQCER 项目情况

重庆城市交通开发投资（集团）有限公司（以下简称“重庆交通

开投集团”）作为全国城市公共交通一体化的先驱领航者，凭借较为深厚的交通出行服务经验和数据积累，2021 年指导重庆市轨道交通（集团）有限公司（以下简称“重庆轨道集团”）在“碳惠通”平台参与了轨道交通环线、5 号线、10 号线 CQCER 交易工作，累计交易 65.7 万吨，成交金额超千万元，各项数据稳居重庆交通行业之首。

（一）项目方法学及开发范围的选定

重庆市生态环境局允许 CQCER 项目业主单位借鉴国家发改委在 CCER 项目中已备案的方法学，作为重庆轨道交通项目基准线、论证额外性、计算减排量、制定监测计划等的方法指南。为此，重庆交通开投集团依据 CCER 项目中“CM-028-V01”快速公交项目方法学形成项目设计文件，向重庆市生态环境局申请并成功备案项目方法学，该方法学主要以公交车、出租车、私家车和摩托车等消耗化石能源的地面交通出行方式作为项目减排的基准线，测算了轨道交通出行方式的减排量。测算过程主要包括确定基准线人公里速度排放因子、确定基准线情景的被替代的高碳出行里程、确定基准线情景排放量 3 个主要步骤。

2021 年，重庆交通开投集团收悉重庆市生态环境局《关于组织开展我市自愿减排项目备案登记申报工作的函》，明确自愿减排项目类型包含新能源汽车出行、轨道交通、步行、自行车出行等低碳出行方式，充电桩、加氢站及其他交通节能基础设施的运营，重庆交通开投集团结合自身经营实际并兼顾“碳惠通”项目及减排量管理要求，初步选定轨道交通环线、4 号线、5 号线、10 号线等 4 条线路作为本次 CQCER 项目的开发对象。

（二）项目开发流程简介

按照管理办法规定，CQCER 项目在完成项目设计后，还需要完成监测、审定、核证等工序，才能提交重庆市生态环境局申请备案，予以备案后方能进入碳市场进行交易。重庆轨道交通项目在编制项目设计文件时发现，轨道交通 4 号线主要因为客流量太小（日均 2 万人次左右），经初步评估，4 号线不具备自愿减排项目开发条件。为此，项目团队确定本次项目仅开发轨道交通环线、5 号线、10 号线 3 条线路的 CQCER。

本项目开发过程经历了 9 个月：2021 年 2～4 月，正式启动碳交易工作前期准备工作，包括向相关部门进行业务咨询，与第三方专业机构洽谈商务合作等；5 月，与第三方专业机构合作完成项目设计文件；6 月，委托拥有认证资质的检测公司开展项目审定，主要审定项目设计文件包含的项目基准线、论证额外性等内容，并就轨道交通 5 号线、10 号线、环线出具项目审定报告；7 月，项目团队完成项目减排量监测报告，主要内容包括项目活动描述、项目备案后的变更等；8 月，委托开展项目核证工作，主要对计算减排量、制定监测计划等进行审核，并出具减排量核证报告；9 月，轨道交通环线项目及减排量经重庆市生态环境局组织的专家评审，结论为：符合管理办法相关要求，并经重庆征信公司正式备案；10 月，重庆市“碳惠通”平台正式上线，重庆轨道交通项目减排量在重庆市联交所完成交易。

（三）项目的收益与成本

在项目收益方面，重庆交通开投集团采用与第三方专业合作机构合作组建项目团队的方式共同开发 CQCER，并约定参照成交单价按一定比例进行收益分成，重庆轨道交通项目的成交均价为 25 元/吨，成交总量为 65.7116 万吨，全部收益为 1642.79 万元，按照约定，重庆交通开投集团获得总收益的 50%，即 821.395 万元。

在项目成本方面，重庆交通开投集团除提供人员、数据外，仅承担了占实际收益 821.25 万元 6%的增值税费；重庆征信公司的备案手续费（上一年度交易均价的3%）、联交所的交易服务费（7‰）以及另外50%收益的增值税费（6%）均由第三方专业合作机构承担。具体见表1。需要说明的是，重庆交通开投集团提供的数据主要包括交易减排量、成交均价、总收入、相关成本等内容，在数据安全和隐私方面未透漏相关敏感信息，不会构成可能带来的法务纠纷及相关风险。

表1　重庆轨道交通5号线、10号线、环线项目减排量收益情况

序号	轨道交通线路	交易减排量（万吨二氧化碳）	成交均价（元/吨）	总收入（万元）	直接成本（万元）		间接成本（万元）		
					项目审定费	减排量核证费	备案手续费	交易服务费	增值税
1	环线	31.0447	25	776.1175	50	50	23.28	5.4328225	46.56705
2	5号线	12.0119		300.2975	50	50	9	2.1020825	18.01785
3	10号线	22.655		566.375	50	50	16.99	3.964625	33.9825
总计		65.7116		1642.79	150	150	49.27	11.49953	98.5674

三　重庆碳普惠生态系统

重庆交通开投集团虽然通过重庆市“碳惠通”平台中的碳中和功能实现碳交易，但项目选择方法学来源于公告（国家发改委2014年第1号）中适用于CCER项目开发的快速公交项目方法学，主要以公交车、出租车、私家车和摩托车等消耗化石能源的地面交通出行方式作为项目减排的基准线，仅仅测算了轨道交通出行方式的减排量，并未将公交、自行车、合乘甚至步行等低碳出行方式全部纳入减排量测算，在鼓励全社会公众参与自愿减排行动、全面倡导绿色出行方面具有一定的局限性。

（一）重庆绿色出行碳普惠总体构想

重庆交通开投集团正在加快构建包含公交、轨道、枢纽站场、步行、骑行等在内的城市公共交通资源全要素信息的 MaaS 平台，在为市民提供精准、实时、动态出行信息服务同时，可融合重庆市“碳惠通”平台中的碳普惠功能，打造基于 MaaS 的重庆低碳出行碳普惠生态系统，使公众能够通过低碳出行方式实现个人低碳减排，对公众培养社会低碳生活方式起到关键作用，有效缓解城市核心区交通拥堵压力，促进重庆市交通行业加快实现“碳达峰、碳中和”发展目标。

（二）基于 MaaS 平台的重庆低碳出行碳普惠生态系统架构

1. 重庆绿色交通 MaaS 平台建设计划

2021 年 9 月，重庆交通开投集团与上海托旺公司、阿里合作共建交通开投集团监控指挥中心，整合城市公共交通各资源要素，打造“重构绿色出行信心，巩固绿色出行理念”的 MaaS 平台，向公众提供全方位、多方式的公共交通“一站式”信息服务。平台将包括步行、骑行、公交、轨道交通等在内的多种出行方式信息，利用数据和算法支撑，为用户提供混合行程规划，推荐更加“节时省力”以及更加适应当前交通实时状况的最优出行方案和服务（见图 3）。

出行前，MaaS 平台可根据实时交通状况、出行时间和出行偏好，为用户提供公交+骑行或地铁+公交+步行等各类模式下的全程路线规划，同时提供预到站、拥堵状况等信息通报服务，帮助用户合理选择出行时间和路线，最大限度减少行前焦虑；出行中，平台的陪伴式服务，将为用户提供实时动态路线切换建议、到站和换乘提醒服务，始终保持用户处于“最优路线”中，提升出行满意度。同时，MaaS 平台通过聚合用户能力，有效协助交管部门进行出行与安全信息发布，提升市民出行安全感。

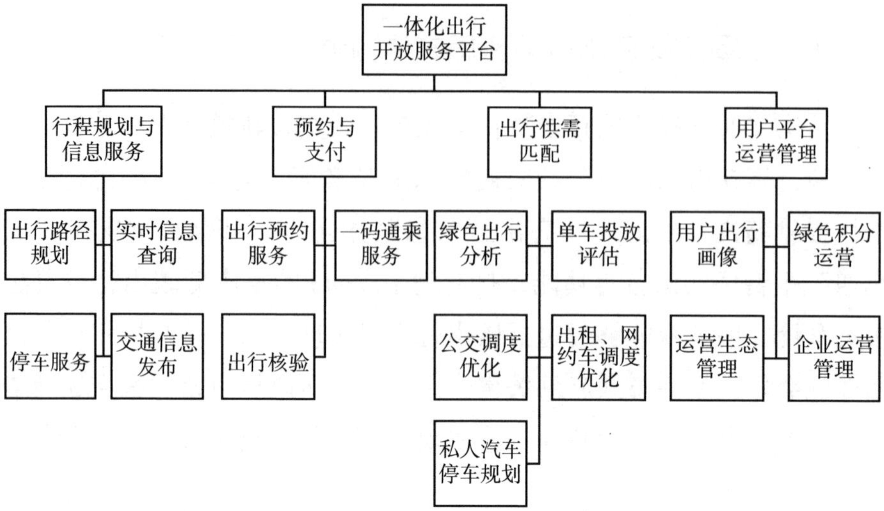

图 3　重庆 MaaS 平台组织结构示意

2. MaaS 平台在碳普惠中的价值

为充分鼓励公众选择绿色低碳方式出行，为进一步提升公众出行的获得感，培养公众绿色出行习惯。重庆交通开投集团正在积极与“碳惠通”生态产品价值实现平台的运营主体——重庆征信有限责任公司开展合作，共同推动轨道、公交、自行车、步行等低碳出行作为应用场景，将对公众实施乘坐公交、轨道等行为授予积分并实施相应的奖励，促进公众实施低碳行为并实现经济价值，以此激励公众更多地采用低碳方式出行，从而实现个人低碳减排。

基于 MaaS 平台的重庆低碳出行碳普惠生态系统的核心价值在于为 MaaS 平台构建了“减排项目开发—公众持续参与—收益良性分配”的长效发展机制，利用碳交易的方式，给予用户长期可持续的正向激励，形成对用户的吸引，巩固绿色出行理念，最终实现绿色出行参与量的积极增长（见图 4）。

图 4　重庆碳普惠生态系统构成示意

（三）基于 MaaS 的碳普惠生态系统路径

重庆交通开投集团拟依托正在建设的监控指挥中心，借助社会公众数据资源及大数据分析处理能力，联合重庆征信有限责任公司运营“碳惠通”生态产品价值实现平台的地缘优势，分步实施，逐步构建基于 MaaS 的重庆低碳出行碳普惠生态系统，共建公众绿色出行的实现机制，形成以全民性参与为基础、公共交通与绿色低碳融合发展路径，力争成为成渝双城经济圈“双碳”工作实践的重大创新案例。

1. 行为数据采集

通过 MaaS 平台，采集市民出行行为信息，即包括出行方式、票务、轨迹和路况在内的四大主要微观行为数据。在此过程中，每位参与绿色出行的市民，将通过协议方式认可其参与碳普惠的义务，建立个人碳账户，记录用户的每一次出行数据和碳减排数据。

2. 个人碳减排量计算

重庆征信有限责任公司正在开发个人通过公交、轨道、电动出租/网约车、自行车、步行等低碳方式出行的多个方法学，方法学经重庆市生态环境局备案后可以成为衡量重庆市公众个人绿色低碳出行减排的标准。这也是确定用户出行所产生的“绿色价值”的关键，是整个生态系统良性循环的重要前提。

3. 碳交易

运用重庆市生态环境局备案后的个人绿色低碳出行自愿减排方法

学，在“碳惠通”生态产品价值实现平台允许的 CQCER，CCER、CDM（清洁发展机制）、GS（黄金标准）、VCS（自愿碳减排核证标准）等其他国际及国内减排机制注册，并完成自愿减排项目设计文件（PDD），项目审定、项目监测（MR）以及减排量核证工作，最后通过指定平台进行公开交易。

4. 反哺与回馈

重庆交通开投集团将碳交易收益用于反哺公众出行，通过公众个人碳积分可实现出行权益、商业权益兑换等多种权益激励，鼓励公众绿色出行行为，持续提升绿色出行水平，降低交通出行碳排放。

四　结语

“3060”双碳目标是中国对国际社会的庄严承诺，重庆作为全国首批 7 个碳交易试点城市之一，凭借多年的实践经验，于 2021 年正式推出“碳惠通”生态产品价值实现平台，明确了重庆市碳履约、碳中和、碳普惠的生态产品价值实现路径。重庆交通开投集团充分展现国企担当，基于多年的技术沉淀，历经 9 个月的精心准备，与第三方专业机构合作完成重庆轨道交通环线、5 号线、10 号线 CQCER 项目开发，并在重庆市联交所完成碳交易，实现总收益近千万元。重庆市在 2021 年度碳交易市场获得良好业绩，助力重庆市“碳达峰”“碳中和”目标实现，助推重庆山清水秀美丽之地建设。

我国温室气体自愿减排项目的系统理论来源于多年前欧盟主导的清洁能源发展机制，国内相关专业技术人才大部分也是通过参与欧盟项目快速成长，且核心人才极度稀缺。国内仅有少部分单位可以依托自有能力独立完成项目开发，大部分单位都会寻求第三方专业机构提供技术支撑合作完成。项目业主开发的减排量一旦进入碳市场完成交易实现收益，可以反哺项目业主在环保领域投入的成本甚至盈利。如果项目业主是面向社会民生领域服务的公益性企业，还可将收益回馈公众，作为培养社会低碳生活方式的重要手段之一，形成绿色发展的良性循环。

目前，我国政府部门仍然主要依靠拍卖政府碳配额的方式完成配额管理单位的履约清缴工作，但为了激发全社会对生态环境保护的原生动力，政府部门在未来很长一段时间内，将坚持利用市场经济配置资源要素的显著优势，持续推行温室气体自愿减排项目参与碳交易。同时，各个城市还会因地制宜出台相关政策，鼓励开发符合时代发展要求的方法学，建立体现地方区域特色的减排标准，搭建更多绿色低碳场景。

Abstract

China Urban Rail Transit Operation Development Report (*2021-2022*) is divided into five parts, including the general report, emergency management, monitoring & warning and emergency response, reference and expert views.

The general report includes the review of the urban rail transit development, the operational performance, operational services, the operational standardization, innovation and the prediction of development hotspots. In 2021, the operational mileage increased by 1237.1 kilometers and the total scale exceeded 9000 kilometers; China's urban rail transit volume gradually recovered, passenger traffic and inbound traffic reached 23.69 billion and 14.63 billion respectively, increased by 34.7% and 33.7% compared with 2020, and basically unchanged from 2019. The average passenger intensity was 40800 passengers per kilometer per day, and shows a slight increase from 2020 but still not back to pre-COVID-19 levels. Local governments have improved their management systems for emergency handling of urban rail transit operations, and issued more than 20 local standards for passenger transport services, energy consumption, and maintenance of facilities and equipment. Innovative exploration has been made in the aspects of intelligent passenger service platform, and the development hotspots of green and low-carbon development of operation, safety prevention and emergency preparedness of extreme weather, and employee empowerment of knowledge management have also been put forward.

Emergency management articles including two reports, the first report is a policy norms related to the operation of emergency management in urban rail transit, mainly analyzes the implementation of the local government and operators to carry out the policies and regulations, the main problems and reasons and so on. The emergency plan system, emergency drills, emergency disposal and emergency capability assessment are discussed. The second part is the analysis of the emergency management system of urban rail transit, and the emergency preparedness, emergency rescue team construction, emergency resources allocation, cooperative emergency mechanism construction are investigated and discussed. It found that the pertinence and practicability of the emergency plan has to be improved, and there is a lack of sufficient risk analysis. There are difficulties in the construction of full-time rescue teams and regional rescue centers in terms of funds and sites. The emergency coordination mechanism across multiple departments has received widespread attention, which could enhance the emergency response capacity in terms of organizational mobilization, resource scheduling and information sharing.

The chapter on Monitoring, Early Warning and Emergency response includes two reports. Report one focus on operation monitoring and early warning of urban rail transit under natural disasters. The national meteorological disaster situation are analyzed in 2021, including monitoring methods of rain, snow disasters, typhoon, storm surge disaster. The survey found that there were shortcomings such as insufficient advanced monitoring methods, insufficient precision of monitoring and early warning information, and insufficient professional services and equipment for meteorological monitoring. Report two aims at emergency decision-making and disposal of urban rail transit operation under natural disasters, the flood, typhoon disaster emergency response mechanism, the closing of the urban rail transit station, line and shut down the norms are discussed. It is particularly noteworthy that the report investigated the adjustment of regulations of urban rail transit enterprises after the 2021 Zhengzhou Metro July 20 rainstorm disaster event, and the proposals about planning and design, system construction and digital disaster prevention to cope with extreme meteorological disasters are proposed.

The reference chapter focuses on the urban rail transit accidents caused by flooding, hurricane and blizzard in Japan, the United Kingdom and the United States, and systematically summarizes the basic situation, disposal measures and prevention measures. It is suggested that the construction of waterproof equipment and facilities should be strengthened to prevent flooding disasters. The accuracy of meteorological warning information, the issue of warning guidelines and the firmness of defense system should be improved to cope with meteorological disasters and accidents.

The last chapter includes three reports, and mainly focuses on the improvement of six emergency rescue capabilities, the operation cost analysis and lean management research of urban rail transit operational cost, and the analysis of low-carbon travel carbon inclusive ecology in Chongqing based on MaaS platform.

Keywords: Urban Rail Transit; Emergency Management; Monitoring and Early Warning

Contents

I General Report

B.1 Review and Prospect of China's Urban Rail Transit Operation and Development in 2021 / 001

Abstract: The development of urban rail transit in China maintained rapid growth in 2021, and the length of new operational lines is 1237.1 km. The total scale of operational lines was over 9000 km, and increased by 15.5% over 2020. The total number of stations was 5343 by the end of 2021. The passenger boarding was 23.69 billion, increased by 34.7% over 2020, and passenger journey by 14.63 billion and 33.7% respectively. The industrial management system has been continuously improved, and significant achievements have been made in enterprise management and technological innovation. The report reviewed the development of urban rail transit operation in 2021, and the indicators of passenger boarding, passenger journey, passenger intensity, transfer coefficient and train delays were analyzed. The policies and related technical standards were summarized, and the innovation of enterprise organization and operation maintenance were discussed. Finally, the future development hotspots of urban rail transit operation management was put forward.

Keywords: Urban Rail Transit; Operation Service; Management Innovation; Technical Innovation

Ⅱ Emergency Management Part

B.2 Investigation on the Implementation of Policies for Emergency Management of Urban Rail Transit Operation / 041

Abstract: Since 2019, the Ministry of Transport has issued a series of policy documents on passenger transport organization and service, train operation organization, emergency response plan and drill, safety assessment and emergency capacity building. This chapter conducted a survey on the implementation of urban rail transit-related policies, focusing on emergency plan, emergency drill, emergency response and emergency capacity assessment. The results showed that the operators have carried out the requirments, but there are varying degree of difficulties in emergency plan subjects and job standards, intelligent passenger flow warning and monitoring, "site-area-base" emergency network construction, emergency evaluation standard system and other aspects. Meanwhile, there are many highlights in the emergency linkage mechanism building, emergency response card setting, technology or equipment innovation to assist emergency decision-making and ability training. Finally, some suggestions on emergency management are put forward.

Keywords: Urban Rail Transit; Emergency Management; Policy Implementation

B.3 Relevant Issues Analysis of Emergency Management System of Urban Rail Transit Operation in China / 072

Abstract: This report mainly analyzes the emergency management issues of rail transit operation in China from four aspects. Firstly, the importance and methods of emergency preparedness are analyzed. By analyzing the shortage of emergency management, the corresponding requirements of emergency preparedness are put forward and demonstrated with actual cases. Secondly, the current situation and obstacles of emergency teams are analyzed, and suggestions on the construction of emergency rescue teams are put forward. Thirdly, the allocation of emergency resources is analyzed by investigating the equipment, facilities, tools and other materials equipped with emergency teams. Finally, the collaborative emergenly mechanism and some actual cases are discussed.

Keywords: Urban Rail Transit; Emergency Preparedness; Risk Control; Emergency Team; Emergency Resource

Ⅲ Monitoring, Early Warning and Emergency Response Part

B.4 Monitoring and Early Warning of Urban Rail Transit Operation under Extreme Weather / 114

Abstract: Storms, blizzards, typhoons and other meteorological disasters threaten the safety of urban rail transit operations and may cause damage to facilities and equipment and casualties to passengers. In this report, the survey of urban rail transit operators show that there are four methods of natural disaster monitoring and early warning, including routine weather forecasts, professional weather forecasting, real-time dynamic monitoring and professional equipment monitoring. However, there are still shortcomings in the advanced monitoring methods, the accuracy of monitoring and early warning information, and the professional services and equipment of meteorological monitoring. The report proposes that the operators should establish and improve monitoring systems, increase monitoring and early warning accuracy, implement safety risk assessments, and improve risk prevention and control measures according to the characteristics and distribution rules of natural disasters.

Keywords: Urban Rail Transit; Natural Disasters; Monitoring; Early Warning

B.5 Emergency Decision and Disposal of Urban Rail Transit Operation Under Extreme weather / 137

Abstract: The frequent occurrence of extreme meteorological disasters threatens urban rail transit operation safety. Strengthening the response to meteorological disasters is an important issue for the safety of urban rail operation. This report investigates some rail transit operatiors, and analyzes the response mode of meteorological disasters, the decision-making procedures and disposal mechanisms, especially the adjustment of relevant urban rail transit enterprise regulations after the Zhengzhou Metro July 20 rainstorm disaster event in 2021. Finally, this report puts forward some thoughts on coping with extreme meteorological disasters based on planning and design, joint disposal and on-site nesponce, which can provide reference for urban rail transit industry research and enterprise production.

Keywords: Urban Rail Transit; Meteorological Disaster; Decision Making; Emergency Disposal

Ⅳ Reference Report

B.6 Brief Analysis of Natural Disaster Accident Cases of Foreign Urban Rail Transit / 153

Abstract: This paper summarizes the cases of urban rail transit accidents caused by flooding, hurricane and blizzard disasters, analyzes the cases from the basic situation of the accident, disposal measures and enlightenment, and summarizes the preventive measures and emergency disposal suggestions for urban rail transit natural disaster accidents. In terms of flood disaster, we should focus on strengthening the construction of waterproof equipment and facilities, and establish and improve the flood prediction, early warning and rescue management system. In terms of meteorological disasters, we should improve the accuracy of meteorological early warning information announced and the firmness of the defense system, and strengthen the application of satellite communications and the maintenance and repair of power equipment. Attaching great importance to the emergency management of natural disasters can comprehensively assess the safety risks of urban rail transit at all stages, so as to effective prevention, and reduce the impact of natural disasters and accidents.

Keywords: Urban Rail Transit; Flood Disaster; Preventive Measures; Meteorological Disasters; Emergency Disposal

V Experts Reports

B.7 Nanjing Metro Strives to Build Six Emergency Capabilities to Improve the Comprehensive Level of Emergency Rescue / 181

Abstract: Aiming at the needs of emergency management capacity improvement of Nanjing Metro Operation Company, Six kinds of emergency capabilities are proposed from the view of emergency plan system, professional emergency rescue team, emergency rescue base and wisdom emergency proposes, including emergency response, process specification, rescue coordination, resource integration and emergency disposal, and emergency ability situation and the insufficiency are analyzed. At the same time, the report introduces Nanjing Metro operation emergency rescue Center from the aspects of its establishment, function and daily operation. Finally, taking Nanjing Metro operation meteorological information early warning platform, bridge and tunnel safety monitoring information platform and flood control monitoring and early warning platform as cases, the systematic work and thinking of Nanjing Metro emergency capacity construction are analyzed.

Keywords: Urban Rail Transit; Operation Safety; Emergency Management; Capacity Building

B.8 Safety Risk Management Practice of Beijing MTR / 195

Abstract: The operation safety management system of BJMTR is built around the concept of "Risk based". In combination with the requirements of laws & regulations and ISO31000 risk management guidelines, from the aspects of identification, analysis, evaluation, control, review and monitoring, the whole process of operation safety risk management is well done, resources are effectively allocated, and safety risks are reduced to the lowest level under reasonable and feasible conditions. As the core element of operational safety management, risk management provides a starting point for other security management elements, such as the preparation of emergency plans and emergency drills. Since 2009, the operational safety risk management implemented by BJMTR has played an important role in achieving safe operation.

Keywords: Subway Operation; Risk Identification; Risk Analysis; Risk Assessment; Risk Control

B.9 Research on Operation Cost Analysis and Lean Management on Urban Rail Transit / 209

Abstract: With the rapid development of urban rail transit in China, the operation volume and scale of urban rail transit are growing rapidly, and operating costs are also rising. Now, the ticket revenue of most operating enterprises cannot cover the operating cost and the rapid growth of costs and capital gap has become increasingly prominent, the lean management ofoperating cost is of great practical significance to the sustainable development of the industry. Based on the investigation of the key operating costs of rail transit enterprises, this report analyzes the key cost factors from the three aspects of labor cost, energy consumption cost and maintenance cost. It found that the key cost influencing factors mainly include the number of employees, employee compensation, equipments size and energy consumption price. The change and development trend of operating costs are analyzed and some proposals are put forward, including improving labor efficiency, enhancing the value of human capital, implementing accurate control of energy consumption, improving standardization of cost management and cost lean management.

Keywords: Urban Rail Transit; Operation Cost; Lean Management; Sustainable Development

B.10 Carbon Huitong Case Analysis of Chongqing Rail Transit Under the National "Double Carbon" Strategy / 233

Abstract: Chongqing Bureau of Ecology and Environment promulgated the management regulations of Chongqing "Carbon Huitong" ecological product value platform in 2021, and started the carbon emission trading in Chongqing under the national "double carbon" strategy. Chongqing Communications Investment and Investment Group and Chongqing Rail Group have jointly completed the emission reduction record work of Line 4, 5, 10 and Circle Line, and completed carbon trading in Chongqing Stock Exchange. The total revenue is nearly 10 million yuan. In the future, Chongqing Communications Development Investment Group will further expand the work effect, build Chongqing low-carbon travel carbon inclusive ecosystem based on MaaS platform, and strive to become an innovative model of double carbon work practice in Chengdu-Chongqing twin city economic circle.

Keywords: Urban Rail Transit; Green and Low-carbon; Carbon Emissions; Carbon Trading

皮 书

智库成果出版与传播平台

皮书定义

皮书是对中国与世界发展状况和热点问题进行年度监测，以专业的角度、专家的视野和实证研究方法，针对某一领域或区域现状与发展态势展开分析和预测，具备前沿性、原创性、实证性、连续性、时效性等特点的公开出版物，由一系列权威研究报告组成。

皮书作者

皮书系列报告作者以国内外一流研究机构、知名高校等重点智库的研究人员为主，多为相关领域一流专家学者，他们的观点代表了当下学界对中国与世界的现实和未来最高水平的解读与分析。截至 2021 年底，皮书研创机构逾千家，报告作者累计超过 10 万人。

皮书荣誉

皮书作为中国社会科学院基础理论研究与应用对策研究融合发展的代表性成果，不仅是哲学社会科学工作者服务中国特色社会主义现代化建设的重要成果，更是助力中国特色新型智库建设、构建中国特色哲学社会科学“三大体系”的重要平台。皮书系列先后被列入“十二五”“十三五”“十四五”时期国家重点出版物出版专项规划项目；2013~2022 年，重点皮书列入中国社会科学院国家哲学社会科学创新工程项目。

S 基本子库
UB DATABASE

中国社会发展数据库（下设 12 个专题子库）

紧扣人口、政治、外交、法律、教育、医疗卫生、资源环境等 12 个社会发展领域的前沿和热点，全面整合专业著作、智库报告、学术资讯、调研数据等类型资源，帮助用户追踪中国社会发展动态、研究社会发展战略与政策、了解社会热点问题、分析社会发展趋势。

中国经济发展数据库（下设 12 专题子库）

内容涵盖宏观经济、产业经济、工业经济、农业经济、财政金融、房地产经济、城市经济、商业贸易等 12 个重点经济领域，为把握经济运行态势、洞察经济发展规律、研判经济发展趋势、进行经济调控决策提供参考和依据。

中国行业发展数据库（下设 17 个专题子库）

以中国国民经济行业分类为依据，覆盖金融业、旅游业、交通运输业、能源矿产业、制造业等 100 多个行业，跟踪分析国民经济相关行业市场运行状况和政策导向，汇集行业发展前沿资讯，为投资、从业及各种经济决策提供理论支撑和实践指导。

中国区域发展数据库（下设 4 个专题子库）

对中国特定区域内的经济、社会、文化等领域现状与发展情况进行深度分析和预测，涉及省级行政区、城市群、城市、农村等不同维度，研究层级至县及县以下行政区，为学者研究地方经济社会宏观态势、经验模式、发展案例提供支撑，为地方政府决策提供参考。

中国文化传媒数据库（下设 18 个专题子库）

内容覆盖文化产业、新闻传播、电影娱乐、文学艺术、群众文化、图书情报等 18 个重点研究领域，聚焦文化传媒领域发展前沿、热点话题、行业实践，服务用户的教学科研、文化投资、企业规划等需要。

世界经济与国际关系数据库（下设 6 个专题子库）

整合世界经济、国际政治、世界文化与科技、全球性问题、国际组织与国际法、区域研究 6 大领域研究成果，对世界经济形势、国际形势进行连续性深度分析，对年度热点问题进行专题解读，为研判全球发展趋势提供事实和数据支持。

法律声明